Oliver Auge
Kiel in der Geschichte

Sonderveröffentlichungen der
Gesellschaft für Kieler Stadtgeschichte
herausgegeben von Jürgen Jensen
Band 86

Oliver Auge

Kiel in der Geschichte

Facetten einer Stadtbiografie

Wachholtz

1. Auflage 2017
© 2017 Wachholtz Verlag – Murmann Publishers, Kiel/Hamburg
Das Werk, einschließlich aller seiner Teile, ist urheberrechtlich geschützt. Jede Verwertung ist ohne Zustimmung des Verlages unzulässig. Das gilt insbesondere für Vervielfältigungen, Übersetzungen, Mikroverfilmungen und die Einspeicherung und Verarbeitung in elektronischen Systemen.
ISBN 978-3-529-05195-1
Gesamtherstellung: Wachholtz Verlag
Satz: Dörlemann Satz, Lemförde
Printed in Europe
Besuchen Sie uns im Internet:
www.wachholtz-verlag.de

Inhalt

Vorwort des Herausgebers 7
Vorwort des Autors 9
Ein neues Kiel-Buch und sein Konzept 11
1. Kiel als Hauptstadt 15
2. Kiel – dreimal gegründet 38
3. Kiel als Fürstensitz, Hansestadt und Adelszentrum 53
4. Kiel als Finanzplatz und Bankenstandort 76
5. Kiel als Wohnort und Lebensraum 87
6. Kiel in Bewegung 103
7. Kiel als Universitätsstadt 119
8. Kiel – Stadt der Skandale 142
9. Kiel und die Marine 159
10. Kiel und seine braunen Schatten 185
11. Kiel als Herausforderung moderner Stadtplanung 202
12. Kiel als Stadt der Sport- und Volksfeste 220
Ein kurzes Resümee 234

Anhang
Zeittafel 239
Literatur, Quellen, Internetressourcen 247
Abbildungsverzeichnis 254
Orts-, Personen- und Stichwortverzeichnis 255

Vorwort des Herausgebers

Die Universitätsstadt Kiel bietet beste Möglichkeiten, vielfältige Forschungsvorhaben zu entwickeln und durchzuführen. Das trifft auch für die Geistes- und Geschichtswissenschaft zu. In der Regionalgeschichte nutzt Prof. Oliver Auge die Chance des Neuanfangs. Von ihm gehen viele Anregungen aus, und er ist mit den Trägern und Vermittlern der Forschung im ganzen Land gut vernetzt. Seit Anbeginn seiner Kieler Tätigkeit halten er und die Gesellschaft für Kieler Stadtgeschichte enge Kontakte. Wir freuen uns daher, dass sie jetzt in das Gemeinschaftsprojekt einer neuen Gesamtdarstellung der Kieler Stadtgeschichte einmünden. Aus seiner umfassenden Kenntnis, die er in den letzten Jahren noch durch Vorlesungen und Seminare vertieft hat, entwickelte der Autor eine neue Konzeption, indem er, abweichend von der geläufigen chronologischen Gesamtdarstellung, in mehreren Kapiteln Querschnitte zu grundlegenden Fragen über die Jahrhunderte legt. Damit schafft er beste Voraussetzungen für eine anregende Lektüre: Auch Wissenschaft darf spannend sein, und dafür setzt sich auch unser Geschichtsverein ein. Die Spanne unserer Publikationen reicht im Jahr des 775-jährigen Stadtjubiläums von der fachwissenschaftlich-nüchternen Quellenpublikation des mittelalterlichen Urkundenbestandes bis zu dieser sich an einer Stadtbiografie orientierenden neuen Darstellung der Stadtgeschichte.

Wir freuen uns, dass Professor Auge nicht zuletzt aus dem umfangreichen Fundus unserer im Laufe der Zeit auf über 175 Bände angewachsenen wissenschaftlichen Veröffentlichungsreihen aus allen Epochen der Stadtgeschichte schöpfen konnte und wünschen seinem Buch für die nächsten Jahre eine günstige Aufnahme in der Wissenschaft und breiten Öffentlichkeit.

Unser herzlicher Dank gilt dem Autor und dem engagierten Team des Wachholtz Verlags für diese Lebensbilder aus Kiel und seiner Geschichte.

Jürgen Jensen
Vorsitzender der Gesellschaft
für Kieler Stadtgeschichte

Vorwort des Autors

Die Anregung, dieses Buch zur Geschichte Kiels in Angriff zu nehmen, verdanke ich Jürgen Jensen in seiner Funktion als Vorsitzendem der Gesellschaft für Kieler Stadtgeschichte. Ihm bin ich nicht nur für diese Idee überaus dankbar, die ich aus den gleich zu skizzierenden Motiven sehr gern aufgegriffen habe, sondern auch weil er gleich zu Anfang meiner Kieler Professorenzeit aktiv den Kontakt zu mir suchte, um mit mir die Möglichkeiten und Perspektiven einer künftigen engen Zusammenarbeit auszuloten. Seither haben wir, die Gesellschaft für Kieler Stadtgeschichte und die Kieler Professur für Regionalgeschichte, in vorbildlich synergetischer Weise nicht nur eine stattliche Zahl von Studierenden mittelst des Deutschlandstipendiums erfolgreich an die Kieler Stadt- und die schleswig-holsteinische Regionalgeschichte herangeführt, sondern auch gemeinsame Forschungsprojekte wie z.B. zu den »Gelehrten Köpfen an der Förde« zu Wege bzw. zu Papier gebracht. Ich hoffe sehr, dass sich diese schöne und fruchtbare Kooperation auch künftig fortsetzen wird. Danken möchte ich zudem den treuen Hörerinnen und Hörern meiner Vorlesung im Wintersemester 2016/17, deren thematische Ausrichtung und Anordnung dem vorliegenden Buch als Vorbild dienten. Das ausdauernde Interesse dieser Hörerschaft hat mich in dem Willen zur Abfassung des Buches nachhaltig bestärkt. Mein

Dank gilt zudem meinen beiden Mitarbeiterinnen Lisa Kragh und Frederieke Maria Schnack sowie den Hilfskräften Henning Andresen, Stefan Brenner, Antonia Grage, Tomke Jordan, Karoline Liebler, Jan Ocker und Carina Storm, die mir alle hilfreich bei der Zusammenstellung der Literatur und Korrektur meines Textes zur Seite standen. Lisa Kragh hat sich zudem der Mühe unterzogen, das Orts-, Personen- und Stichwortverzeichnis zu erstellen, wofür ihr mein besonderer Dank gilt. Dankbar bin ich zudem dem Wachholtz Verlag, in Sonderheit Frau Dr. Rosa Wohlers und Herrn Olaf Irlenkäuser, für die kompetente Drucklegung des Manuskripts. Zu guter Letzt bin ich meiner Familie zu Dank verpflichtet, da sie mich trotz der damit verbundenen zeitlichen Abstriche bei der Abfassung des Buches, soweit es in ihrer Möglichkeit stand, stets unterstützt hat. Diese Unterstützung ist wohl das Wertvollste, was einem Forscher widerfahren kann.

Oliver Auge   Kiel, im Juli 2017

Ein neues Kiel-Buch und sein Konzept

Kiel blickt auf eine 775-jährige Stadtgeschichte zurück. Mag man über Sinn und Zweck solcher Jubiläen bekanntlich vortrefflich streiten, so ist eine so stattliche Zahl von Jahren, die die Stadt Kiel für ihre Geschichte reklamieren darf, doch Grund genug, um noch einmal intensiv zurückzuschauen, was es mit dieser Geschichte denn eigentlich auf sich hat und wie genau es sich mit dieser verhielt, speziell worin ihre markanten Merkmale bestehen, die Kiel von anderen Städten unterscheidbar machen. Genau diesem Anliegen soll das vorliegende Buch dienen. Nun handelt es sich bekanntlich nicht um das erste Werk zur Geschichte der Stadt Kiel. Vielmehr liegen schon mehrere Gesamtdarstellungen vor, die Kiels Geschichte einem interessierten Lesepublikum nahebringen. Hinzu kommt eine nur noch schwer überschaubare Zahl an Veröffentlichungen zu Einzelaspekten und -problemen der Kieler Stadtgeschichte, die entweder in monografischer Form oder als Aufsätze veröffentlicht worden sind. Nicht unerwähnt bleiben darf zudem das überaus verdienstvolle »Kiel-Lexikon«, das ein zentrales Hilfsmittel zur Erschließung der Kieler Vergangenheit geworden ist. Auch das Internet hält selbstverständlich viele hilfreiche, fundierte Zugänge zur Stadtgeschichte bereit.

Obwohl es also schon eine bunte Vielfalt an Literatur zu Kiels Geschichte gibt, beansprucht das hiermit vorgelegte Buch für sich, etwas Neues zu sein und etwas in dieser Form für Kiel noch nicht Dagewesenes zu liefern. Damit ist nicht so sehr gemeint, dass es sich bei der gerade nur grob aufgelisteten bisherigen Forschung um durchaus schon in die Jahre gekommene und damit zwangsläufig mehr und mehr an Aktualität einbüßende Zeichnungen eines Gesamtbildes oder aber und weitaus zahlreicher um ein buntes, damit freilich keineswegs weniger relevantes Potpourri Kieler Geschichte, Geschichten und Geschichtchen handelt. Woran es demgegenüber bisher fehlt, ist der Versuch einer bis in die jüngste Gegenwart reichenden, prägnanten Darstellung, die einen roten Faden durch das Wirrwarr der vielen Kieler Namen, Daten und Fakten zu stricken bemüht ist, die Wichtiges von Unwichtigem trennt und thematische Schwerpunkte der Stadtgeschichte im Kontext der allgemeinen historischen Entwicklung aufzeigt. Denn ernsthafte Geschichtswissenschaft hat grundsätzlich nichts mit bloßem antiquarischen Sammeln zu tun. Sie zeichnet sich vielmehr durch exemplarische Auswahl und interpretatorische Gewichtung der eigentlich ungeordneten Vergangenheit aus. Sie schlägt sinnvolle Schneisen im wüsten Chaos der Geschichte und macht Erklärungsangebote. Die augenfälligen Hauptthemen der Kieler Geschichte gilt es also vor dem Hintergrund der sie umgebenden Landes- und Regionalgeschichte pointiert herauszuarbeiten und zu einem schlüssigen Ganzen zusammenzufügen. Nur so kann gut begründet definiert werden, was Kiel zu einer besonderen Stadt macht und worin Kiel anderen Städten in nah und fern ähnelt oder gar gleicht. Das ist Ziel dieses Buches.

Es ist eine Binsenweisheit, dass die Geschichte einer einzelnen Stadt nie losgelöst von den Geschehnissen und Entwicklungen der sie umgebenden Region, des Landes und darüber hinaus begriffen werden kann. Doch umgekehrt kann auch die allgemeine Geschichte bis hin zur Makroebene der Globalgeschichte natürlich nicht sinnvoll erforscht werden, wenn man die Mikrosicht ganz und gar vernachlässigt. Denn aus den Mikrogeschichten der unzähligen einzelnen Orte setzt sich letztlich die Geschichte der Makroperspektive zusammen. Mit dem allgemeinen Kontext vernetzt und aus demselben erklärbar sollen unter dieser Prämisse im Folgenden in thematischen Längsschnitten, die jeweils ihrer eigenen Chronologie folgen, die Hauptthemen der Kieler Geschichte zu einem Gesamtzusammenhang verwoben werden. Da dafür allerdings nur ein begrenzter Seitenumfang zur Verfügung steht, der zur Raffung und Straffung auffordert, können diese Längsschnitte freilich nur wieder Facetten einer Stadtbiografie abbilden. Biografie als Lebensbeschreibung meint dabei einmal die Geschichte einer lebendigen Stadt von den Anfängen bis heute, wobei nach dem gerade Gesagten die Chronologie anders als bei einem Lebenslauf nicht sklavisch eingehalten werden soll. Zweitens sei darunter insbesondere der Blick auf die in dieser Stadt damals wie heute lebenden Menschen verstanden.

1. Kiel als Hauptstadt

Seit 1946 ist Kiel die Hauptstadt von Schleswig-Holstein. Wenn diese Rolle auch heute nicht mehr wesentlich in Frage gestellt wird, schaut Kiel doch auf eine bewegte Geschichte auf dem Weg zur Hauptstadt zurück. Kiel war tatsächlich keineswegs immer eine Hauptstadt im Norden. Wie aber stand es vorher um die Stadt? Um Kiels Entwicklung zur Hauptstadt nachvollziehen zu können, ist es wichtig, die regionalgeschichtliche Perspektive heranzuziehen und zu fragen: Wie sah es denn um Kiel herum aus? Ganz in diesem Sinne wird in diesem Kapitel auch nach der Funktion der Stadt für das Land Schleswig-Holstein und nach Kiels Rolle innerhalb der deutschen Geschichte gefragt.

Kiels Weg zur Landeshauptstadt war geprägt von etlichen Zäsuren und Brüchen, ein Umstand, der so schon eine Kieler Besonderheit darstellt. Dies lag an den spezifischen schleswig-holsteinischen Verhältnissen: Wie der Historiker Hartmut Lehmann darlegt, gab es in Schleswig-Holstein keine Stadt, die selbstverständlich von allen als Hauptstadt angenommen und akzeptiert wurde. Von einer Hauptstadt könne man nur dann sprechen, so Lehmann, wenn von ebendieser Stadt wesentliche Funktionen ausgeübt würden, die für die Region im Ganzen bestimmt und wichtig seien und zwar in politischer, rechtlicher, verwaltungsmäßiger, ökonomischer und kultureller Hinsicht. Und dies traf keineswegs alles für Kiel zu – und tut es eigentlich bis heute nicht. Zwar ist nun Kiel Sitz der Landesregierung und des Landesparlaments, auch befindet sich hier die einzige Volluniversität Schleswig-Holsteins. Aber auch Flensburg und Lübeck firmieren mittlerweile erfolgreich als Universitäts- und Wissenschaftsstandorte. Das Oberlandesgericht als juristisches Zentralorgan, das Landesarchiv und das Landesmuseum als Gedächtnis des Landes sind hingegen in Schleswig zu Hause. In Kiel gibt es eine bunte kulturelle Szene, aber auch andernorts im Land, z. B. in Schleswig oder in Lübeck, wird ein interessantes Theater- und Kulturprogramm geboten. In Richtung Hamburg hat die Landeszentralbank, ehemals mit Sitz in Kiel und Lübeck, 2014 das Bundesland verlassen. Auch andere wirtschaftlich bedeutsame Zweige verlagerten und verlagern ihren Sitz mehr und mehr an die Elbe. So gibt gegenwärtig die Landesbausparkasse ihren zweiten Hauptsitz in Kiel zugunsten des Standortes Hamburg auf, was in der Kommunalpolitik für Unmut sorgt. Kiel ist ohne Frage auch weiterhin ein zentraler Standort für Industrie, Handwerk und Dienstleistungssektor, doch die Konkurrenz ist groß. Die Randbezirke der Metropolregion Hamburg – manche sprechen despektierlich vom »Hamburger Speckgürtel« –, wie beispielsweise der Kreis Stormarn, verfügen über vergleichbare ökonomische Potentiale. Dazu spielt die ehemalige Freie Hansestadt Lübeck am Rand des heutigen Bundeslandes Schleswig-Holstein in vielerlei Hinsicht eine so von vielen Lübeckern auch bewusst gewollte Sonderrolle. Schließlich war man dort bis 1937 selbstständig!

Schon diese erste Auflistung, die man mühelos noch erweitern könnte, macht deutlich: Schleswig-Holsteins Städtelandschaft ist nicht zentral ausgerichtet, sondern erstreckt sich über mehrere Städte, die jeweils als ein Knotenpunkt fungieren.

Dies hängt ganz wesentlich mit der spezifischen Vergangenheit Schleswig-Holsteins zusammen.

Im 13. Jahrhundert begann man, das Land nördlich der Elbe zu urbanisieren. In diese Zeit fällt auch die Gründung oder vielmehr Erhebung Kiels zur Stadt. Kiels »Gründung« war tatsächlich kein isolierter Akt, sondern ein wohlüberlegter Schachzug einer weit gefassten Städtepolitik der holsteinischen Grafen aus dem Hause Schauenburg. Diese verfolgten das Ziel, ihre Landesherrschaft nachhaltig auszubauen und dauerhaft zu festigen. Zwischen 1201 und 1223/27 hatten sie diese nach einer Niederlage gegen den dänischen König Waldemar II. (*1170; †1241), der fortan den schillernden Beinamen »der Sieger« führte, verloren und wollten nun verhindern, dass sich solches wiederholte. Die gräfliche Städtepolitik sah vor, dass die frisch gegründeten Städte wichtige politische, militärische und wirtschaftliche Aufgaben wahrnehmen und zu herrschaftlichen Stützpunkten werden sollten. Gerade im Hinblick auf die ökonomische Entwicklung ging es den Schauenburger Grafen zumal darum, der Konkurrenz der damaligen »Boomtown« Lübeck Paroli zu bieten, wie der Historiker Thomas Hill nachweist. Lübeck gewann im 13. Jahrhundert als Handelspartner von Hamburg zusehends an Wichtigkeit – Hamburg an der Elbe als Tor zur Nordsee und Lübeck an der Trave mit dem Hafenzugang zur Ostsee, mit einer lediglich schmalen Landstrecke zwischen beiden –, was den Schauenburgern ein Dorn im Auge war. Kiel war offenbar gemeinsam mit der nahezu zeitgleich 1238 mit Stadtrecht versehenen Stadt Itzehoe an der Stör als ein ähnlich miteinander korrespondierendes Städtepaar gedacht, zwischen dem der Handel auf Ost- und Nordsee enger zusammenrücken sollte.

Doch eine wirkliche ökonomische Gefahr für die hansische Handelsachse zwischen Hamburg und Lübeck stellte dieses neue Städteduo Kiel-Itzehoe aufgrund seiner exzentrischen Verkehrslage zu keiner Zeit dar. Gleichwohl darf man nicht vergessen, dass Kiel vom Ausgang des 13. Jahrhunderts an – nachweislich seit 1283/84 – bis zu seinem offiziellen Ausschluss im Jahr 1544 ein mehr oder minder aktives Mitglied der Hanse gewesen ist. Allein schon die Mitgliedschaft in der Hanse sowie die für Kiel früh belegte Existenz einer eigenen Gilde von Schonenfahrern sind Ausdruck der Bemühungen, die Stadt als neues ökonomisches Zentrum im Handel zwischen Ost- und Nordsee zu installieren. Für Kiel als ein solches neues ökonomisches Zentrum sprach darüber hinaus, dass in dessen Umkreis ein Ort lag, der eine Verbindung nach Westen, zur Nordsee hin, bereits sicherstellte: Gemeint ist Flemhude, dessen Name anzeigt, dass sich hier ein Landeplatz flämischer Fernhändler befand, die, von der Nordsee über Treene und Eider kommend, mit ihren wertvollen Waren die Ostsee zu erreichen suchten – wohl weil die protektionistischen Lübecker Kaufleute dies weiter südlich erfolgreich zu verhindern wussten.

Kiel als Dreh- und Angelpunkt in internationalem Handel – um dies zu erreichen, wagte Friedrich III. (*1597; †1659) in den 1630er Jahren einen neuen Vorstoß. Er knüpfte an den mittelalterlichen Versuch an, über die »Gründung« Kiels eine weitere Handelsroute im Fernhandel zu etablieren und bemühte sich in den 1630er Jahren, Kiel gemeinsam mit dem erst 1621 gegründeten Friedrichstadt zu einem neuen korrespondierenden Städtepaar zu machen. Dieses sollte eine führende Rolle im internationalen Seidenhandel zwischen Persien und Westeuropa einnehmen. Diese ehrgeizigen Pläne Herzog Friedrichs und seiner höfischen Umgebung scheiterten, besser gesagt: Sie scheiterten nicht einfach, sondern der Verantwortliche, Kaufmann Otto Brüggemann (1600; †1640), wurde 1640 wegen vermeintlicher Inkompetenz öffentlich hingerichtet. Aber immerhin legten die

Persianischen Häuser, die zwischen 1632 und 1638 am Kieler Alten Markt aus dem Holz der zunächst für den gedachten Warenumschlag am Hafen errichteten Packhäuser erbaut worden waren, bis zu ihrer Zerstörung im Bombenkrieg des Jahres 1944 in gewisser Weise ein Architektur gewordenes und namentliches Zeugnis der Fernhandelsfunktion ab, welche Kiel seinerzeit einnehmen sollte.

Solche ehrgeizigen Pläne und die durchaus längere Verortung der Stadt auch in der Hanse konnten nichts daran ändern, dass Kiels Handel und Wirtschaft stets eine allenfalls regionale Ausrichtung hatten. Diese Beschränkung auf regionalen Handel stellte ein konstantes Problem in der Kieler Geschichte dar. Noch nicht einmal durch den 1895 eröffneten Kaiser-Wilhelm-Kanal (heute Nord-Ostsee-Kanal) als Tor zur Welt vor den Mauern Kiels ließ sich dies ändern: Die Welt fuhr auf dem Kanal nur noch besser an Kiel vorbei.

Ökonomisch betrachtet ist Kiel lange Zeit und bis heute also keinesfalls ein Monolith in der schleswig-holsteinischen Städtelandschaft gewesen. Anders sah es phasenweise auf der politischen Ebene aus. Schon in seiner ersten städtischen Grundstruktur zeichnete sich Kiel durch eine feste Verbindung zur stadtherrlichen Burg aus, die den nördlichen Landzugang zur Stadt wirksam abschirmte. Hier etablierte zwischen 1261 und 1316/21 die sogenannte Kieler Linie des Schauenburger Grafenhauses ihre namengebende Hauptresidenz, wie noch näher beleuchtet werden wird. Diese Seitenlinie der Schauenburger existierte jedoch nicht lange. Mit dem Verschwinden der gräflichen Nebenlinie verlor auch Kiel seinen Status als gräflichen Hauptsitz rasch wieder. Immerhin fungierte die Burg, die in der frühen Neuzeit zum repräsentativen Schloss um- und ausgebaut wurde, nunmehr des Öfteren als Witwensitz, so etwa zur Zeit der Herzoginwitwe Friederike Amalie (*1649; †1704).

Diese zog hier nach dem Tod ihres fürstlichen Gemahls Christian Albrecht (*1641; †1694) ein und lebte bis zu ihrem eigenen Ende im Jahr 1704 in Kiel. Ihr Kieler Witwenhof entwickelte sich in kürzester Zeit zum kulturellen Zentrum im Gottorfer Machtbereich.

Nach der schweren Niederlage im Großen Nordischen Krieg 1721 musste der Gottorfer Herzog seine Anteile am Herzogtum Schleswig an den dänischen König abtreten. Kiel profitierte von diesem Verlust, denn es trat nun an die Stelle der bisherigen Hauptresidenz Gottorf und wurde zur neuen Hauptstadt des Miniaturstaates Holstein-Gottorf. Zur dynastischen Grablege wurde die Kirche des ehemaligen Chorherrenstifts in Bordesholm anstelle des ehrwürdigen Schleswiger Domes erkoren. Kurz darauf, am 26. August 1727, zogen in das Kieler Schloss neue illustre Bewohner ein: Der damals 27-jährige Herzog Carl Friedrich (*1700; †1739) mit seiner schwangeren Gemahlin Anna Petrowna (*1708; †1728), einer Tochter Zar Peters des Großen (*1672; †1725), hielt feierlichen Einzug in seine Hauptstadt, nachdem er aus Russland vertrieben worden war. Hier, im Kieler Schloss, wurde wenig später sodann der einzige Sohn und Erbe, Carl Peter Ulrich (*1728; †1762), geboren. Der Kieler Zarenverein rückte dies durch ein 2014 im Kieler Schlossgarten aufgestelltes Denkmal des russischen Bildhauers Alexander Taratynov (*1956) ins öffentliche Bewusstsein. Dieser Carl Peter Ulrich machte später in Russland eine ungewöhnliche Karriere, indem er bald von seiner kinderlosen Tante, der Zarin Elisabeth (*1709; †1762), zum russischen Thronfolger erklärt und nach St. Petersburg geholt wurde. Doch die Regentschaft von Carl Peter Ulrich stand unter keinem guten Stern: Er trat zwar als Peter III. im Jahr 1762 die Nachfolge Elisabeths auf dem Zarenthron an, doch er wurde nach nur sechsmonatiger Regierungszeit gestürzt und ermordet. Seine daran nicht ganz unbeteiligte

Frau und Nachfolgerin, Katharina die Große (*1729; †1796), suchte anders als ihr Gatte im Bemühen um Frieden im Norden einen Ausgleich mit Dänemark, was zum Tauschvertrag von Zarskoje Selo führte, demzufolge Holstein-Gottorf samt Kiel 1773 an den dänischen Gesamtstaat fiel.

Kiel büßte damit seine Hauptstadtfunktion wieder ein. Immerhin wurde es aber am 1. Oktober 1834 Sitz des Oberappellationsgerichts, welches in einem Gebäude in der Flämischen Straße untergebracht wurde. Diese Einrichtung, die eine endgültige Trennung von Justiz und Verwaltung im Gesamtstaat mit sich brachte, machte Kiel zum Standort eines letztinstanzlichen Gerichts für Holstein, Schleswig und Lauenburg, das seit 1815 ebenfalls zum Gesamtstaat gehörte. Kiel erfüllte damit eine zentrale juristische Funktion für den gesamten Bereich zwischen Elbe und Königsau. Allerdings behielt es diese nur bis zur Schleswig-Holsteinischen Erhebung. 1852/54 wurde dann ein eigenes Oberappellationsgericht in Flensburg installiert. Erst im Rahmen einer Justizreform von 1879 erlangte Kiel seine wichtige Rolle innerhalb der Rechtsprechung für den gesamten Bereich der nunmehr preußischen Provinz Schleswig-Holstein zurück, indem es Sitz eines Oberlandesgerichts wurde. Dieses wurde in einem stattlichen neoromanischen Bau am Lorentzendamm untergebracht, der zwischen 1892 und 1894 errichtet wurde. Heute befindet sich darin das schleswig-holsteinische Justizministerium.

Nach dem Deutsch-Dänischen Krieg von 1864 wurde Holstein in der Gasteiner Konvention vom 14. August 1865 unter die Verwaltung einer österreichischen Statthalterschaft gestellt, die ihren Hauptsitz in Kiel hatte. Für Schleswig und Lauenburg war hingegen Preußen zuständig. Kiel selbst wurde in der genannten Konvention zur geteilten Stadt erklärt, hieß es doch im Artikel 2: Die Vertragspartner »wollen im (Deutschen) Bunde die Herstellung einer deutschen Flotte in Antrag bringen und für dieselbe den Kieler Hafen als Bundeshafen bestimmen. Bis zur Ausführung der desfallsigen Bundesbeschlüsse … wird das Kommando und die Polizei über denselben von Preußen ausgeübt. Preußen ist berechtigt, sowohl zur Verteidigung der Einfahrt Friedrichsort gegenüber die nötigen Befestigungen anzulegen, als auch auf dem holsteinischen Ufer der Bucht die dem Zweck des Kriegshafens entsprechenden Marineetablissements einzurichten. Diese Befestigungen und Etablissements stehen gleichfalls unter preussischem Kommando, und die zu ihrer Besatzung und Bewachung erforderlichen preussischen Marinetruppen und Mannschaften können in Kiel und Umgebung einquartiert werden.« Um die konkrete Umsetzung dieser Vereinbarung zu regeln, wurde eine eigene Kommission aus preußischen und österreichischen Offizieren gebildet. Unter dem Kommando dieser Kommission wurden in Kiels Westteil österreichische, in seinem Osten preußische Truppen stationiert. Die Trennlinie zwischen den Besatzungsgebieten verlief entlang der Straßen Hamburger Chaussee, Sophienblatt, Klinke, Vorstadt, Holstenstraße, Schlossstraße, Kattenstraße, weiter bis zur Wasserallee. Der Exerzierplatz, das Exerzierhaus beim Schloss, der zwischen Knooper Weg und Schreventeich befindliche Schießstand sowie die Badeanstalt in Düsternbrook standen für eine gemeinschaftliche Nutzung offen. Auf dem Marktplatz, dem heutigen Alten Markt, hatten die Österreicher das Sagen. Zudem wurden den preußischen Truppen am Ostufer der Förde alle Orte von Gaarden bis Laboe zugesprochen, auf dem Westufer noch Düsternbrook und die Wik. Damit befand sich der unmittelbare Fördebereich zum größten Teil in preußischer Hand. Kiel wurde somit zwar zur geteilten Stadt, doch die Übergänge blieben fließend. Eine Demarkationslinie, an der Personenkontrollen hätten durchgeführt werden können, wurde nicht eingerichtet. Die städtischen Bezirke wurden auch nicht unterschiedlich verwaltet, sondern blieben in einer Hand. Während der preußische Gouverneur für Schleswig, Edwin von Manteuffel (*1809; †1885), seinen Amtssitz auf Schloss Gottorf einrichtete, übernahm der verdiente österreichische General Ludwig Freiherr von Gablenz (*1814; †1874) – an den heutzutage in Kiel die 1910 errichtete Gablenzbrücke bzw. die darüber führende Gablenzstraße erinnern, die das Sophienblatt mit der Werftstraße verbinden – auf Seiten der Österreicher das Statthalteramt mit Sitz in Kiel. Im Volksmund wurde der populäre Mann als »Fürst von Kiel« betitelt.

Die österreichische Regierung über Holstein währte allerdings nur bis 1866: Durch den Deutschen Krieg gewann Preußen ganz Holstein für sich und setzte Carl Freiherr von Scheel-Plessen (*1811; †1892) zum Oberpräsidenten für die beiden Herzogtümer ein. Seinen Dienstsitz etablierte der frisch berufene Oberpräsident in Kiel, wo er bald darauf in den Mitteltrakt des Kieler Schlosses einzog. Kiel wurde damit 1866 wieder zur Hauptstadt Schleswigs und Holsteins. Dementsprechend fand auch in Kiel im großen Saal des Schlosses unter Salutschüssen und Glockengeläut am 24. Januar 1867 die feierliche Inbesitznahme der Herzogtümer durch genannten Scheel-Plessen im Namen des preußischen Königs Wilhelm I. (*1797; †1888) statt.

Doch wieder war Kiel der »Hauptstadtstatus« nicht lange vergönnt. Bereits zwei Jahre später, am 1. Oktober 1868, wurden nämlich die bisher getrennten Provinzialregierungen für Schleswig und Holstein zu einer einzigen zusammengefasst, die ihren Sitz nun nicht in Kiel fand, sondern in Schleswig. Oberpräsident Scheel-Plessen hatte hierzu seine eigene Meinung, hatte er doch schon im Juni 1866 verlautbaren lassen: »Mit Entschiedenheit ist auszusprechen, daß Kiel der passendste Sitz der Regierung beider Herzogtümer sein wird. Hier konzentriert sich das politische Leben des Landes.« Um gleichwohl die damalige Entscheidung der preußischen Regierung pro Schleswig und contra Kiel nachvollziehen zu können, sei daran erinnert, dass Kiel zu diesem Zeitpunkt nur eine mittelgroße Stadt mit rund 24 000 Einwohnern war. Flensburg beispielsweise war fast genauso groß, hier wohnten mit 22 000 Einwohnern fast ebenso viele Menschen. In Schleswig waren zwar im Gegensatz dazu lediglich 14 000 Personen beheimatet, doch hatte sich Schleswig wegen der Gottorfer Residenzzeit im Bewusstsein der Menschen stärker als rechtmäßige Hauptstadt der Lande festgesetzt. Vor allem aber gab die Nationalitätenfrage den Ausschlag: Mit dem Beschluss, den Regierungssitz nach Schleswig zu verlegen, sollte das Deutschtum im Schleswiger Landesteil gestärkt werden. Baulicher Ausdruck dieses Beschlusses wurde der bis heute architektonisch imposante Neubau des Regierungsgebäudes in Schleswig, welches bewusst genau gegenüber dem Gottorfer Schloss platziert wurde. Am 22. März 1876 erfolgte die Grundsteinlegung zu diesem »roten Elefanten« aus Backstein, der innerhalb von drei Jahren fertiggestellt wurde, sodass der Dienstsitz des Oberpräsidenten offiziell im Oktober 1879 von Kiel nach Schleswig verlegt werden konnte.

In Kiel blieben nur noch die Einrichtungen der provinziellen Selbstverwaltung zurück, bis auf den Provinziallandtag – dieser wurde im Frühjahr 1880 aus Rendsburg nicht nach Kiel verlegt, sondern ebenfalls nach Schleswig, wo er fortan im alten Ständesaal des Schleswiger Rathauses tagte. Ende des 19. Jahrhunderts jedoch wuchs Kiel zu einer Großstadt heran und übte eine immer stärkere Sogkraft auf das wirtschaftliche und politische Leben im ganzen Land aus. Folgerichtig wurden Pläne zu einer Rückverlegung des Oberpräsidentensitzes nach Kiel geschmiedet und sogar von Kaiser Wilhelm II. (*1859; †1941) unterstützt. Er bezeichnete die Schleswiger Lösung selbst als

»größte Dummheit«. Ihren schriftlichen Niederschlag fanden die neuen Absichten in der Denkschrift des seit 1901 amtierenden Oberpräsidenten Adolf Wilhelm Kurt von Wilmowsky (*1850; †1941). Darin hieß es, dass der Oberpräsident nur in Kiel den Pulsschlag des Lebens fühlen und er nur hier am öffentlichen Leben der ganzen Provinz teilhaben könne. Doch das Staatsministerium beharrte in einem Beschluss vom 2. Juli 1904 auf Schleswig als Sitz des Oberpräsidenten. Anders verhielt es sich mit dem Provinziallandtag, der aus Schleswig fortzog und seit dem 19. März 1905 bis zum Ende des Ersten Weltkrieges in der Aula der Christian-Albrechts-Universität tagte. Danach zog er in den Sitzungssaal des 1911 bezogenen neuen Kieler Rathauses.

Die Pläne zu einer Rückverlegung des Oberpräsidiums nach Kiel wurden nun aber keineswegs fallengelassen, zumal die Stadt Kiel selbst Morgenluft witterte und ein lukratives Angebot unterbreitete: Die Stadt wollte ein kostenloses Grundstück für den Bau eines repräsentativen Oberpräsidiums zur Verfügung stellen und bis zu dessen Errichtung für einen Zeitraum von maximal fünf Jahren auf ihre eigenen Kosten Räume im Stadtgebiet anmieten, um einen möglichst raschen Umzug nach Kiel bereits während der Bauzeit gewährleisten zu können. Zu diesem Angebot hatte man sich in Kiel entschlossen, da ein Wiedereinzug des Oberpräsidenten ins Kieler Schloss mittlerweile unmöglich geworden war. Hier residierte seit 1888 der Kaiserbruder Heinrich (*1862; †1929) mit seinem Hof. Als Umzugsdatum wurde der 1. Oktober 1907 vorgeschlagen. Der 1906/07 amtierende Oberpräsident Kurt von Dewitz (*1847; †1925) begrüßte die Initiative. Er hatte sich krankheitshalber einige Zeit in der Kieler Universitätsklinik aufhalten müssen und seinen Worten zufolge mehr hochgestellte Leute am Krankenbett empfangen als in seiner ganzen vorangegangenen Amtszeit in

Schleswig. Insbesondere liebäugelte er mit einem attraktiven Grundstück zwischen der Förde und dem Düsternbrooker Gehölz für den Neubau. Hier herrschte ein sauberes Klima, und von hier aus konnte er die großen kaiserlichen Schiffe sehen. Um von dem damals noch etwas abgelegenen Standort schnell ins Zentrum zu gelangen, hatte er die Idee eines überdachten Motorbootes, mit dem er die längere Wegstrecke problemlos zurücklegen wollte. Doch verhinderte das Preußische Abgeordnetenhaus die Umsetzung all dieser Pläne mit seinem Beschluss vom 5. März 1907. Als Kompromisslösung schlug der nachfolgende Oberpräsident Friedrich von Bülow (*1868; †1936) eine Teilung des Regierungsbezirks Schleswig-Holstein vor, wonach die Etablierung eines zweiten Regierungssitzes in Kiel möglich geworden wäre. Aber auch diese Idee stieß im Abgeordnetenhaus auf Ablehnung: Man fürchtete, einen Präzedenzfall zu schaffen, auf den sich andere preußische Regierungsbezirke berufen könnten. Vor allem aber hätte die Umsetzung dieser Kompromisslösung das schleswig-holsteinische Selbstverständnis im Kern erschüttert, verstand man sich hier doch bekanntlich als »up ewig ungedeelt«.

Erst der Erste Weltkrieg brachte Bewegung in diese verfahrene Angelegenheit. Kriegswichtige Zentralbehörden wie die Provinzialkartoffelstelle, die Provinzialfettstelle, die Provinzialeierverteilungsstelle oder die Provinzialfuttermittelstelle waren im zentralörtlichen Kiel, nicht im abgelegenen Schleswig eingerichtet worden. Diese Stellen unterstanden dem Oberpräsidenten, der jetzt immer häufiger nach Kiel reisen musste, um sie zu lenken, was eine nicht immer ganz unproblematische Aufgabe darstellte. Der Weg nach Kiel war nicht ohne weiteres zu bewältigen, denn ein eigenes Kraftfahrzeug stand für diese Fahrten nicht zur Verfügung, und der Eisenbahnverkehr zwischen Kiel und Schleswig war kriegsbedingt massiv reduziert. Um hier zu einer Erleichterung zu gelangen, beantragte der während des Krieges amtierende Oberpräsident Friedrich von Moltke (*1852; †1927) am 1. Januar 1917 die Verlegung seines Dienstsitzes nach Kiel und begründete diese als staatsnotwendig. Und tatsächlich erteilte das Innenministerium nun seine Zustimmung, lapidar in einem Telegramm, was nach dem langen Hin und Her davor schon überraschen mag. Die Entscheidung erklärt sich jedoch aus den Kriegsumständen; auch das Kriegsministerium stellte klar, dass es sich nur um eine Kriegsmaßnahme handeln könne.

Am 24. März 1917 legte der Kaiser in seinem Hauptquartier im belgischen Spa mit seinem Placet nach: »Sitz des Oberpräsidenten der Provinz Schleswig-Holstein ohne das Regierungsschulkollegium einstweilen von Schleswig nach Kiel verlegt.« Damit konnte sich Kiel wieder als Provinzhauptstadt begreifen. Um allerdings den provisorischen Charakter der Verlegung zu unterstreichen, erfolgte keine Einrichtung einer offiziellen Dienstwohnung für den Oberpräsidenten. Stattdessen wurde in der Schwanenallee 24 die Villa des Professors für Innere Medizin namens Heinrich Irenaeus Quincke (*1842; †1922) zu diesem Zweck angemietet. Auch wurden zwölf Beamte des Oberpräsidiums nur kommissarisch nach Kiel versetzt. Ihr offizieller Dienstsitz blieb Schleswig. Aber wie es sich so oft mit Provisorien in der Geschichte verhielt, entwickelte sich auch diese Zwischen- zur Dauerlösung: Der Oberpräsident residierte noch weit bis über Kriegsende hinaus in der Schwanenalle 24 und wechselte schließlich am 31. Januar 1923 in den Rantzaubau des Kieler Schlosses. Rund zehn Jahre später meinte Hinrich Lohse (*1896; †1964), NS-Gauleiter und zugleich schleswig-holsteinischer Oberpräsident, am 11. April 1933 zu dieser Frage: »Wenn auch der jetzige Zustand nicht als endgültig angesehen werden kann, so kommt doch eine Änderung durch Verlegung des Oberpräsidiums nach Schleswig in absehbarer Zeit nicht in Betracht.«

Dies war die Verwaltungssituation, auf die die britische Besatzungsmacht am Ende des Zweiten Weltkriegs in Schleswig-Holstein traf. Die alliierten Mächte waren bei der Gestaltung von Verwaltung und Gesellschaft nach dem Krieg um Kontinuität bemüht, und so knüpfte sie auch in der Hauptstadtfrage an die Vorgängerlösung an. Am 16. August 1946 teilte Colonel Ainger in einer Routinebesprechung mit dem deutschen Verbindungsmann bei der Militärregierung, Dr. Hans Müthling (*1901; †1976), den Beschluss mit, dass Kiel der Vorrang vor Schleswig gebühre.»The capital is Kiel«, hieß es wörtlich. Publik gemacht wurde dieser Beschluss mit der britischen Verordnung Nr. 46 vom 23. August 1946, worin die Errichtung eines Landes Schleswig-Holstein mit Kiel als Hauptstadt festgelegt wurde. Als Sitz der Regierung und – einmalig in Deutschland – gleichzeitig auch des Parlaments wurde die Marineakademie am Düsternbrooker Weg erkoren, die im Krieg zum Teil zerstört worden war. Diese dient seit dem 6. Mai 1947 als »Landeshaus«. Am 2. Mai 1950 konnte der Landtag dann in den neu hergerichteten Plenarsaal im Landeshaus einziehen, der im Jahr 2004 nochmals grundlegend umgebaut und durch einen gläsernen Anbau zur Förde hin erweitert wurde.

Kiels neue Stellung als Landeshauptstadt mit Landtag, Landesregierung und Landesverwaltung war eine logische Entscheidung, insofern es die Fortführung seiner Funktion als Provinzialhauptstadt bedeutete. Um den Wegfall des Regierungssitzes Schleswig gegenüber zu kompensieren und damit auch ein gewisses Gleichgewicht innerhalb des Bundeslandes zu schaffen, wurde zum 1. Oktober 1948 das Oberlandesgericht, das ja seit 1894 am Kleinen Kiel residiert hatte, nach Schleswig verlegt. Es zog in die bisherigen Räumlichkeiten des Oberpräsidiums ein und ist hierin auch heute noch zu finden. Ebenso zogen 1948 im Rahmen dieser Ausgleichslösung das Landesarchiv und das Landesmuseum nach Schleswig ins Gottorfer Schloss. Das Landesarchiv wechselte 1991 wiederum aus Platzgründen vom Schloss ins nahe Prinzenpalais, wo es seither beheimatet ist. Seit 1946 fungiert Kiel somit ganz offiziell als Hauptstadt des Landes Schleswig-Holstein, was im Sommer 2016 eine entsprechende Würdigung in der Tagespresse erfuhr. Allerdings stellt sich die Frage, ob Kiel diese Funktion auch künftig einnehmen kann und wird: Die in regelmäßigen Abständen immer wieder aufkommende Idee eines »Nordstaates«, also eines größeren norddeutschen Bundeslandes, indem sich beispielsweise Schleswig-Holstein mit Hamburg oder Mecklenburg-Vorpommern zusammenschließen könnte, beschwört nahezu zwangsläufig die Konkurrenz Hamburgs oder anderer Städte als mögliche Hauptstädte herauf.

Neben diesem geschichtlichen Überblick über die Entwicklung der Stadt Kiel zur Landeshauptstadt gibt es einige herausstechende historische Ereignisse, die mit Kiel in Verbindung stehen und weit darüber hinaus von Bedeutung waren – für ganz Schleswig-Holstein oder gar deutschlandweit. Auch diese Ereignisse unterstützten jeweils auf ihre Weise das allmähliche Hineinwachsen Kiels in seine Hauptstadtrolle. Zu denken ist hierbei z. B. an die Kieler Tapfere Verbesserung vom 4. April 1460. Einen Monat zuvor, im März 1460, hatte die schleswig-holsteinische Ritterschaft in Ripen den dänischen König Christian I. (*1426; †1481) zum neuen Herzog von Schleswig und Grafen von Holstein gewählt und sich in diesem Zusammenhang eine stattliche Anzahl an Privilegien vom neuen Landesherrn ausbedungen. In Kiel nun wurden die Bestimmungen des später berühmt gewordenen Ripener Privilegs teils bekräftigt, teils ergänzt oder weiter präzisiert. Unter anderem wurde die Einberufung jährlicher Versammlungen der Ritter Schleswigs und Holsteins zu Urnehöved bzw. Bornhöved zugesichert. Dazu ist es nicht gekommen, weil ab 1462 gemeinsame Landtage der Landstände stattfanden. Doch war die Kieler Zusage vom April 1460 ein wichtiger Baustein auf dem Weg zur politischen Partizipation von Klerus, Rittern und Stadtbürgertum.

Eine weitere Besonderheit der Stadt war – und ist bis heute – der Kieler Umschlag, der hier seit dem 15. Jahrhundert einmal im Jahr stattfindet. Der Umschlag entwickelte sich bald zum zentralen Geldmarkt für Schleswig-Holstein und den ganzen westlichen Ostseebereich und machte Kiel auf diese Weise noch bis ins 19. Jahrhundert hinein überregional bekannt. Ausführlicher wird darauf im vierten Kapitel eingegangen.

Ebenso wurde der Frieden nach Kiel benannt, der hier am 14. Januar 1814 zwischen den Kriegsparteien Schweden und Großbritannien einer- und Dänemark andererseits geschlossen wurde und eine Neuordnung Nordeuropas beinhaltete, der zufolge Norwegen, seit 1387 mit Dänemark gemeinsam regiert, an Schweden fiel und Helgoland bei Großbritannien verblieb, während Dänemark als europäische Macht aus dem Konzert der Großen ausschied und fortan den Part eines Klein-, aber immer noch Vielvölkerstaates spielte. Der Kieler Frieden gilt als wichtiger Meilenstein auf dem Weg zur erst 1905 realisierten Souveränität Norwegens, weil sich das Land damals seine Verfassung erstritt.

Für eine überregionale Bekanntheit Kiels sorgten zudem die nachweislich seit ca. 1790 nach Kiel benannten Sprotten, die im 19. Jahrhundert massenweise im Stadtteil Ellerbek, aber auch in Eckernförde angelandet und verarbeitet wurden. Außerdem wurde Kiel natürlich bekannt durch den vor allem zu Zeiten allgemeiner Marinebegeisterung zum Modetrend gewordenen Kieler Anzug mit seinem dunkelblauen, viereckigen Exerzierkragen samt drei weißen Streifen und Schlips zusammen mit Hose bzw. Rock. Die Comic-Figur Donald Duck trägt nach wie vor einen solchen in zahllosen Enten-Abenteuern.

Mit den »Kieler Blättern« etablierte eine Gruppe namhafter Professoren der Christian-Albrechts-Universität, allen voran Friedrich Christoph Dahlmann (*1785; †1860), Niels Nikolaus Falck (*1784; †1850) sowie Franz Hermann Hegewisch (*1783; †1865), ab 1815 ein wissenschaftlich-politisches Publikationsorgan, das seinerzeit seines liberalen und gemäßigt nationalen Inhalts wegen in Schleswig-Holstein und in ganz Deutschland eine positive Aufnahme fand. Die »Kieler Blätter« wurden wegen der strengen Zensur nach den Karlsbader Beschlüssen von 1819 in »Kieler Beyträge« umbenannt und noch bis 1821 in Schleswig gedruckt.

In enger Verbindung zu den »Kieler Blättern« stand die Kieler Universität, die seit dem Ausgang des 18. Jahrhunderts infolge einer Reform eine neue Blüte erlebte und sich im Kontext der Aufklärung zum geistig-kulturellen Zentrum des ganzen Landes entwickelte. Durch ihre Angehörigen, die in größerer Zahl in der ersten Hälfte des 19. Jahrhunderts politisch aktiv und mehrheitlich prodeutsch gestimmt waren, wurde sie zum Sprachrohr im immer heftiger geführten nationalen Diskurs der Zeit. Nicht von ungefähr erfolgte die Ausrufung einer Provisorischen Regierung zu Beginn der Schleswig-Holsteinischen Erhebung in der Nacht vom 23. auf den 24. März 1848 gerade hier in Kiel: Kiel stand im Mittelpunkt der vorausgehenden und folgenden Geschehnisse. Erklärtes Ziel war die Etablierung einer konstitutionellen Verfassung, eine allgemeine Volksbewaffnung und der Eintritt auch Schleswigs in den Deutschen Bund. Um nicht den Anschein einer Revolution zu erwecken, wie sie sich damals in anderen Regionen Deutschlands und Europas in teils heftiger Form abspielte, wurde die Absetzung des dänischen

Königs als Landesherr nicht eigens als Absicht formuliert. Vor der Proklamation war bereits ein Bürgerverein unter Vorsitz des linksliberal orientierten Juristen und Verlegers Theodor Olshausen (*1802; †1862) gegründet worden, der Presse- und Versammlungsfreiheit forderte. Am 20. März erfolgte die Aufstellung einer Bürgergarde. Schon am Morgen des 24. März 1848 fuhr ein Sonderzug von Kiel zur Garnisonsstadt Rendsburg, um diese »im Handstreich« zu nehmen. An der Aktion hatten sich auch Kieler Studenten als Freiwillige beteiligen wollen, doch verpassten sie die Abfahrt des Zuges. Nach der erfolgreichen Einnahme Rendsburgs verlegte die neu ausgerufene Provisorische Regierung am 25. März ihren Sitz dorthin aus Angst vor einem dänischen Angriff auf Kiel von See aus. Tatsächlich blockierte die dänische Korvette »Galathea« in der Folgezeit den Hafen Kiels. Ein Kaperversuch am 20./21. Mai 1848 scheiterte, weshalb die Blockade noch bis zum September dauerte. Zu diesem Zeitpunkt tagte bereits die konstituierende Landesversammlung, natürlich in Kiel, die nach dem seinerzeit freiesten und demokratischsten Wahlrecht ganz Deutschlands gewählt worden war, zur Ausarbeitung einer Verfassung für Schleswig und Holstein. Für Kiel als Tagungsort hatte man sich entschieden, weil die Versammlung bewusst unabhängig von der in Rendsburg sitzenden Regierung arbeiten sollte und weil sich Schleswig, das als weiterer Tagungsort in Frage kam, zu nah an der damaligen Kampflinie befand. Die Landesversammlung war am 15. August 1848 feierlich in der Kieler Nikolaikirche eröffnet worden und tagte seither mit ihren über 100 Abgeordneten in der ehemaligen Schlosskirche. Im September legte die Versammlung dann den Entwurf der modernsten und liberalsten Verfassung ganz Deutschlands vor. Zeitgleich vollzog sich auch auf der kommunalen Ebene eine Liberalisierung und Demokratisierung der Kieler Stadtverfassung. Indes führte das

Scheitern der Erhebung ab dem Spätsommer des Jahres 1850 zur Zurücknahme dieser kommunalen Reformen; auch die Verfassung geriet über das Stadium eines Entwurfs nicht hinaus.

Spielte die konstituierende Versammlung in Kiel durch die skizzierten Vorgänge also eine demokratische Vorreiterrolle im Revolutionsgeschehen 1848/49, so wurde die Stadt durch den Matrosenaufstand, dem Ausgangspunkt der deutschen Novemberrevolution 1918, noch weitaus mehr zu einem Geburtsort der Demokratie in Deutschland. Der Erste Weltkrieg führte bekanntlich zu enormen Versorgungsengpässen an der »Heimatfront«, was vor allem für die Arbeiterschaft und ihre Familien schwerwiegende Folgen zeitigte. Je länger der Krieg dauerte, ohne zum erhofften Sieg zu führen, desto mehr kam es zu Hungerunruhen, in Kiel unter anderem im Juni und im Oktober 1916.

Ende März 1917 legten zudem die Kieler Werftarbeiter die Arbeit nieder – ein Ausstand, der als reiner Hungerkrawall begann und zum politischen Streik wurde. Die über 4000 Arbeiter, die damals in den Streik traten, forderten nicht nur eine gerechtere Nahrungsmittelversorgung, sondern auch mehr Rechte für sich. Die Mehrheitssozialdemokraten (MSPD) und die Gewerkschaften spielten dabei als Interessensvertreter der Arbeiterschaft nur eine Nebenrolle. Vielmehr waren vor allem Mitglieder der Unabhängigen Sozialdemokratischen Partei (USPD), die sich 1916 von der MSPD abgespalten hatten, in die Proteste involviert. Insbesondere in der kriegswichtigen Torpedowerkstatt in Friedrichsort waren sie aktiv.

Ende Januar 1918 traten dann 30 000 Arbeiter in den Ausstand, nachdem ihre Vertrauensleute zum Heer einberufen worden waren. Auf dem Wilhelmplatz fand eine Massenkundgebung statt, auf der konkrete politische Forderungen formuliert wurden. Unter anderem sollte ein Friedensschluss nicht länger von Annexionen oder Entschädigungen abhängig gemacht werden. Auch wurde die Einberufung des Reichstages, der seit Kriegsbeginn nicht mehr getagt hatte, und seine Einbeziehung in die Friedensverhandlungen verlangt, ebenso eine Reform der Volksernährung und eine Auflösung des hochkonservativen Preußischen Abgeordnetenhauses samt Neuwahlen. Überdies war von einer Aufhebung des Belagerungszustandes und der Freilassung aller politischen Gefangenen die Rede, und die Vertrauensmänner sollten nicht mehr zum Heeresdienst herangezogen werden können. Dieser Forderungskatalog blieb zunächst unerfüllt, und so machte sich im Verlauf des weiteren Jahres in der Kieler Arbeiterschaft insgesamt eine – gut organisierte – Stimmung breit, die von einer Befürwortung des Friedensprogramms des US-amerikanischen Präsidenten Wilson (*1856; †1924) bei gleichzeitigem Vertrauensverlust in die eigene Heeres- und Marineführung gekennzeichnet war.

In diesem Klima erreichte am 1. November 1918 das Dritte Geschwader der Kaiserlichen Marine seinen Heimathafen Kiel. Schon in Wilhelmshaven, wo die Schiffe zuvor geankert hatten, war es an Bord zu Befehlsverweigerungen gekommen. Diese richteten sich gegen den Plan der Marineleitung, an den von der Reichsregierung aufgenommenen Friedensverhandlungen vorbei und trotz der aussichtslosen Kriegslage ein letztes heldenhaftes Gefecht gegen die Britische Flotte zu führen. 47 Matrosen wurden als Rädelsführer inhaftiert. Durch die Rückverlegung der Schiffe nach Kiel sollte sich, so die Hoffnung der Marineleitung, die Situation wieder entspannen, doch erwies sich dies als eine krasse Fehleinschätzung der Stimmung in der Stadt, zumal der Kieler Gouverneur, Vizeadmiral Wilhelm Souchon (*1864; †1946), von der Aktion vollkommen überrascht wurde. Das Gegenteil trat ein: Die Arbeiter in Kiel solidarisierten sich mit den Inhaftierten, nachdem am 3. November weitere 57 Matrosen verhaftet worden waren und andere Matrosen deswegen beim Landgang Kontakt zu den Arbeitern und Soldaten in Kiel aufgenommen hatten. Bereits am Vortag hatte der Oberheizer Karl Artelt (*1890; †1981) von der USPD zur Entmachtung der herrschenden politischen Klasse und zur Niederringung des Militarismus aufgerufen, während der Kieler Gewerkschaftsvorsitzende Gustav Garbe (*1865; †1935) zur Besonnenheit mahnte. Nun wurde aus der kleinen Revolte in Windeseile eine Massenbewegung, wie am 3. November knapp 6000 Demonstranten – Matrosen sowie Kieler Arbeiterinnen und Arbeiter – auf dem Exerzierplatz bewiesen. Von dort bewegte sich ein Demonstrationszug in die Marinearrestanstalt in der Feldstraße, die aber nicht erreicht wurde, weil kurz davor eine militärische Patrouille das Feuer auf die Demonstranten eröffnete. Sieben Menschen wurden getötet, 29 schwer verwundet. Die Demonstranten antworteten darauf teilweise ebenfalls mit schwerer Gewaltanwendung. Der unheilvolle Zusammenstoß gilt gemeinhin als der eigentliche Startpunkt der Novemberrevolution. Am 5. November musste der in Kiel residierende Prinz Heinrich fluchtartig Schloss und Stadt verlassen, da sich Kiel schon fest in der Hand der Aufständischen befand: Unter dem Vorsitz Garbes war nach dem Vorbild bereits existierender Soldatenräte ein Arbeiterrat gebildet worden, kaiserliche Schiffe hatten die rote Fahne gehisst, und ein Vierzehn-Punkte-Programm mit weitreichenden Reformforderungen wurde in Kraft gesetzt. Um die revolutionären Verhältnisse zu klären, wurde sodann Gustav Noske (*1868; †1946) von der MSPD aus Berlin nach Kiel geschickt und am 5. November durch Akklamation zum Vorsitzenden des Obersten Soldatenrats gewählt. Zwei Tage später übernahm er von Admiral Souchon auch die zivile Gewalt in Kiel. Zur Sicherung der öffentlichen Ordnung setzte er auf die Fortführung der alten

Strukturen und erstickte deswegen alle weiteren revolutionären Impulse in Kiel sofort im Keim. Allerdings hatten die Kieler Vorgänge längst Vorbildcharakter für andere Städte im ganzen Kaiserreich erlangt. Bald stand dabei nicht mehr Kiel im Mittelpunkt der Ereignisse, sondern Berlin, wo am 9. November 1918 die Republik ausgerufen wurde.

Tags darauf wurden die zivilen Todesopfer des Kieler Aufstands auf dem Friedhof Eichhof beigesetzt. Kiel selbst ging mit seiner impulsgebenden Rolle während der Revolution im Übrigen lange Zeit stiefmütterlich um. Erst spät und schwerfällig setzte ein Umdenken ein, wie die seinerzeit öffentlich umstrittene Aufstellung des von Hans-Jürgen Breuste (*1933; †2012) gestalteten Revolutionsdenkmals im Kieler Ratsdienergarten 1982 sinnfällig zum Ausdruck brachte. Heute aber steht man in Kiel der wichtigen Rolle der Stadt im Kontext von Revolution und Demokratisierung weitgehend positiv gegenüber, was z.B. daran ersichtlich wird, dass die 1930 errichtete Schiffsbrücke der Freien Turnerschaft Wassersport, die seinerzeit nach Gustav Garbe benannt worden war, unter den Nationalsozialisten diesen Namen aber wieder verloren hatte, zum Jahrestag des Matrosenaufstands am 3. November 2016 ihren ursprünglichen Namen zurückerhielt. Für 2018 plant die Stadt eine großangelegte Erinnerungsfeier unter Teilnahme des Bundespräsidenten.

Kiel entwickelte sich also im Lauf der Zeit zur Hauptstadt Schleswig-Holsteins und spielte mehrfach in der schleswig-holsteinischen und deutschen Geschichte eine beachtliche Rolle. Das war auch bei der Kieler Erklärung vom 26. September 1949 der Fall, in der die Landesregierung unter Zustimmung des Landtages erklärte, dass die dänischen und friesischen Bevölkerungsteile ohne Diskriminierungsgefahr alle demokratischen Grundrechte genießen sollten und dass eine dänische Gesinnung behördlich nicht angezweifelt oder überprüft werden dürfe. Damit war die Kieler Erklärung ein wichtiger Baustein für den Grenzfrieden im Norden und bildete den Vorläufer zu den Bonn-Kopenhagener Erklärungen vom 29. März 1955, die Grundlage für das nachbarschaftliche Verhältnis zwischen Deutschland und Dänemark wurden.

2. Kiel – dreimal gegründet

Die Geschichte einer Stadt beginnt normalerweise mit ihrer Gründung – Kiel aber ist gleich dreimal gegründet worden. Seine eigentlichen städtischen Anfänge verdankt es der Stadtrechtsverleihung durch Graf Johann I. von Holstein (*um 1229; †1263) im Jahr 1242. Auf diese erste Gründung, festgehalten in einer nicht unumstrittenen Urkunde, beruft man sich, wenn man 2017 das 775-jährige Stadtjubiläum feiert. Ab dem Jahr 1865 veränderte dann die Stadt ihr Gesicht so grundlegend, dass man heute von einer zweiten Gründung spricht. Was war geschehen? 1865 wurde die preußische Marinestation von Danzig nach Kiel verlegt: Aus einer kleinen Mittelstadt erwuchs in der Folge in kürzester Zeit eine moderne maritime Metropole. Als dritte Stadtgründung wird der Wiederaufbau der Stadt nach dem Zweiten Weltkriege gesehen. Nahezu komplett war Kiel während der Kriegsjahre zerstört worden, der Wiederaufbau glich somit eher einem Neubau aus den Bombentrümmern und einer Neugründung der Stadt. 1242, 1865, 1945 – das also sind Kiels drei Geburtsjahre!

Kiels erste Gründung wurde in einer Urkunde festgehalten, die 1242 von Johann I. auf Latein verfasst wurde. In ihr ist in feierlichem Ton vermerkt, dass Graf Johann, Sohn des legendären Grafen und Franziskanermönchs Adolf IV. (*vor 1205; †1261), kurz nachdem er im November 1241 seine Volljährigkeit erlangt hatte, Kiel das lübische Stadtrecht verlieh. Der Ort heißt darin noch nicht Kiel, sondern wird als Stadt Holsteins bzw. Holstenstadt bezeichnet. In der Urkunde wird zwar am Schluss das Ausstellungsjahr 1242 genannt, nicht aber der genaue Tag, an dem sie verfasst wurde. Die Echtheit dieser Urkunde wurde nun von der Forschung immer wieder angezweifelt, da sie nicht im Original erhalten ist, sondern nur in Abschriften des 18. Jahrhunderts. Wegen der Zweifel an der Authentizität der Urkunde verzichtete die Stadt Kiel 1904 sogar darauf, ihren historisch begründeten Anspruch auf die gesamte Förde als Hafengebiet in dritter Instanz vor dem Reichsgericht gegen die Interessen der Kaiserlichen Marine zu verfechten und womöglich auch durchzusetzen. Zwar versuchte kurz darauf der Kieler Geschichtsprofessor Carl Rodenberg (*1854; †1926), doch den Nachweis ihrer Echtheit ein für alle Mal zu erbringen. Schon 1939 aber führte Werner Carstens neue gewichtige Argumente ins Feld, nach denen die Urkunde zwar einen echten Kern habe, im Wesentlichen allerdings durch den Kieler Stadtschreiber Georg Lutzenberger zwischen 1495 und 1498 verfälscht worden sei.

Carstens Ansicht blieb die maßgebliche, bis Helmut G. Walther 1991 eine neue tiefschürfende Untersuchung der überlieferten Abschriften der Urkunde vornahm. Begründet durch dessen Ergebnisse tendierte man danach dazu, die Urkunde insgesamt doch für echt zu halten. Walther argumentiert, dass in der Urkunde vom ganzen See Kiel bis Bottsand als Weichbild die Rede sei, innerhalb dessen keine weitere Gründung einer Siedlung erfolgen dürfe. Dahinter habe natürlich die Absicht gestanden, im Bereich der Kieler Förde keinen möglichen Konkurrenzhafen zuzulassen. 1334 schenkte nun Herzog Waldemar V. von Schleswig (*1314; †1364) der Stadt Kiel auch den schleswigschen Teil der Förde bis zu deren Ende bei Bülk, was nach

Walther nur Sinn machte, wenn Kiel tatsächlich davor schon, also seit der Stadtrechtsverleihung, auch den holsteinischen Teil des Fördeufers besaß. Dieser Punkt war der strittigste zwischen Marine und Stadt zu Beginn des 20. Jahrhunderts gewesen. Walther argumentiert außerdem, dass es sich bei der Benennung Kiels als Holstenstadt nicht um eine nachträgliche Hinzufügung handeln könne, denn bereits Johann I. bzw. seinem Vater Adolf IV. sei es augenscheinlich um die Anlage eines neuen herrschaftlichen, wirtschaftlichen und geistlichen Zentralorts Holsteins nach der Wiedererlangung der Grafenwürde 1225/27 gegangen. Dies würde die Gründung auch eines idealtypischen Franziskanerklosters im Stadtgebiet zeigen. Aus Kiel als Stadt der Holsten sollte der Vorort Holsteins werden, wie es Hamburg für Stormarn war und im Prinzip immer noch ist. Die Stadterhebung könne also als Zeugnis des schauenburgischen Herrschaftsanspruchs über das Land aufgefasst werden, der sich direkt gegen den über dem Grafen stehenden Herzog von Sachsen richtete, welcher sich seinerzeit auch als Herr Nordelbingens betitelte.

2008 wurden indes neue Zweifel an der Urkunde wach, als Stefan Eick darlegte, dass ihr Aufbau in rein formaler Hinsicht nicht in die Zeit um 1242 passe, sondern in den Zeitraum zwischen 1291 und 1385 gehöre. Es kann und darf also gern weiter um die Originalität der Kieler Stadtrechtsurkunde von 1242 gestritten werden, ohne dass man wohl jemals genau wird sagen können, wer Recht hat und wer nicht.

Doch tut dies vielleicht gar nicht so viel zur Sache, wenn man bedenkt, dass die dann bald als ›Kiel‹ bezeichnete Siedlung nicht erst 1242 entstanden ist, sondern einen älteren Ursprung hat. Dank archäologischer Befunde, die aus Grabungen der Jahre 1989 bis 1991 im Bereich der Kieler Altstadt hervorgingen und die Anke Feiler(-Kramer) publiziert hat, weiß man mittlerweile sogar, dass diese Anfänge nicht erst in den 1220er Jahren zu vermuten sind, wie es noch Walther 1991 dachte, sondern tatsächlich wesentlich weiter zurückliegen. Feilers Untersuchungen haben ergeben, dass es bereits im 12. Jahrhundert im heutigen Altstadtbereich eine Siedlung gab, in der Fernhandel und Handwerk betrieben wurden und für die mithin ein nicht unbedeutender Markt vorhanden gewesen sein muss. Dies kann wiederum erklären, warum die Befestigung der noch jungen Stadt im Jahr 1261 dann schon so stark war, dass sie der Belagerung Herzog Albrechts I. von Braunschweig (*1236; †1279) standzuhalten vermochte: Der Stadtbefestigung von 1261 war bereits eine ältere Befestigung aus Holz vorausgegangen. Im Spätmittelalter wurde diese Befestigung dann ausgebaut zu einem hohen Mauerring mit zahlreichen Wachttürmen und vorgelagertem Grabensystem um die gesamte Stadt. Zwei Stadttore, das Dänische Tor im Osten und das Holstentor im Westen, sicherten den Zugang zur Stadt, zusätzlich gab es die drei Hafentore namens Schuhmachertor, Flämisches Tor und Fischertor jeweils am Ende der gleichnamigen Straßen sowie die kleineren Mauerpforten des Kütertors im Norden und des Kattentors bzw. Pfaffentors im Süden und Südwesten.

Sowohl im Zentrum der Altstadt als auch an ihrem nordwestlichen Rand konnten zahlreiche Besiedlungsreste des 12. Jahrhunderts ausgegraben werden. Unter anderem stieß man in der ehemaligen Sumpfzone am Kleinen Kiel auf die Reste einer aus dem 12. Jahrhundert stammenden Gerbergrube. Im selben Jahrhundert wurde die kleine sumpfige Bucht zwischen Haßstraße und Klosterkirchhof mit Mist und Abfall aufgefüllt. Auch kippten die Einwohner ihre stinkenden Abfälle in den Bereich der später deswegen sogenannten Faulstraße. Zum Teil reich verzierte Keramik flämischer Herkunft lässt auf Fernhandel schließen, die Gerbergrube auf florierendes Handwerk, und außerdem wird bereits im 13. Jahrhundert von einer alten Kirche gesprochen, die sich in Ufernähe zwischen Papen-, Fischer- und Flämischer Straße befand und womöglich als hafennahe Kaufmannskirche fungiert hatte – all diese Befunde deuten darauf hin, dass Kiel bereits im 12. Jahrhundert eine zumindest proto-urbane Qualität hatte. Kiel war demnach 1242 alles andere als eine Neugründung auf der sprichwörtlichen grünen Wiese.

Um 1242 kam es vielmehr allem Anschein nach zu einer jetzt äußerlich urbanen Überformung der schon bestehenden, weitgehend ungeordneten Bebauung, die sich für eine weitere städtische Entwicklung als unzureichend herausgestellt hatte. Bisherige Holzbauten wurden abgerissen, Gruben und Uferzonen zugeschüttet, der Bau einer neuen repräsentativen Kirche – St. Nikolai – am ebenfalls neuen Marktplatz begonnen. Ein regelmäßiges Straßensystem entstand. Selbst eine Wasserleitung zur Versorgung der Städter mit frischem Wasser wurde noch im 13. Jahrhundert entlang der Holstenstraße gelegt. Hinter der Gesamtkomposition gibt sich unschwer das Vorbild Lübecks zu erkennen, das sich ebenfalls auf einer großenteils vom Wasser umgebenen Halbinsel befand, deren neuralgischer Landzugang – eben wie in Kiel – durch eine Burg gesichert war und das über ein Parallelwegenetz verfügte.

Dabei stellt sich natürlich sogleich die Frage, wer hinter dieser baulichen Fortentwicklung stand. Waren dies die frühen Stadtbewohner selbst oder zeichnete doch etwa die stadtherrliche Zentralgewalt verantwortlich? Sie jedenfalls verfolgte damals mit Nachdruck den Landesausbau, wozu, wie schon gesagt, auch die Anlage und Erweiterung von Städten zählte.

Die eben erwähnte Irdenware aus dem Raum der heutigen Niederlande, auf die man bei den Grabungen stieß, verweist nur zu offensichtlich auf eine frühe Verbindung des Ortes und seiner Menschen zu Flemhude, wo sich an einer seeförmigen

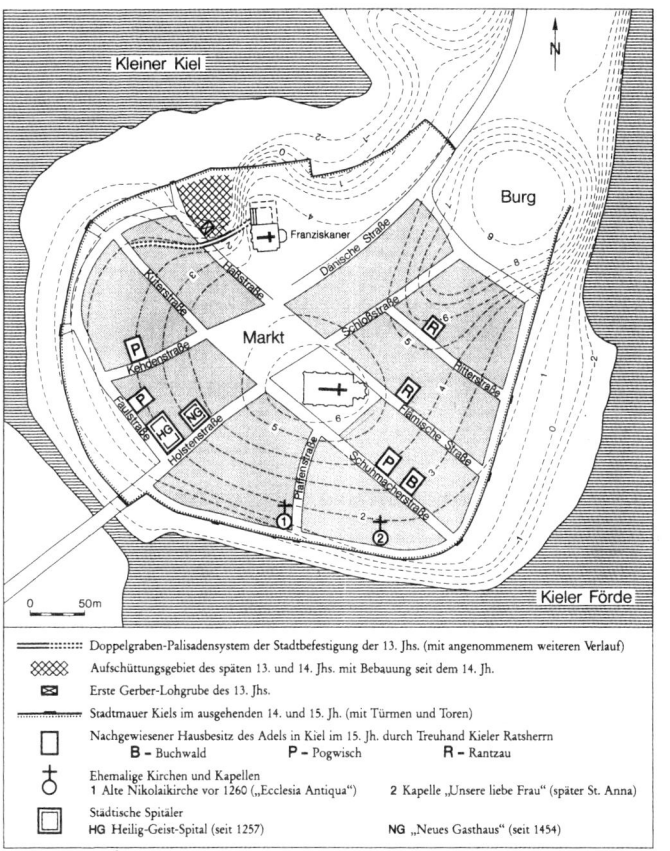

Kiel im Mittelalter

Erweiterung des Eiderlaufs eine Landestelle der Flamen inklusive alter Pfarrei befand. Die flämischen Händler hatten einen Zugang zur Ostsee gesucht und ihn offenbar in der Nähe Kiels gefunden. Die Beziehung könnte ab 1233, als Graf Adolf IV. mit Lübeck in gewaltsamer Auseinandersetzung stand, noch vertieft worden sein, doch sie bestand, wie die Keramik andeutet, schon früher.

Der Stadtgrundriss Kiels, der sich für das 13. Jahrhundert erschließen lässt, ist jedenfalls typisch für eine Gründungsstadt jener Epoche. Im Mittelpunkt der durch ein Parallelstraßensystem erschlossenen Stadt befanden sich Markt und Marktkirche. Auffallend ist, dass zur Förde hin zwei zusätzliche Straßen – die Pfaffen- und die Ritterstraße nämlich – verliefen und dabei gekrümmt aus der sonst geraden Straßenführung ausscherten. Aus der zusätzlichen Anlage schließt man, dass die Straßen wahrscheinlich durch das hohe Verkehrsaufkommen um das Hafengebiet herum erforderlich geworden waren. Ihre Krümmung wird als Rücksichtnahme auf die bestehende Vorbebauung interpretiert. Zwei Kieler Straßennamen, die Flämische und die Kehdenstraße, verweisen indes auf Flandern (Flamen) und Kehdingen als Regionen, zu denen womöglich Fernhandelskontakte der vorstädtischen Siedlung bestanden.

Im Stadtgebiet wurde im unmittelbaren zeitlichen Umfeld der Stadtrechtsverleihung von 1242 ein Franziskanerkloster als Musteranlage erbaut. Das verwundert wenig, wenn man bedenkt, dass dieses Kloster zum Heimatkloster Adolfs IV., Vater des Kiel-Gründers Johann I., wurde, der in seinen besten Mannesjahren der Grafenherrschaft entsagte und Mönch wurde. Interessanterweise spiegelt sich in der Anlage des Klosters franziskanisches Selbstverständnis punktgenau wider, indem die Klausur außerhalb der Stadtmauer errichtet wurde, wohingegen die Klosterkirche ihren Standort innerhalb derselben erhielt. Dahinter verbarg sich die Vorstellung, dass die Bettelmönche in der Stadt predigen und ihren Lebensunterhalt erbetteln sollten, während das eigentliche Kloster eine ebendieser lauten und versuchungsvollen städtischen Welt abgewandte innere Einkehr ermöglichte.

Auf dem Altstadthügel zählt man ca. 300 Grundstücksparzellen, die – wenn man diese Zahl auf damalige Durchschnittsverhältnisse umrechnet – eine Einwohnerzahl von etwa 1200 bis 1800 Menschen für das 13. Jahrhundert ergeben. Seit dem 14. Jahrhundert wohnten diese Menschen zumeist in giebelständigen, mehrgeschossigen Wohn- und Geschäftshäusern, die aus Backstein in Fachwerkbauweise errichtet waren.

Was lässt sich zu den ersten Kielern sagen? Noch im 13. Jahrhundert werden im Ersten Kieler Stadtbuch aus der Zeit von 1264 bis 1289 rund 40 Kaufleute namentlich fassbar, worunter sich tatsächlich zwei Flamen befanden, die aber offenbar kein Bürgerrecht besaßen. 15 Kaufleute waren als Kleinhändler oder Krämer tätig. Die Geschäftsbeziehungen der anderen reichten bis Roskilde im Norden, Holland und Flandern im Westen und Wismar im Osten, waren also keineswegs nur auf Holstein beschränkt. Im Übrigen hat sich zu Kiel das bislang älteste Zeugnis kaufmännischer Buchhaltung in Deutschland überhaupt erhalten. Das in lateinischer Sprache verfasste Schriftstück stammt von einem Kieler Gewandschneider und wird auf die 1280er Jahre datiert. Darin wird, teilweise auf Kreditbasis, ein Detail-Tuchhandel abgerechnet. Es ist die Rede von der Lieferung importierten flandrischen Tuchs, gestreift und blau, ebenso von fertigen Hosen und einfacheren Tuchen ellenweise. Auch Handelsbeziehungen ins Kieler Umland werden angesprochen. Von den insgesamt 250 Personen, deren wirtschaftliche Betätigung das besagte Stadtbuch preisgibt, entstammten 38 dem stadtsässig gewordenen holsteinischen Adel, den überwiegenden Teil aber stellten Handwerker. Wichtig waren daneben die Gerber – erinnert sei an die ausgegrabene Gerbergrube –, die das Leder für die Schuhfertigung der Schuster herstellten.

Mit der Ordre des preußischen Königs Wilhelm I. vom 24. März 1865: »Die Marine-Station der Ostsee ist von Danzig nach Kiel zu verlegen«, nahm sodann die zweite »Gründung« Kiels ihren Lauf. Die Entscheidung des Königs erfolgte offenbar einigermaßen überraschend, wie Michael Salewski meint. Zwar war schon am 27. Dezember 1864 geplant worden, die seit der zweiten Hälfte des 17. Jahrhunderts existierende Festung Friedrichsort am Ausgang der Förde zu einem Marineetablissement auszubauen, und es wurden Kosten dafür von 2,35 Millionen Reichstalern veranschlagt. Für die Gesamtanlage des neuen Stützpunktes mit Etablissement, Docks, Werkstätten usw. wurde bei einer voraussichtlichen Bauzeit von fünf bis sechs Jahren mit einem Kostenaufwand von 6,15 Millionen Reichstalern gerechnet. Überraschend war die Entscheidung jedoch deswegen, weil man sich in der obersten militärischen Führung nicht über den richtigen Standort einig wurde. Während sich nämlich Konteradmiral Eduard von Jachmann (*1822; †1887), durch einen Seesieg im Deutsch-Dänischen Krieg bei Jasmund vor Rügen berühmt geworden, vehement für Kiel als neuen maritimen Standort aussprach, favorisierte der preußische Generalstabschef Helmuth von Moltke (*1800; †1891) entweder einen ganz neuen Hafen am Jasmunder Bodden oder Sonderburg auf der Insel Alsen als Stützpunkt. Jachmann wandte demgegenüber ein, dass Kiel über eine weit bessere Infrastruktur als Danzig oder gar Sonderburg verfüge, womit er vor allem den Eisenbahnanschluss meinte. Letztlich entschied man sich auf preußischer Seite dann nur deswegen für Kiel, weil es an den nötigen Mitteln fehlte, um einen ganz neuen Hafen am Jasmunder Bodden zu bauen.

Indes musste die Entscheidung zugunsten Kiels im März 1865 anfangs noch als Provisorium gelten, da die politische Zukunft Schleswig-Holsteins zum damaligen Zeitpunkt alles andere als klar war. Kiel sollte zu jener Zeit noch zum Kriegshafen des Deutschen Bundes werden. Doch die Preußen zeigten sich im Kern von solchen Eventualitäten, die auf dem Interimszustand einer gemeinsamen preußisch-österreichischen Verwaltung Schleswig-Holsteins aufruhten, eher unbeeindruckt und setzten sich am Fördeufer fest. Dies zog die schon im ersten Kapitel behandelte Teilung der Stadt am 21. September 1865 nach sich. Das unmittelbare westliche Fördeufer mit Wik und Düsternbrook, der Ostteil der Stadt und die am Ostufer der Förde gelegenen Orte Laboe, Möltenort, Alt-/Neu-Heikendorf, Schrevenborn, Mönkeberg, Dietrichsdorf, Neumühlen, Wellingdorf, Ellerbek, Sandkrug und Gaarden wurden an Preußen übergeben – ohne die verschiedenen Ortsvertretungen darüber zu befragen oder vorab auch nur irgendwie zu informieren. Insbesondere die Stadt Kiel zeigte sich völlig ahnungslos den preußischen Absichten gegenüber, die nur zu offensichtlich den Besitz der ganzen Fördeküste für ihre maritimen Ziele fest im Blick hatten. Das entsprechende Marineministerium schaltete und waltete vollkommen selbstherrlich. Da die dringende Notwendigkeit zur Befestigung und Sicherung betont wurde, begannen die anstehenden Arbeiten unverzüglich. Doch der eigentliche Ausbau des Kriegshafens geschah erst ab dem 23. August 1866, als der Krieg zwischen Österreich und Preußen für letzteres erfolgreich geschlagen und damit das weitere Schicksal Schleswig-Holsteins inklusive Kiels unter preußischer Ägide entschieden war. Aus dem bisherigen Provisorium eines Kieler Kriegshafens wurde nun eine Dauerlösung. Mit der Allerhöchsten Kabinettsordre vom 23. Mai 1867 wurde jetzt die Anlage eines Marineetablissements in Ellerbek angeordnet.

Was damals noch als Stützpunkt des mittlerweile etablierten Norddeutschen Bundes gedacht war, wurde mit der Reichsgründung 1871 schließlich zum Reichskriegshafen deklariert.

Seither waren das Schicksal der Stadt Kiel und dasjenige erst der preußischen, dann Kaiserlichen Marine derart eng miteinander verbunden, dass die Phasen zwischen 1865 und 1914 bzw. von 1933 bis 1939, in denen die Marine massiv ausgebaut wurde, in vielerlei Hinsicht auch für Kiel eine große Zeit bedeuteten. Insofern lässt sich tatsächlich allen Ernstes von einer Neugründung Kiels oder einer zweiten Gründung sprechen. Natürlich hatte aber die starke Präsenz der Marine an der Förde für Kiel auch ihre Schattenseiten. Dazu gehörte von Anfang an, dass sich die Marineverwaltung, wie Salewski treffend vergleicht, Kiel und den Kielern gegenüber ganz so verhielt wie zu den oldenburgischen Sümpfen im Jadegebiet, wo mit Wilhelmshaven ein weiterer wichtiger Stützpunkt gebaut wurde: Beide wurden nicht nach ihren Befindlichkeiten gefragt.

War Kiel um 1864 mit ca. 19 000 Einwohnern eine lediglich mittelgroße und im schleswig-holsteinischen Vergleich nur die drittgrößte Stadt nach Altona mit etwa 53 000 und Flensburg mit 20 000 Einwohnern, wuchs es durch die Anwesenheit und die sich zunehmend intensivierende Ausweitung der Marine infolge der Flottengesetze ab 1899/1900 geradezu explosionsartig zur Großstadt an. Denn die Marine schuf natürlich auch viele Arbeitsplätze im Rüstungsbereich, insbesondere in der Schiffbauindustrie, die sich in Kiel auf drei Werftkomplexe konzentrierte: So arbeitete in Gaarden die Norddeutsche Schiffbauactiengesellschaft, aus der 1880 die Germaniawerft werden sollte; von Ellerbek bzw. Gaarden bis zur Schwentine reichten die Anlagen des Marineetablissements, das ab 1871 Kaiserliche Werft hieß; in Dietrichsdorf bauten die Howaldtswerke überwiegend und anders als die anderen beiden, auf Kriegsschiffe spezialisierten Großbetriebe Handels- und Spezialschiffe. Nur wenige Städte im damaligen Europa und eigentlich nur Duisburg im Deutschen Reich wuchsen ebenso rasant und zeigten eine derart dynamische Siedlungs- und Wirtschaftsentwicklung wie Kiel in dieser Zeit. Hatten so in der Stadt 1885 schon 50 000 Menschen gelebt, waren es nur 15 Jahre später bereits 100 000, welche Zahl sich dann in wiederum nur knapp 15 Jahren nochmals auf 200 000 Einwohner im Jahr 1914 verdoppelte. Diese Dynamik schlug sich auch in der Gestalt der Stadt selbst nieder. Die Kieler kehrten z. B. ihrer Altstadt nunmehr den Rücken. Schon zur Kaiserzeit wurde die über lange Jahrhunderte gewachsene Struktur der Altstadt massiv umgestaltet, indem ihre historischen Wohnhäuser abgerissen wurden. Die traditionsreichen Gebäude mussten neuen Geschäfts- und Bürohäusern sowie Straßenzügen weichen. Die teils radikalen baulichen Veränderungen jedenfalls kamen zusammen mit der neuen Dynamik Kiels und seinem explosiven Wachstum tatsächlich einer zweiten »Stadtgründung« gleich.

Eine dritte Gründung wird mit der unmittelbaren Nachkriegszeit verbunden. Die Ausgangslage nach dem Krieg war denkbar schlecht für die Stadt: Nicht nur ein Großteil der Häuser war zerstört worden, sondern auch die Einwohnerzahl war auf gut die Hälfte geschrumpft. Kiel hatte am 1. Januar 1945 noch 143 000 Einwohner – zum Vergleich: Vor dem Zweiten Weltkrieg hatten 261 000 Bewohner in der Stadt gelebt. Die meisten Menschen hatten Kiel wegen der immer heftigeren Bombenangriffe der Alliierten verlassen, die nicht nur unmittelbar das Leben bedrohten, sondern auch die städtische Infrastruktur und die Wohngebäude vernichteten. Die Altstadt war eine reine Trümmerwüste. Kiel gehörte zu den deutschen Städten, die mit am stärksten zerstört worden waren. Nur ein Viertel der heute im Kernbereich Kiels stehenden Gebäude stammt daher aus der Zeit vor 1948. Dazu kam bald auch die Demontage industrieller Anlagen zu Reparationszwecken durch die britische Besatzungsmacht. So entgingen einzig die Howaldtswerke dem Abbau der Kieler Großwerften.

Um die Trümmer zu beseitigen und Platz für dringend nötige Neubauten zu schaffen, erfolgte am 6. April 1946 ein Aufruf zum ehrenamtlichen Aufräumdienst. 140 000 freiwillige Helfer meldeten sich daraufhin, unter ihnen sehr viele sogenannte Trümmerfrauen. Sie holten aus den Trümmern rund 63 Millionen Ziegelsteine hervor, die für den Wiederaufbau verwendet werden konnten. Um dieses Projekt zu organisieren, wurde die Stadt in 25 Bezirke eingeteilt; jedem Bezirk wurde ein Architekt zugeteilt, der die Planung übernahm. Mit dem Wiederaufbau eng verbunden war die Person des damaligen Kieler Oberbürgermeisters Andreas Gayk (*1893; †1954), der von 1947 bis 1950 auch Vorsitzender der Fraktion der Sozialdemokratischen Partei Deutschlands (SPD) im schleswig-holsteinischen Landtag war. Im Mai 1946 hatte Gayk verkündet: »Kiel ist keine sterbende, Kiel ist eine kämpfende Stadt.« Und tatsächlich stemmten sich die Kielerinnen und Kieler, ähnlich wie die Menschen in den anderen deutschen Großstädten, in dieser Zeit beherzt und erfolgreich gegen die überall anzutreffende Trostlosigkeit. Um dieser entgegenzuarbeiten, ließ man sich manches einfallen: So wurden Brachflächen, die nicht gleich wieder bebaut werden konnten, einfach mit Bäumen und Gräsern bepflanzt, um die Spuren der Zerstörung mit natürlichem Grün zu überdecken. So entstand z. B. das Gayk-Wäldchen an der Kieler Gerhardstraße. Zur Erinnerung an die bewundernswerte Aufbauleistung und zum Dank für alle Helferinnen und Helfer bestimmte Gayk wenige Tage vor seinem Tod, dass den Bürgerinnen und Bürgern, die Kiel neu erbaut hatten, in einem Wandrelief im Hauptkorridor des Kieler Rathauses ein bleibendes Denkmal aus Sandstein gesetzt werden sollte. Die offizielle Einweihung erfolgte zur Kieler Woche des Jahres 1957 durch den seinerzeitigen Stadtpräsidenten Wilhelm Sievers (*1896; †1966). Es steht sinnbildlich für die dritte erfolgreiche »Gründung« Kiels, die sich genau genommen gut 20 Jahre lang hinzog. Erst in den 1960er Jahren nämlich erreichte die Einwohnerzahl ihren Vorkriegsstand, und erst 1966 wurde die Wohnraumbewirtschaftung beendet, weil die größte Wohnungsnot in Kiel beseitigt war. Im Übrigen hatten Flüchtlinge und Heimatvertriebene anders als im sonstigen Schleswig-Holstein, wo sie einen Bevölkerungsanteil von rund 42 Prozent ausmachten, die Wohnungsnot kaum mitverursacht. Ihr Anteil betrug nämlich in Kiel lediglich 14,3 Prozent. Diese geringe Zahl lag wiederum am hohen Zerstörungsgrad der Gebäude und Wohnviertel, der eine massive Aufnahme von Flüchtlingen in Kiel von vornherein unmöglich gemacht hatte.

Da so viele alte Baulichkeiten nicht mehr zu retten waren, konnte man das Kieler Stadtbild großzügig und modern umplanen. Dazu gehörte, dass man Mitte der 1950er Jahre die Holstenstraße zur ersten Fußgängerzone in Deutschland überhaupt umgestaltete oder dass man den 1944 stark zerstörten Hauptbahnhof bis Anfang der 1950er Jahre ohne seine bisherigen Kuppeln oder den Treppenturm mit Kaiserkrone wieder benutzbar machte. Erst durch einen umfassenden Umbau zwischen 1999 und 2004 wurde die alte Raumhöhe der Eingangshalle wiederhergestellt, ebenso die ehemalige Kaisertreppe an der Ostseite. Auch die schwer beschädigte St. Jürgenkirche wurde komplett abgerissen und durch einen Neubau im Königsweg ersetzt, der am 12. Dezember 1954 eingeweiht wurde. Allein bis 1948 wurden 20 000 Quadratmeter Straßen erneuert und auch neue Straßen gebaut. So wurde im Mai 1950 die Neue Straße, die heutige Andreas-Gayk-Straße, als eine Magistrale der Moderne dem Straßenverkehr übergeben, die schnurgerade durch ein vor dem Krieg dicht bebautes Stadtgelände geführt worden war.

Im Rückgriff auch auf Planungen der 1930er und 1940er Jahre nutzte Kiel den baulichen Neuanfang nach dem Zweiten Weltkrieg für eine Gestaltung des Stadtinneren, die in der Fachwelt für Aufsehen sorgte. Mustergültig führt dies heute noch, trotz der Veränderungen nach 1989, die Holtenauer Straße in ihrem unteren Verlauf bis zum Dreiecksplatz vor Augen, wo ab 1949 durch die Architekten Kurt Malzahn und Roland Lukas fünfgeschossige Flachdachwohnblocks mit zur Straße hin vorgeschobener Ladenzeile errichtet wurden. Der Komplex erhielt im Volksmund den Namen »Klagemauer« – vielleicht weil viele Ladengeschäfte über die hohen Mieten klagten oder an den hier zuvor vorhandenen Ruinen Vermisstenlisten angebracht gewesen waren. Insgesamt stand hinter der teils radikalen Um- und Neugestaltung der Innenstadt und ihrer durchweg verkehrsgünstigen Erschließung die Idee, dass sie nicht länger als vorwiegendes Wohnviertel dienen, sondern sich vor allem zum Geschäftsviertel entwickeln sollte. Das viele Lob für die richtungsweisende moderne Konzeption darf indes nicht darüber wegtäuschen, dass es durchaus auch etliche Gegenstimmen gab, die ihren Unmut über den vielen Beton äußerten, mit dem das neue Kiel errichtet wurde

Vater des »Kunstwerks Kiel« bzw. Schöpfer der städtischen Neuplanung ganz im Sinne zeitgenössischer Vorstellungen von einer aufgelockerten und durchgrünten Stadt wurde der Stadtbaurat Herbert Jensen (*1900; †1968), der dafür zahlreiche Ehrungen erhielt. Unter anderem wurde er 1954 zum Vizepräsidenten der Deutschen Akademie für Städtebau und Landesplanung gewählt und ein Jahr später zum Kieler Honorarprofessor ernannt.

3. Kiel als Fürstensitz, Hansestadt und Adelszentrum

Im Laufe seiner langen, mehr als 775-jährigen Geschichte hatte Kiel viele verschiedene Funktionen zu erfüllen. Den Status der fürstlichen Residenz hatte die Stadt bis zum Ende der Monarchie in Preußen und Deutschland im November 1918 inne, den einer Hansestadt hingegen nur bis ca. 1518. Über wirklich lange Zeit, beginnend im späteren Mittelalter bis ins 18. Jahrhundert hinein, fungierte Kiel daneben als eine Art Hauptstadt und Zentrum des holsteinischen Adels bzw. der schleswig-holsteinischen Ritterschaft. Diese drei genannten Aspekte geben jeder für sich ein beredtes Zeugnis von der Vielseitigkeit der Geschichte Kiels und zeigen daher, zusammengenommen, eindrucksvoll, wie unterschiedlich die Faktoren waren, die Kiels Geschichte beeinflusst haben, und gleichzeitig, wie eng diese miteinander verzahnt waren.

Von Beginn an spielte der Status der fürstlichen Residenz eine prägende Rolle für die Stadt Kiel. Als Kiel 1242 sein Stadtrecht verliehen bekam, war die Stadt nämlich als Hauptstadt oder Vorort Holsteins konzipiert. Dahinter stand vermutlich die Intention, Kiel zum zentralen Punkt für wirtschaftliches und politisches Geschehen zu machen. Nahe legen tut dies die Stiftung des Franziskanerklosters als einer monastischen Mustereinrichtung mit der Funktion einer dynastischen Grablege, die nahezu zeitgleich wie die Stadtgründung stattfand. Adolf IV., der das Kloster gestiftet hatte und ihm als Mönch beigetreten war, und sein ebenfalls zum Mönch gewordener Sohn Ludolf fanden im Kloster ihre letzte Ruhestätte. Kurze Zeit später gab es dann sogar für ein paar Generationen eine eigene Kieler Linie der Schauenburger Grafendynastie: Unter Adolfs IV. Söhnen Johann I. (*um 1229; †1263) und Gerhard I. (*1232; †1290) erfolgte 1273 eine Teilung des Landes, bei der sich ein Zweig der großen Schauenburger Familie abspaltete und Quartier in Kiel bezog. In der nachfolgenden Generation spaltete sich diese Linie nochmals auf, in eine nur kurz bestehende Segeberger und eine etwas länger existierende Kieler Linie. Letztere verbindet sich mit Johann II. (*ca. 1253; †1321) und seinen beiden Söhnen Christoph (†um 1313/15) und Adolf (†1315).

Die Schicksale dieser drei könnten gut und gern Stoff für ein Shakespeare-Drama liefern. Bei Johann II. handelte es sich offenbar um eine überaus traurige Herrschergestalt, war er doch auf einem Auge erblindet, weil sein Hofnarr in Wut einen Knochen auf den Kämmerer geworfen, versehentlich damit aber den Grafen getroffen hatte. Das berichtet zumindest der Lübecker Chronist Detmar (*um/nach 1395). Johanns Sohn Christoph, der in Kiel residierte, fand bei einem Sturz aus einem Fenster seiner Burg den Tod – unter ungeklärten Umständen. Schon seine Zeitgenossen spekulierten, ob da nicht doch jemand nachgeholfen hatte. Der zweite Sohn Adolf hingegen wurde im Schlafgemach seiner Segeberger Burg, schlafend im Bett neben seiner Gemahlin, von seinen Vasallen unter Führung Hartwich Reventlows (†1380) erschlagen. Dieser sagte später, er habe Rache üben wollen, weil er Adolf verdächtigt hatte, sich an seiner, Reventlows, Tochter vergangen zu haben. Allerdings wurden gleichzeitig die Burgen Bramhorst und Grömitz von den gräflichen Vettern Gerhard III. von Rendsburg (*1293;

†1340) und Johann III. von Plön (*ca. 1297; †1359) besetzt und obendrein Johann II. gefangen genommen. Es lag daher sogar schon dem Verfasser der Lübecker Annalen die Vermutung nahe, dass »es geplant gewesen sei«. Handelte es sich um ein Komplott gegen die Vertreter der Kieler Linie, an dem die Verwandten beteiligt waren? Dieser Verdacht wird noch erhärtet durch den »Persilschein«, den der dänische König Erich VI. Menved (*1274; †1319) den beiden Schauenburgern am 4. August 1316 deswegen explizit ausstellte. Ein halbes Jahr zuvor hatten beide die Kieler Grafschaft untereinander aufgeteilt, wobei der Segeberger Teil an Gerhard III., der Kieler an Johann III. gefallen war. Johann II. indes, der als Gefangener in die Kieler Burg geführt worden war, konnte aber von dort fliehen und begab sich zum Markgrafen von Brandenburg, der seinerseits wiederum mit dem dänischen König verfeindet war. Als beide Kontrahenten, der dänische König und der Markgraf von Brandenburg, 1317 den Frieden von Templin miteinander schlossen, wurde die besagte Teilung der Kieler »Beute« zwar bestätigt, doch immerhin wurde Johann II. die Nutznießung der Einkünfte von Kiel und Umland als Versorgung bis zu seinem Lebensende zugesprochen. 1318 kehrte er daher nach Kiel zurück und verbrachte hier seinen Lebensabend, bis er 1321 verstarb. Erst mit seinem Tod endete die Funktion Kiels als einer gräflichen Hauptresidenz, und die Stadt fiel endgültig an seinen Vetter Johann III.

Seither fungierte die Kieler Burg lediglich als Nebenresidenz bzw. als Witwensitz, so z. B. für Anna von Mecklenburg-Schwerin (*1343; †1415), die Gemahlin von Johanns III. Sohn Adolf VII. (*um 1327; †1390), oder für Sophia von Pommern (*1498; †1568), zweite Ehefrau Herzog Friedrichs I. (*1471; †1533). Bereits um 1500 war zu diesem Zweck die mittelalterliche Burg zum großen Teil abgerissen und durch einen repräsentativen Renaissanceneubau, das sogenannte Neue Haus, mit einer Fürsten- und Jungfrauenstube, einem großen Treppenturm und einem Tanzsaal ersetzt worden. Zwischen 1558 und 1568 fügte Friedrichs Sohn Adolf I. (*1526; †1586) diesem Ensemble einen stattlichen Erweiterungsbau ebenfalls im Stil der Renaissance hinzu, der eigentlich aus vier parallelen Giebelhäusern mit zwei Treppentürmen zur Landseite und zwei Erkertürmchen zur Förde hin bestand und mit einem reichen Giebelschmuck ausgestattet war. Dieses Schloss bildete dann die erhabene Bühne für die pompöse Gründungsfeier der Kieler Universität Anfang Oktober 1665. Der Friedrichsbau wich nach seinem teilweisen Einsturz 1685 einem nüchternen Neubau aus zwei rechtwinklig aneinanderstoßenden Flügeln, für dessen Entwurf der Schweizer Festungsbaumeister Dominicus Pelli (*1657; †1728) verantwortlich zeichnete. Der bis heute erhaltene Westflügel erhielt später fälschlicherweise den Namen »Rantzaubau«. Die innere Ausstattung des Neubaus, der nunmehr der wohlhabenden Herzoginwitwe Friederike Amalie als Wohnsitz diente, war den zeitgenössischen Berichten zufolge ungemein prächtig.

Zwangsläufig spielte Kiel nach dem Nordischen Krieg im Restherzogtum Holstein-Gottorf zu Beginn des 18. Jahrhunderts die Rolle einer Hauptresidenz. Für Kiel war dies ein Glücksfall, denn dadurch wurde es rangmäßig aufgewertet und konnte es auf einen wirtschaftlichen Aufschwung hoffen: Ein fürstlicher Hof brachte im Regelfall den lokalen Konsum in Fahrt. Nicht zuletzt setzte man auf russisches Kapital, denn der Fürst und Stadtherr Carl Friedrich hatte sich am 20. Mai 1725 in St. Petersburg mit einer Tochter Zar Peters des Großen namens Anna Petrowna vermählt. Die Feier fand zwar nicht in Kiel statt, wurde jedoch auch hier groß gefeiert: In Abwesenheit des Brautpaares fand am 8. Juli 1725 eine Hochzeitszeremonie in der Nikolaikirche statt. Das Hochzeitspaar selbst blieb noch zwei weitere Jahre in St. Petersburg und kam erst am 26. August 1727 nach Kiel, nachdem Peter der Große gestorben und ein Aufenthalt am russischen Zarenhof für Carl Friedrich und Anna Petrowna daraufhin zu unsicher geworden war. Durch eine am Hafen errichtete, reich geschmückte Ehrenpforte mit den Initialen CFA wurden die Eheleute freudig von den Kielern empfangen. Unglücklicherweise waren die Lebensumstände in Kiel und seinem Schloss zu diesem Zeitpunkt offenkundig aber mehr als bescheiden und nicht gerade für eine Frau geeignet, die im dritten Monat schwanger und obendrein lungenkrank war. Der ohnehin schon angegriffene Gesundheitszustand von Anna Petrowna verschlechterte sich nach der Geburt des Sohnes und Thronfolgers Carl Peter Ulrich so rapide, dass sie keine drei Monate später, am 15. Mai 1728, starb. Aus diesem Anlass ließ ihr verwitweter Gemahl für die Dauer eines Jahres täglich drei Stunden lang alle Glocken in der Stadt läuten. Der kleine Sohn wuchs nun als Halbwaise in Kiel auf. Viel weiß man nicht über seine damaligen Lebensumstände, doch scheint er lebhafte Aufnahme in der städtischen Gesellschaft gefunden zu haben. So weiß man z. B., dass er 1732 – vierjährig – zum Schützenkönig der Brunswiker Schützengilde von 1638 erkoren wurde. Auch 1756/57 war er nochmals ihr König. Doch da lebte Carl Peter Ulrich schon lange gar nicht mehr in Kiel. Vielmehr hatte ihn seine kinderlose Tante, die russische Zarin Elisabeth, 1742 an ihren Hof nach St. Petersburg geholt, wo er fortan zu ihrem Thronfolger erzogen wurde. Tatsächlich sollte er den Zarenthron 1762 auch besteigen, diesen jedoch nur für ein knappes halbes Jahr innehaben.

Seine an seinem Sturz und Tod offenbar nicht ganz unschuldige Frau und Nachfolgerin, Katharina II. die Große, hinterließ in Kiel dann einige bauliche Spuren, auch wenn sie selbst rund 2000 Kilometer davon entfernt residierte. Sie beschloss bereits 1763 die Renovierung des inzwischen stark heruntergekommenen Kieler Schlosses und beauftragte zu diesem Zweck den für den Neubau der Hamburger Michaeliskirche oder Hamburger Michels verantwortlichen Architekten Ernst Georg Sonnin (*1713; †1794). Ein in die Schlossmauer eingelassener Gedenkstein erinnert heute noch daran. Bei dieser Baumaßnahme wurde der als mittlerweile altmodisch empfundene reiche Renaissanceschmuck am Schloss beseitigt. Auch einen Teil der Gewölbe entfernte man, darunter dasjenige in der Schlosskapelle, das von Granitsäulen getragen worden war. An ihre Stelle traten ganz im Stil der Zeit schlichte Fassaden und Stuckdecken. Derart baulich verändert bzw. modernisiert gab das Kieler Schloss dann am 16. November 1773 die passende Bühne für die offizielle Übergabe der Herrschaft über Holstein-Gottorf an den dänischen König ab. Dieser Tausch war im August 1773 zwischen Russland und Dänemark im Vertrag von Zarskoje Selo vereinbart worden. Von diesem Zeitpunkt an bis zum Ende des 19. Jahrhunderts war Kiel keine fürstliche Residenz. Das Kieler Schloss wurde als Sitz der gesamtstaatlichen Verwaltung genutzt. Zudem beherbergte es Räumlichkeiten der Universität; so fand hierin ab 1775 die Universitätsbibliothek ihre neue Heimstatt. Später, im 19. Jahrhundert, wurde die bedeutende Gipsabdrucksammlung der Universität im Schloss untergebracht. Auch sei nochmals daran erinnert, dass 1848 die konstituierende Landesversammlung hier tagte und späterhin, ab 1866/67, der Oberpräsident der preußischen Provinz Schleswig-Holstein seinen Sitz im Schloss nahm. 1838 hatte das Schloss dabei eine schwere Heimsuchung durch einen Brand erfahren. Das Feuer zerstörte weite Teile der Anlage, darunter die ehrwürdige Schlosskapelle.

Zum Ausgang des 19. Jahrhunderts wurde Kiel freilich erneut zum Fürstensitz und das Kieler Schloss zur herrschaftlichen Residenz. Ab 1888 nämlich diente das Schloss dem kaiserlichen Bruder Prinz Heinrich von Preußen und seiner Familie als ständiger Wohnsitz. Heinrich war bereits 1877 mit Kiel in Kontakt gekommen, als er als knapp 15-Jähriger in die Kaiserliche Marine eingetreten war. Seither wuchs der Hohenzollernspross in die Rolle einer preußischen Integrationsfigur für Kiel und Schleswig-Holstein hinein, was umso schwerer wog, als anfänglich die preußische Herrschaft über Schleswig-Holstein von der Mehrheit seiner Einwohner abgelehnt wurde. Diese integrative Rolle bringt ein monumentales Historiengemälde des Künstlers Carl Saltzmann (*1847; †1923) von 1886 mit dem Titel »Zurück im Heimathafen«, das für den Neubau der Marineakademie in Kiel im Jahr 1888 bestimmt war, bestens zum Ausdruck. Auf seiner rund neun Meter breiten Bildfläche zeigt es nämlich Heinrichs umjubelte Rückkehr von einer anderthalbjährigen Auslandsfahrt auf der Glattdeckskorvette namens »Olga« am 13. März 1884 nach Kiel. Im Hintergrund ist selbstverständlich das Kieler Schloss zu sehen.

Ab 1888 musste Heinrich jedoch seinen Ruf als überregional bekannte Propagandafigur für die Marine an seinen älteren Bruder, Kaiser Wilhelm II., abtreten. Denn dieser war von der Seefahrt so begeistert, dass er selbst diese Rolle zu übernehmen wünschte. In Kiel aber gründete Heinrich mit seiner Frau Irene von Hessen (*1866; †1953), die er am 24. Mai 1888 geheiratet hatte, eine eigene Hofhaltung. Im Jahr davor war die Schlossanlage durch Hofbaurat Albert Geyer (*1846; †1938) eigens dafür umgebaut worden. Heinrich hatte zwar bereits seit 1879 über eine Wohnung im Schloss verfügt, nachdem der Oberpräsident nach Schleswig versetzt worden war, doch nun entstand eine repräsentative Residenz für den Kaiserbruder und seine

Familie. Diese wurde auch mit Wohn- und Schlafräumlichkeiten ausgestattet, in denen die kaiserlichen Majestäten untergebracht werden konnten, die Kiel des Öfteren besuchten. Das Herzstück des Schlosses bildete seinerzeit der sogenannte Wappensaal: eine neugotische Halle, die ganz im historistischen Stil der Zeit eingerichtet war. In den folgenden Jahren entfaltete sich ein stattliches höfisches Leben in Kiel mit zahlreichen Repräsentationsterminen, vor allem während der Kieler Woche und der Festballsaison im Winterhalbjahr. Diesem Hof stand Freiherr Albert von Seckendorff (*1849; †1921), der sich bereits seit 1877 an Prinz Heinrichs Seite befand, als Hofmarschall vor. Natürlich aber hatte auch der Kaiserhof in Berlin stets ein achtsames Auge darauf, dass in Kiel alles mit rechten Dingen zuging. Selbst die Annahme von Geschenken wurde von Berlin aus genau kontrolliert.

Die Stadt Kiel zeigte jedenfalls über alle Bevölkerungsgruppen hinweg eine anhaltend große Begeisterung für das hier residierende Prinzenpaar, das als Stellvertreter des Kaiserhauses wahrgenommen wurde. Die Begeisterung legt nahe, dass die Anwesenheit des preußischen Prinzen dazu beitrug, dass die Bevölkerung die preußische Herrschaft über die Stadt und das Land mehr und mehr akzeptierte und sich mit dieser gar identifizierte. Der Kilia-Brunnen mit seiner allegorischen Frauengestalt, den die Stadt dem Ehepaar zur Hochzeit schenkte und der auf Prinz Heinrichs Wunsch im Innenhof des Schlosses aufgestellt wurde, war das steingewordene Symbol für diese Treue der Stadt zum Kaiserhaus. Zur positiven Grundeinstellung trug sicher auch bei, dass der Hof von Prinz Heinrich einen nicht unbedeutenden Wirtschaftsfaktor in der Stadt darstellte. So ließ sich allein der Kieler Marstall durch 30 feste Lieferanten und Handwerker, unter anderem Schmiede, Sattler oder Futterlieferanten, versorgen. Neben der hohen Nachfrage, die durch den Hof selbst entstand, war es gut für das Geschäft, sich »Hoflieferant« nennen zu können, z. B. für die Wäschefabrik Meislahn, die Bett- und Tischwäsche an den Hof lieferte. Obwohl es gar nicht so viele offizielle Berührungspunkte zwischen dem Hof und der Stadt gab – diese beschränkten sich auf Ereignisse wie die Einweihung der örtlichen Kirchen, wie beispielsweise die der Ansgarkirche im Jahr 1903 oder der St. Jürgenkirche 1904, bei denen Prinz Heinrich anwesend war –, nahm die Stadt stets einen regen Anteil am Hofgeschehen. Trotzdem lässt sich dieses aus heutiger Sicht nur schwer rekonstruieren. Das liegt nicht zuletzt daran, dass Prinz Heinrich ganz anders als sein kaiserlicher Bruder, der sich zum ersten modernen Medienstar entwickelte, kamerascheu war. Unter Paul Fuß (*1844; †1915), seit 1888 Bürgermeister bzw. seit 1890 Oberbürgermeister Kiels, organisierte die Stadt immer wieder Huldigungen für den Prinzen in Form von Aufmärschen oder Umzügen. Dies geschah etwa aus Anlass von Heinrichs Ostasienreise, deren Beginn im Dezember 1897 ebenso aufwändig gefeiert wurde wie deren Ende im Jahr 1900. Der Festumzug bei Heinrichs Rückkehr nach Kiel zählte ganze 8000 Personen. Zudem veranstaltete die Stadt einen Fackelzug anlässlich der Silberhochzeit des Prinzenpaares im Jahr 1913. Die Stadtwerke scheuten keine Kosten und sorgten durch modernste Beleuchtungstechnik für eine glanzvolle Illumination der ganzen Stadt. Die hierfür nötigen Gasbrausen waren eigens aus Berlin besorgt worden. Es verwundert angesichts dessen wenig, dass Prinz Heinrich als ein Aushängeschild der Stadt schon 1911 im Zusammenhang mit der damaligen Rathauseinweihung zum Kieler Ehrenbürger gemacht und dass die im Jahr darauf fertiggestellte Holtenauer Hochbrücke nach ihm benannt wurde. Neben Kircheneinweihungen besuchte der Prinz auch die Einweihungsfeiern von Schulen und übernahm ferner den Vorsitz örtlicher Vereine. Zu nennen ist z. B. der Golfklub Kitzeberg. Im Yacht-Club war er lange Jahre als Vizekommodore aktiv. Dessen Mitglieder trugen ihre eigene Kluft, zu der nicht von ungefähr die bekannte Prinz-Heinrich-Mütze gehörte. Einen Namen machte sich Prinz Heinrich ebenfalls dadurch, dass er das Seemannsheim in der Flämischen Straße im Jahr 1895 initiierte und dass er einer der ersten Autofahrer Kiels war. Ähnlich technikbegeistert wie sein älterer Bruder übernahm er auch die Schirmherrschaft der Internationalen Motorbootausstellung, die im Jahr 1907 in Kiel stattfand. Nicht unerwähnt bleiben darf, dass er natürlich auch den Segelsport und die Regatten bei der Kieler Woche rege förderte.

Mit dem Ersten Weltkrieg kamen Jubel und Huldigungseifer der Kieler jedoch mehr und mehr zum Erliegen. Als schließlich während des Matrosenaufstands im November 1918 die roten Fahnen auf den kaiserlichen Schiffen gehisst wurden, ergriff den im Schloss befindlichen Prinzen die Panik und er floh mit seiner Familie im eigenen Auto auf sein Gut Hemmelmark bei Schleswig. Auf dem Weg dorthin kam es auf der 1894 fertiggestellten Levensauer Hochbrücke zu einem verhängnisvollen Schusswechsel: Ein Matrose wurde dabei getötet, Prinzessin Irene durch einen Streifschuss leicht verletzt.

Damit war die Zeit, in der Kiel Fürstenresidenz war, ein für alle Mal beendet. Nichts brachte dies sinnfälliger zum Ausdruck als der Einzug der städtischen Arbeitsnachweisstelle in das Erdgeschoss des Schlosses und die Nutzung der Pferdeställe und der Remise des Schlosses als Kartoffellager. 1928 wurde das Schloss immerhin Sitz der Schleswig-Holsteinischen Landesbibliothek. Dahinter stand die Idee, das Schloss zu einem Kulturzentrum des Landes machen. Diese Konzeption wurde in der NS-Zeit weiterentwickelt und dann nach dem Zweiten Weltkrieg, in dem das Schloss 1944 größtenteils zerstört worden war, tatsächlich realisiert. In dem ab 1961 in der Architektursprache der Nachkriegszeit weitgehend neu errichteten und 1965 während der Festwoche zum 300-jährigen Gründungsjubiläum der Universität offiziell eingeweihten Schlossbau fanden Versammlungs- und Ausstellungsräume, das Landesamt für Denkmalpflege, die Landesbildstelle, die Schleswig-Holsteinische Landeshalle und weitere öffentliche Einrichtungen ihren Platz. Dem Konzept zufolge sollte aus dem Schloss, das über Jahrhunderte das Zuhause adeliger Stadt- und Landesherren gewesen war, ein Ort demokratischer Landeskultur werden. Das Konzept ging lange auf. Heute wird das Gebäude, das 2003 vom Land an Privathand verkauft wurde, vor allem für Konzerte, Messen und ähnliche öffentliche Veranstaltungen genutzt. Auch ein Restaurant befindet sich darin. Mittlerweile ist der vielgenutzte Konzertsaal freilich wiederum in die Jahre gekommen, und das ganze Gebäude müsste grundlegend renoviert werden. Dies nimmt die Stadt Kiel gegenwärtig zum Anlass, die Einbettung des Schlosses in seine Umgebung noch einmal zu über- und vielleicht neu zu denken. Das Land hat eine nennenswerte finanzielle Unterstützung in Aussicht gestellt.

Kiel war allerdings über lange Strecken seiner Geschichte nicht nur ein Fürstensitz-, sondern auch eine Hansestadt – übrigens neben Lübeck die einzige im Bereich des heutigen Schleswig-Holsteins. Diese scheinbar widersprüchliche Verbindung – scheinbar, weil die meisten Hansestädte wie Kiel niemals volle Autonomie und Souveränität erlangten, sondern immer auch landes- bzw. stadtherrliche Städte blieben –, bringt das mittelalterliche Stadtsiegel bestens zum Ausdruck. Umrahmt von der Umschrift »SIGILLUM : CIVIUM : KILENSIUM«, was »Siegel der Kieler Bürger« bedeutet, ist darauf ein Schiff in vollen Segeln auf hoher See zu sehen. Es handelt sich nicht um die Darstellung einer Kogge, sondern eines älteren

Schiffstypus. Die Koggen waren freilich die Schiffe, mit denen die Hansekaufleute ihren gewinnbringenden Fernhandel übers Meer betrieben. Sie stehen sinnbildlich für die Hanse. Am Heck des Schiffes auf dem Siegel sitzt in zeittypischer Kleidung ein Steuermann mit zum Schwur erhobener Hand als Fingerzeig auf die eidlich zusammengefügte Fahrgemeinschaft der Kaufleute zur See. Am Schiffsbug ist hingegen das Nesselblatt als Wappen der Grafen von Holstein zu sehen, die, wie gesagt, die Stadtherren waren. Kiel gerät im Kontext der Hansegeschichte 1283 erstmalig in den Blick. In diesem Jahr nämlich erhielt die Stadt gemeinsam mit Hamburg vom dänischen König Erich V. Klipping (*um 1249; †1286) je eine Vitte, also einen Heringslandeplatz, in Falsterbo. Die Heringsmessen in Schonen nahmen innerhalb des Ostseehandels eine ganz herausragende Position ein und trugen nicht unwesentlich zum handelspolitischen Aufstieg Lübecks und der anderen wendischen Hansestädte bei. Kiel erhielt die Verbindung zu den Messen lange aufrecht, wie man weiß: Noch zum Ausgang des 15. Jahrhunderts lässt sich die Anlandung von Hering aus Schonen im Kieler Hafen nachweisen.

Schon im Jahr darauf, 1284 also, war Kiel dann Vertragspartner der Städte Lübeck, Hamburg, Wismar, Rostock, Stralsund, Greifswald, Demmin, Anklam und Stettin in einem Landfriedensbündnis zur Sicherung der Verkehrswege zu Wasser und zu Lande. Helmut G. Walther möchte Kiel deswegen von da an »mit gutem Grund« als Hansestadt bezeichnen, was er zusätzlich dadurch untermauert, dass Kiel 1295 an einer hansischen Entscheidung beteiligt war: Der Kieler Rat trug damals einen Beschluss mit, der Lübeck zur übergeordneten Rechtsinstanz für das hansische Handelskontor in Nowgorod machen wollte. Offenbar hatten also Kieler Kaufleute Handelsinteressen bis nach Russland hinein. Doch hat Thomas Hill jüngst einer solchen Charakterisierung Kiels als Hansestadt für das späte 13. Jahrhundert widersprochen. Erst ab 1356, als sich durch die feste Etablierung des Hansetages als politisches Forum der Hanse auch eine Städtehanse herauskristallisierte, könne man von einer Hansestadt Kiel sprechen.

Kiel hatte sich mit dem bereits beschriebenen, 1315 erfolgten dynastischen Umsturz im Hause der Schauenburger in bester Weise arrangiert. Es hatte von den gräflichen Profiteuren Gerhard III. und Johann III. die Zusicherung erhalten, den Kieler Stadtvogt künftig nur aus den Reihen der eigenen Bürger und im Einverständnis mit dem Rat zu wählen. Auch sollte das stadtherrliche Befestigungsrecht fortan allein auf das Areal der Burg beschränkt sein. Der abgesetzte Johann II. hatte sodann 1317 das Dorf Wik dem Kieler Heiliggeisthospital zum Geschenk gemacht und auch sein gräfliches Münzrecht an die Stadt abgetreten. Kiel nutzte seinerzeit geschickt jede Gelegenheit, die stadtherrlichen Rechte zu beschränken und sie sich selbst anzueignen. Augenscheinlich stand bei diesen Autonomiebestrebungen das Beispiel Lübecks Pate. Ein weiterer Erfolg in diese Richtung war 1334 die Ausdehnung des Kieler Hafenrechts bis Bülk, welche Herzog Waldemar von Schleswig als Mündel der beiden holsteinischen Grafen Gerhard III. und Johann III. gewährte. Von Johann und seinem künftigen Nachfolger Adolf VII. ließ Kiel sich zudem die Zusage geben, dass die Burg künftig nicht mehr ohne Zustimmung des Rats verpfändet würde. Zuvor hatte die Stadt die Burg auf ihre Kosten ausgelöst, nachdem der dauernd unter akuter Geldnot leidende Johann III. diese an den Ritter Nicolaus Split verpfändet hatte. Auch ihre Rechte an St. Nikolai traten die fürstlichen Stadtherren im 14. Jahrhundert im Übrigen ab, aber nicht an die Städter, sondern an die Augustinerchorherren, die ihren Sitz bis 1332 von Neumünster nach Bordesholm verlegt hatten. Wegen ihres

Patronatsrechts durften sie die Pfarrstelle besetzen und über die Einkünfte der Kirche verfügen. Ihre Versuche, ihr Stift aus Bordesholm weiter nach Kiel zu verlegen, scheiterten indes am harten Widerstand der Kieler Bürger. Diese sperrten sich gegen einen solche kirchliche Machtposition innerhalb ihrer Mauern.

Auf dem Höhepunkt seiner städtischen Autonomie beteiligte sich Kiel am Krieg der Hansestädte, den diese ab 1361 gegen den dänischen König wegen der Eroberung Gotlands mit der Hauptstadt Visby führten. Dazu stellte die Stadt ein Schiff von 40 Lasten mit 40 Bewaffneten für die hansische Kriegsflotte und einen Beitrag von 42 Mark Pfundzoll für die Kriegskasse bereit. Vor Helsingborg ging das Schiff mit Besatzung und Ausrüstung aber verloren. Dies veranlasste die Kieler, von den anderen Städten eine Entschädigung für den herben Verlust zu verlangen, weswegen die beiden Bürgermeister Vater und Sohn Johann Visch zwischen 1363 und 1365 regelmäßig die Versammlungen der Städte in Stralsund, Rostock, Wismar, Lübeck und Greifswald aufsuchten. Trotz des wiederholten Drängens erhielt die Stadt wohl kaum einen vollständigen Ersatz. Kiel verhandelte dann zwar im hansischen Auftrag gemeinsam mit Hamburg mit den Grafen von Holstein, war bei den Friedensverhandlungen mit dem dänischen König zugegen und beteiligte sich am Friedensschluss mit demselben am 30. September 1365. Doch nach der Wiederaufnahme der Kampfhandlungen im Kontext der Kölner Konföderation von 1367 brachte Kiel sich nicht mehr aktiv ins Kriegsgeschehen ein. Die Enttäuschung über die mangelnde Entschädigung mag ein Motiv dafür gewesen sein, sich aus dem Krieg herauszuhalten, ein weiterer Grund sicherlich, dass Kiel selbst nur geringes eigenes Handelsinteresse am eigentlichen Kriegsgrund, den Schonenmessen, hatte. Nicht zuletzt aber war der Kieler Stadtherr Adolf VII. im Sommer 1367 in das gegnerische Lager übergewechselt, weswegen man in Kiel genau abwägen musste, ob man sich künftig für die Interessen der anderen Städte im Ostseehandel oder für die eigenen im Regionalbereich stark machen wollte. Schließlich hatte sich Kiel mittlerweile zu einem bedeutenden regionalen Zentralort im holsteinischen Herrschaftsgefüge entwickelt. Die eigenen Vorteile und das Bemühen um ein gutes Verhältnis zum Stadtherrn gaben letztlich den Ausschlag für die Stadt, sich nicht uneingeschränkt für die Hanse einzusetzen. Die 1370 nach dem Abschluss des für die Hansestädte günstigen Stralsunder Friedens erfolgende Verhansung Kiels mochte die Stadt in ihrer Haltung der Hanse gegenüber bestärken: Kiel wurde wegen der Prägung schlechter Münzen von der Nutzung der hansischen Privilegien ausgeschlossen. Obwohl Kiel dann bereits im Folgejahr wieder in die Hanse aufgenommen wurde, blieb sein Verhältnis zum Bündnis fortan problematisch.

Dies zeigte sich etwa bei einem Vorfall des Jahres 1386, als ein Lübecker Söldnerkontingent bei der Verfolgung holsteinischer Adeliger in einen Hinterhalt geriet. Die Kieler weigerten sich, das Holstentor zu öffnen, und so wurden die bedrohten Lübecker Söldner vor ihren Augen überwältigt und getötet. Lübeck beantragte daraufhin die erneute Verhansung Kiels. Das problematische Verhältnis kam auch im nur mäßigen Engagement der Stadt für hansische Aktivitäten zum Ausdruck: Zwar war Kiel auf den Hansetagen in der ersten Hälfte des 15. Jahrhunderts regelmäßig vertreten. Aber es leistete mit lediglich drei Bewaffneten zwischen 1407 und 1475 jeweils den geringsten Beitrag zu den hansischen Bündnissen, Tohopesaten genannt. Gleichzeitig entwickelte sich die Stadt zu einer Art Piratennest, was den anderen Hansestädten verständlicherweise ein Dorn im Auge war. Auf dem Wismarer Tag von 1417 forderte Lübeck die Rückgabe von Beutegut, das die Piraten in Kiel umgeschlagen hatten. Das hinderte die Kaperfahrer jedoch nicht, weiterhin den Kieler Hafen anzusteuern. Dies erklärt auch, warum Lübeck ein starkes Interesse daran hatte, sich die Stadt Kiel 1472 als Pfand von Christian I. zu sichern. Man wollte das Piratennest endlich besser kontrollieren. Der erhoffte finanzielle Nutzen für Lübeck blieb aber aus. Zur wachsenden Entfremdung von der Hanse passte es, dass die Städte Holsteins ab 1496 nicht mehr der Rechtsprechung Lübecks unterlagen, den die einzelnen Stadtrechtsurkunden schriftlich fixiert hatten, und dass stattdessen ein holsteinisches Vierstädtegericht, bestehend aus den Vertretern Kiels, Itzehoes, Rendsburgs und Oldesloes, als neuer gerichtlicher Oberhof ins Leben gerufen wurde. Letztlich war dann das offizielle Ende von Kiels Hansemitgliedschaft wegen »Verwirkung und Ungehorsam« im Zeitraum vor 1518 nur der konsequente Schlusspunkt einer langen Entwicklung. Ein Anlauf zur Wiederaufnahme im Jahr 1554 wurde von Lübeck abgeblockt. Und Kiels schwieriges Verhältnis zur Hanse setzt sich bis in die Gegenwart fort! 2014 unterbreitete der Lübecker Oberbürgermeister Bernd Saxe (*1954) Kiel das Angebot zur Aufnahme in die »neue Hanse«, die 1980 im niederländischen Zwolle aus der Taufe gehoben worden ist und mittlerweile aus 185 Städten in 16 verschiedenen Ländern besteht. Kiel ist auf diese Offerte nicht eingegangen.

Die Stadt Kiel war nicht nur, aber auch von der Hanse geprägt. Größere Spuren als die Hanse aber hat der Adel in der Stadt hinterlassen. Bereits im 13. Jahrhundert finden sich Belege dafür, dass Adelige Stadtbewohner und Mitglieder des städtischen Rats waren, sodass die Vermutung naheliegt, dass sie sich auch aktiv in die Vorgänge rund um die Stadterhebung 1242 eingebracht haben. Im späteren Mittelalter, vor allem im 15. Jahrhundert, setzte sich der holsteinische Adel immer mehr in der Stadt fest. Die adeligen Familien waren hierzu vermehrt in der Lage, da sie sich im Zuge der landesherrlichen Expansionspolitik gegenüber Schleswig und Dänemark zum Unternehmeradel mit großem Sozialprestige wandelten. Nach dem für Kiel geltenden Lübischen Recht war dem Adel wie der Geistlichkeit zwar der Erwerb städtischen Grundbesitzes eigentlich verwehrt. Doch umging der Adel dieses Verbot geschickt, indem er sich Kieler Bürger als Treuhänder beim Grundstückskauf bediente. Kiel wurde so zu einer bevorzugten Adelsresidenz, einer wahrhaftigen »civitas Holsatorum«, und im Zuge der wachsenden Bedeutung des Kieler Umschlags zum Hauptfinanzort des Adels.

Dabei war das Verhältnis der Stadt zum Adel von Anfang an nicht problemfrei. Aus dem Jahr 1406 z. B. hat sich eine Liste des Rats mit 30 Namen erhalten, die mit der Überschrift »Dies sind unsere Feinde« versehen ist. Unter ihnen finden sich Vertreter bekannter holsteinischer Adelsgeschlechter wie der Ahlefeldts, Brockdorffs und Buchwaldts. 16 Jahre später geriet Kiel wegen seiner Auseinandersetzung mit dem Adeligen Alfred Affelen gar in die Reichsacht und wurde demzufolge geächtet und zeitweise für rechtlos erklärt, drei Jahre darauf noch in die verschärfte Aberacht. Für die Stadt wurde die Beilegung dieses Konflikts zu einem kostspieligen Unterfangen. Eine wichtige Rolle für die wachsende Integration des Adels in die Stadtgesellschaft spielte offenbar der sogenannte Priesterkaland, in dem sich die Kieler Führungsschicht als Gilde zusammenschloss. Seine Anfänge reichen bis 1334 zurück. 24 geistliche und 24 weltliche Mitglieder aus dem Adel und den wichtigen Ratsfamilien gehörten ihm an. Im 15. Jahrhundert bildete sich dann freilich, der zunehmenden Bedeutung des Adels in der Stadt entsprechend, ein eigener Ritterkaland, der sich einmal jährlich am Dreikönigstag in Kiel versammelte. Einen weiteren adeligen Kristallisationspunkt bildete das in der Stadt befindliche Franziskanerkloster. Zu seinen Gunsten wurde eine Ahlefeldt'sche Stiftung 1445 in Höhe von 100 Mark Silber eingerichtet. Schack Rantzau schenkte dem Kloster 1486 sein Haus in der Stadt. Ein beeindruckendes Überbleibsel der engen Verflechtung des Adels mit dem Kloster stellt bis heute der Erzväter-Flügelaltar dar, der jetzt in der Marktkirche St. Nikolai bewundert werden kann, seinen ursprünglichen Standort aber bei den Franziskanern hatte. Es handelt sich hierbei ebenfalls um eine Stiftung des Ahlefeldt'schen Geschlechts aus dem Jahr 1460.

Zu erinnern ist daran, dass die Kieler Burg damals, im 15. Jahrhundert, schon längst kein ständiger gräflicher Wohnsitz mehr war, sondern dass hier dauerhaft ein adeliger Amtmann wohnte. Nach 1415 handelte es sich hierbei um Schack Carl Rantzau. Der Amtmann Hans Rantzau übernahm die Burg 1468 gar als Pfand von seinem Herrn Christian I. Nach 1474, als Lübeck die Pfandherrschaft übernahm, traten an die Stelle Rantzaus zwei Ahlefeldts. Zu diesem Zeitpunkt besaßen nur die Ahlefeldts, Buchwaldts, Pogwischs sowie Rantzaus tatsächlich auch richtige Stadthäuser innerhalb der Stadtmauern. Solange die Hansestadt Lübeck Pfandherr Kiels war, wurde ein weiteres Eindringen des Adels in die Stadt verhindert. Als aber Herzog Friedrich I. (*1471; †1533) 1496 die Pfandsumme in Höhe von 26 685 Mark und zusätzlich 1950 Mark für Baukosten an Lübeck zurückzahlte und damit wieder zum Stadtherrn wurde, hatte der Adel offenkundig ein leichteres Spiel: Seine Angehörigen wagten es nun bei dem Erwerb von Grundbesitz auf die Rechtskonstruktion von Kieler Bürgern als Treuhänder zu verzichten und diesen unmittelbar zu erwerben. Die neue Situation war für den städtischen Haushalt umso schmerzlicher, als die adeligen Häuser von Abgaben und Steuern befreite Freihöfe waren und dadurch für einen Steuerausfall sorgten. Ein entsprechendes Privileg des Stadtherrn hatten die Städter zu akzeptieren.

Herzog Friedrich schuf diesbezüglich einen Präzedenzfall, als er 1502 einen Kohlhof mit Bebauungsrecht unmittelbar neben seiner Stadtburg abgabenfrei an Tönnies Rantzau übereignete. Mochte sich der Rat auch gegen diese neue Entwicklung stemmen und 1506 ein herzogliches Privileg zum Schutz städtischen Grundeigentums gegen steuerliche Entfremdung erwirken: De facto nahm der Anteil adeligen Besitzes innerhalb der Stadt nun schlagartig zu. Die nichtadeligen Bewohner adeliger Häuser, die ein Gewerbe betrieben, waren demnach steuerpflichtig, nicht aber der besitzende Adel selbst. Warum es diesen nun vermehrt nach Kiel zog, lag an mehreren Gründen: Der Adel war nicht nur von den Steuern und Sonderabgaben, die den Mauerbau und -erhalt oder das sogenannte Wehrgeld betrafen, befreit und zudem vom Zug vor das städtische Gericht, er konnte also im Streitfall nicht vom städtischen Gericht belangt werden, sondern er besaß zugleich das Recht zum lukrativen Bier- und Weinhandel, wodurch er den bürgerlichen Anbietern zur lästigen Konkurrenz wurde. In Kiel fand der Adel außerdem eine geschickte Möglichkeit, sich mit Konsumgütern zu versorgen, die in der eigenen Land- und Gutswirtschaft nicht erzeugt werden konnten. Nicht zuletzt fanden die adeligen Bewohner der Stadt neben den hier vorhandenen Einkaufs- und Konsummöglichkeiten noch weitere Einrichtungen in Kiel vor, durch welche ihrem Repräsentationsbedürfnis Genüge getan wurde, beispielsweise das Kieler Franziskanerkloster oder der Kieler Umschlag. Das alles führte dazu, dass Kiel seit den 1460er Jahren verstärkt zum Treffpunkt für den Adel des Landes und zur Landstadt des Adels wurde, der hier z. B. viele aufwendige Hochzeiten feierte. Der begüterte Adel, der beträchtliche Gewinne aus der Agrarkonjunktur zog, welche wiederum die weitere Ausbreitung des Gutswesens begünstigte, zog also nach Kiel, kaufte dort mehr und mehr Häuser und verbrachte dann einige Monate des Jahres, meist im Winterhalbjahr, in der Stadt, um standesgemäß und gleichzeitig bequemer als auf den entlegenen Gütern leben zu können. In dieser Zeit profitierte die Stadt natürlich von der adeligen Kauf- und Finanzkraft.

Der verstärkte Zuzug von adeligen Familien hatte jedoch auch Nachteile, denn die recht gegensätzlichen Interessen von Stadt und Adel riefen immer wieder heftige Konflikte hervor. Besonders im 16. Jahrhundert gerieten Adelige mit den Städtern aneinander, deren Kultur und Lebensweise sich deutlich voneinander unterschieden. So terrorisierten Abkömmlinge der Rantzaus, Pogwischs, Brockdorffs und Buchwaldts in ihren jungen Jahren die Stadt und ihre bürgerlichen Einwohner geradezu, glauben wir der zeitgenössischen Überlieferung. Sie nahmen sich Waren der bürgerlichen Kaufleute gewaltsam, ohne dafür zu bezahlen, sie beglichen auch ihre Schulden nicht und schmissen stattdessen lieber Scheiben ein, richteten ihre Turnierlanzen in vollem Galopp auf die vor ihnen zu Fuß gehenden Bürger oder scheuten sogar vor Mord nicht zurück, um sich danach auf dem Gutshof der Familie vor dem Zorn der Geschädigten zu verstecken. Zu einer speziellen Ahndung durch den Stadt- und Landesherrn kam es nicht.

1590 ging es soweit, dass die Kieler Bürger sich aus Angst vor den Adeligen nicht mehr trauten, ihre Stadt auf dem Landweg zu verlassen. Selbst die Abgesandten des Rats mussten außerhalb der Stadtmauern um ihr Leben bangen. Ein herzogliches Mandat von 1585 zur Eindämmung der adeligen Gewalttaten blieb ebenso wirkungslos wie ebensolche Mandate von 1590, 1604 und 1608. Indes griffen die Stadtbürger immer beherzter zu den Waffen, um sich selbst zu verteidigen. Wie erhitzt die Gemüter waren, zeigt die Tötung des Adelssohns Hans Pentz von Oldesloe durch Stadtbewohner im Jahr 1589. Er hatte zuvor einige Kieler grundlos geprügelt und gedemütigt. Die Adelsgenossen, unter ihnen insbesondere Otto von Rantzau zu Bothkamp und Hemmelmark, sperrten nun ihrerseits die Landwege, fingen Kieler Einwohner ein, misshandelten sie und verlangten Lösegeld für deren Freilassung. Erst im späten 17. Jahrhundert ging die Zahl der Gewalttaten, die Adelige unter Missachtung aller Normen und Gesetze verübten, spürbar zurück. Die Konflikte verlagerten sich auf andere, gewaltlose Ebenen, der Adel wurde offensichtlich domestiziert.

Zu einem Kernproblem im beiderseitigen Miteinander wurde die Frage der Steuer- und Abgabenfreiheit, die die adeligen Hausbesitzer sich für ihren ganzen Grundbesitz in der Stadt sicherten. Das stieß beim Rat auf Widerstand. Letztlich erwies sich das Privileg der Steuerfreiheit aber als sehr zählebig und bestand sogar bei Besitzerwechseln fort. Dies hatte zur Folge, dass es selbst im 19. Jahrhundert noch Freihäuser in der Stadt gab, wie den Schmoler Hof, das Blomesche Freihaus oder den Warleberger Hof. Der auf mittelalterlichen Fundamenten ruhende Warleberger Hof in der Dänischen Straße ist heutzutage der älteste Profanbau und zugleich das letzte erhaltene adelige Stadthaus in Kiel. Ursprünglich handelte es sich bei dem Grundstück um ein Geschenk Herzog Friedrichs III., das jener seinem Amtsschreiber Christopher Martensen im Jahr 1616 steuerfrei übereignet hatte. Der bürgerliche Besitzer Martensen errichtete nun darauf ein stattliches Gebäude, das 1621 an die Wasserleitung des Schlosses angebunden wurde. Dazu gehörte ein großer Braukeller, denn mit dem Grundstück war ein Braurecht verbunden. 1695 kaufte Henning von Thienen auf Warleberg das Gebäude und gab ihm seinen Namen. Er und seine weiteren Besitznachfolger aus den Adelshäusern Buchwaldt, Blome und Rumohr mussten sich langwierig um die Vorrechte, die an das Grundstück gebunden waren, mit der Stadt auseinandersetzen. Sein heutiges Äußeres erhielt der Warleberger Hof unter dem Großfürstlichen und Fürstbischöflichen Geheimrat und Conseilminister Henning Bendix von Rumohr (†1777), der ihn ab 1765 aufwendig umbauen ließ, wobei die Eingangs- und Hauptseite des Gebäudes von der Nordfront in die Dänische Straße verlegt wurde. 1821 ging der Warleberger Hof in den Besitz Martin Goeders, der bürgerlicher Abkunft war, über, womit der Verlust der bisherigen Sonderprivilegien einherging. 1839 erwarb dann die Universität das Gebäude, die darin erst ihre Anatomie und seit 1881 ihr Museum für Völkerkunde sowie das Theater- und Hebbelmuseum, außerdem das Medizinhistorische Institut unterbrachte. Schließlich erwarb die Stadt im Jahr 1967 den denkmalgeschützten Warleberger Hof und machte ihn zum Sitz des Stadtmuseums, wo es sich noch heute befindet.

Hatte es 1565 in Kiel 48 Adelshäuser gegeben, so waren es 1631 schon 77! Das heißt, ein Großteil der Kieler Altstadt war praktisch in adeliger Hand. Kiel war das Refugium und die Bühne adeligen Lebens in Holstein, was sich in erster Linie auf das gesellige Leben, Feiern, Turniere oder den Gottesdienst bezog, aber auch die eben berührten Gewaltausbrüche meinte. Reste dieser ehemaligen Adelsdominanz in Kiel brachte ein Zufallsfund bei Straßenarbeiten hinter dem Chor der Nikolaikirche im Jahr 1972 hervor. Denn es wurden prunkvoll geschmiedete Messingbeschläge des Sarges mit dem Wappen von Anna Pogwisch (*1634; †1722) entdeckt, die man heute in der Nikolaikirche besichtigen kann.

Als Anna Pogwisch 1722 verstarb, hatte die Entwicklung Kiels als Adelszentrum längst schon ihren Zenit überschritten. Ab 1682 sank die Zahl der adeligen Freihäuser spürbar von 63 bis auf 16 im Jahr 1768, was nunmehr drei Prozent aller Häuser in Kiel entsprach. Alle noch privilegierten Häuser befanden sich in der Altstadt mit einer deutlichen Konzentration in der

Haßstraße, was im Übrigen zeigt, dass beim frühneuzeitlichen Ausbau der Neustadt keinen weiteren Häusern Privilegien erteilt worden sind. Was stand hinter diesem Wandel? Offenkundig hatte die Macht des Rates im Verhältnis zu derjenigen des Adels zugenommen und sich die bürgerliche Mehrheit gegenüber den adeligen Interessen behauptet. Auffallender Weise hatte indes die Zahl der einzelnen Wohneinheiten, die 1768 für die adeligen Freihäuser notiert wurden – es handelte sich seinerzeit um 108 –, im Vergleich zu der Zahl von 1682 stark zugenommen. Der Adel musste jetzt also den vorhandenen Wohnraum weit intensiver für Vermietung nutzen, als es zuvor der Fall gewesen war – sicher Ausdruck einer grundsätzlichen wirtschaftlichen Krise in dieser Zeit. Der Adel hatte den breiten Rückzug aus Kiel angetreten. Im 19. Jahrhundert war er weitgehend vollzogen.

4. Kiel als Finanzplatz und Bankenstandort

Ursprünglich wie »Bankfurt« als eher abwertender Spitzname gebräuchlich, ist »Mainhattan«, ein sogenanntes Kofferwort zusammengesetzt aus Main und Manhattan, für die Mainmetropole Frankfurt heute längst zur positiv konnotierten, populären Bezeichnung geworden, um auf die typische, von Hochhäusern dominierte Skyline und auch auf die damit in engem Zusammenhang stehende Rolle des Bankenwesens in der Stadt und für die Stadt zu verweisen. Auch die Kieler Skyline wird heute von zahlreichen Hochhäusern geprägt. Denn fährt man, von Richtung Rendsburg kommend, auf der kurzen Zubringerstrecke A210 auf Kiel zu, fallen einem als erste Gebäude der Stadt auf der linken Seite die Hochhäuser von Mettenhof ins Auge. Überquert man dagegen den Nord-Ostsee-Kanal mittels der Holtenauer Hochbrücke, wird man sofort der etlichen Hochhäuser der Stadt, vom Universitäts- bis zum Mercatorhochhaus, in dem heute unter anderem das Ministerium für Energiewende, Landwirtschaft, Umwelt und ländliche Räume untergebracht ist, gewahr.

Kiel ist aber in einem ganz anderen Sinne gewissermaßen als ein historisches »Mainhattan« des Nordens anzusprechen. Denn es spielte in der Vergangenheit für den Norden Deutschlands und Europas eine ähnlich zentrale Rolle im Geld- und

Zahlungsverkehr wie heute Frankfurt am Main für Deutschland. Wenn man von Kiels Rolle im Finanzwesen vergangener Zeiten spricht, so ist natürlich auf den Kieler Umschlag zu verweisen, der rund 500 Jahre lang von großer Bedeutung gewesen ist. Nachdem er 1911 letztmalig in seiner traditionellen Form stattgefunden hatte, sollte er, seiner einstigen Bedeutung wegen, nicht aus dem kollektiven Gedächtnis verschwinden und wurde daher 1975 von Kieler Kaufleuten als Altstadtfest gleichen Namens wiederbegründet. Die Geschichte dieses Festes ist seither von einem stetigen Auf und Ab gekennzeichnet. Oft schon totgesagt, zeigt sich der Kieler Umschlag bis heute als ein fester und eigentlich nicht wegzudenkender Bestandteil des jährlichen Kieler Terminkalenders.

Seinen Namen verdankt der Umschlag dem mittelniederdeutschen »ummeslag«, was so viel wie Wechsel, Tausch, Handel, Geschäft, Messe oder Markt bedeutet. All das ist der Umschlag ehemals denn auch tatsächlich gewesen. Konkret ging es um das geschäftsmäßige Umschlagen, Umsetzen bzw. Umwechseln von Geld an einem bestimmten Ort zu einem bestimmten Termin. Erstmalig urkundlich belegt ist der Umschlag in der zweiten Hälfte des 15. Jahrhunderts in einem Brief des Lübecker Rats an den Kieler Rat vom 17. November 1469. Ab 1482 kommt er dann regelmäßig in den Quellen vor und taucht so auch im Ersten Kieler Rentebuch auf. Hierin wird er zudem erstmalig so bezeichnet, wie man ihn gemeinhin kennt: als Kieler Umschlag. Seine Anfänge liegen aber wohl viel weiter zurück als 1469 oder 1482. Wie so oft, setzen auch im Fall des Umschlags die Belege in der schriftlichen Überlieferung erst ein, als dieser sich schon merkbar entwickelt hatte. Ein Hinweis darauf, dass es den Umschlag zu dem Zeitpunkt, als er das erste Mal belegt ist, schon länger gab, liefert eine herzogliche Urkunde aus dem Jahr 1431, in der Kiel als Terminort in einer Formelhaftigkeit erwähnt wird, die den Verhältnissen ab den 1460er Jahren vorgreift. Seitdem nutzte insbesondere der schleswig-holsteinische Adel den Umschlag als zentralen Geschäftstermin. Die Geschäfte bezogen sich dabei auf Geldverkehr, aber auch auf Immobilienhandel und andere Transaktionen. Kiel wurde während des Umschlags zu dem Treffpunkt des unternehmerisch engagierten Adels schlechthin. Dieser hatte es im Zuge einer Agrarhochkonjunktur vor allem durch die Bewirtschaftung seiner großen Landgüter, aber auch als Kriegsunternehmer zu stattlichem Wohlstand gebracht. Für den Adel war es dabei mehr als attraktiv, dass Kiel vergleichsweise günstig, das heißt relativ nah an den ostholsteinischen Gutsbezirken gelegen war. Zugleich nutzte der Adel den Umschlag, um seiner ökonomischen Bedeutung einen nach außen hin sichtbaren Ausdruck zu verleihen. Nicht von ungefähr wurde der Umschlag so auch zum zentralen Hochzeitstermin des Adels. Erst im 18. Jahrhundert, als der Adel etliche seiner Privilegien verlor und der Anteil adeliger Stadtbewohner deutlich abnahm, wurde der Kieler Umschlag von einem Treffpunkt des Adels zu einem Fest der Bürger, wodurch er allmählich einen Volksfestcharakter annahm.

Welche überregionale Beachtung der Umschlag und damit auch die Stadt Kiel deswegen fanden, beweist schon allein die zeitgenössische Beschreibung desselben bei Matthäus Merian (*1593; †1650): »Weiln jährlich im Jenner / umb das Fest der Heiligen 3 Könige / wie teils berichtet / oder umb St. Anthonii Tag / wie einer will / der Holsteinische Adel neben einer großen Menge Volks allhie zusammenkombt / so man den Umbschlag nennet / und bei welcher Zusammenkunfft / so die Statt sonderlich berühmt machet / man von Landes und anderen Sachen / Beratschlagungen anstellt und sonderlich in Geltwechsel viel verhandelt.« Merian nennt als Termin das Fest der Heiligen

Drei Könige, welches bekanntlich auf den 6. Januar eines jeden Jahres fällt. Tatsächlich haben die Termine anfangs variiert. Es kamen Michaelis (29.9.), Martini (11.11.), Dreikönig (6.1.), Mariä Lichtmess (2.2.), Ostern, Himmelfahrt, Pfingsten und sogar Weihnachten als Termine des Umschlags vor. Doch setzte sich im Laufe des 16. Jahrhunderts der erstmals für das Jahr 1473 als Umschlagstermin bezeugte Zeitraum der Dreikönigsoktave, das heißt vom 6. bis zum 14. Januar durch. Dieser Termin sollte sich dann bis 1911 halten. Auch war mit Kiel der Ort des Umschlags festgesetzt. Nur in schweren Zeiten, in denen Seuchen, Unruhen oder Kriege herrschten, konnte es zur Verlagerung an einen anderen Ort kommen. 1565 und 1567 etwa fand der Umschlag in Rendsburg statt.

Der Umschlag war hauptsächlich ein Markt, auf dem Kapital angeboten und nachgefragt wurde. Zuerst hatte der Adel in gleicher Weise sein Geld – es handelte sich teilweise um sehr hohe Summen – gern und regelmäßig in Antwerpen angelegt. Doch war es in den 1570er Jahren zum Zusammenbruch des dortigen Kapitalmarkts gekommen, sodass der Adel nun sein Geld bevorzugt auf dem Kieler Umschlag »arbeiten« ließ. Vor allem die dänische Aristokratie wurde infolgedessen zum Schuldner des schleswig-holsteinischen Adels. Zeitgenössischen Berichten zufolge bettelte erstere sogar auf Kiels Straßen um Darlehen. Daneben bemühten sich – in geringerem Umfang – Stadt und Bürger oder – und dies wieder in höherem Maße – der Landesherr um das adelige Kapital. Welche Dimension das landesherrliche Bemühen annahm, zeigen die Verhältnisse des Jahres 1606, als die staatlichen Gesamteinnahmen bei rund 200000 Reichstalern lagen und die Ausgaben für den Umschlag zugleich 160000 Reichstaler ausmachten. Vor allem im 16. und 17. Jahrhundert erlangte der Umschlag als Geldmarkt für Norddeutschland und ganz Dänemark eine große, überregionale Bedeutung. Hier sammelten sich die großen Gewinne, die während der Blütezeit der Agrarkonjunktur des 16. Jahrhunderts aus den Überschüssen der landwirtschaftlichen Produktion im südlichen Ostseeraum erwirtschaftet worden waren. Die Hauptschuldner des schleswig-holsteinischen Adels wurden schließlich die dänische Krone und die Gottorfer Herzöge. Im Jahr 1648 belief sich die Summe der Verbindlichkeiten des dänischen Königshauses in Kiel auf 900 000 Taler und betrug damit fast ein Fünftel der dänischen Gesamtverschuldung.

Der Ablauf des Umschlags war im Prinzip immer derselbe: Am 6. Januar wurde nachmittags um 16 Uhr die Geldmesse feierlich eingeläutet. Für die Dauer des Umschlags hing nun vom Turm der Nikolaikirche die »leyde« genannte Fahne bzw. Platte aus Eisenblech, später im Volksmund als »de Bürgermeister sin Büx« bekannt. Sie stand für Marktfrieden, Marktfreiheit und sicheres Geleit für die Dauer des Umschlags. In den achttägigen Zeitraum nach Dreikönig fielen dann die sogenannten Zahltage, wobei die Zeit vom 12. bis zum 14. Januar als Hauptzahltage gehandelt wurden. Sie galten bei der Berechnung der Zinsen als ein Tag. Hieran schlossen sich noch drei »Resprittage« als Aufschubfrist für finanzschwache Zahler oder verhinderte Debitoren an. Dadurch verlängerte sich der Umschlag unter Einschluss der Stundungstage eigentlich jeweils bis zum 17. Januar, 16 Uhr. Das war der von Merian erwähnte Antoniustag. Nach Ablauf dieser Frist drohte zahlungsunfähigen oder -unwilligen Schuldnern das sogenannte Einlager als schärfste und besonders ehrrührige Strafe: Damit war der persönliche Arrest in einer vom Gläubiger zugewiesenen Herberge gemeint. Diese durfte dann erst wieder verlassen werden, wenn die Schulden beglichen und die Forderung damit erfüllt war. Auch hochgestellte Persönlichkeiten blieben von dieser Zwangsmaßnahme nicht verschont. So war der Propst von Odense zum Umschlag des Jahres 1523 davon betroffen. Die strikte Durchführung des Einlagers hob natürlich das Ansehen und die Glaubwürdigkeit des Umschlags und erfüllte das Sicherheitsbedürfnis der Gläubiger. Alle Beteiligten wussten, dass zum Kieler Umschlag pünktlich abzurechnen war. »Das Einlager gereicht dem Lande zur Ehre und machet seinen Credit blühen«, hieß es nicht von ungefähr im Jahr 1661.

Der hier nur kurz skizzierte Geschäftsablauf hielt sich erstaunlich lange – bis zum Anbruch der Moderne, als er dann wie ein antiquiertes Überbleibsel einer vergangenen Epoche wirkte. Diesen Eindruck vermittelt zumindest die Schilderung des Umschlaggeschehens, wie sie der Kieler Bankier Ludwig Ahlmann (*1859; †1942) lieferte: »Ein eigentümliches Gepräge erhielt der Umschlagverkehr bis in die neueste Zeit hinein. [...] 1864 zirkulierte in den Herzogtümern weder Gold noch – von den im Mißkredit stehenden dänischen Zetteln abgesehen – Papiergeld, sondern alle Umsätze fanden in Silber statt. Was für Arbeit, Zeitverlust und Umständlichkeit das mit sich brachte, davon können wir uns kaum noch eine Vorstellung machen. In großen und kleinen Tonnen, in Säcken und Beuteln wurde das Geld zum Umschlag nach Kiel geschafft. Die Gutsbesitzer und Pächter, welche aus Ostholstein und aus dem Schleswigschen mit eigenem Fuhrwerk, bei weiten Entfernungen meist vierspännig, nach Kiel hereinfuhren, hatten einen großen Koffer oder eine Kiste mit ihren Silberschätzen hinten auf den Wagen geschnallt, und zur Sicherheit für den kostbaren Inhalt patrouillierten dänische Dragoner auf den Chausseen; ganze Silberladungen wurden früher zu Wagen, später mit der Eisenbahn aus Hamburg und Altona zum Termin herbeigeschafft. In Kiel sah man dann die Diener und Kutscher der Umschlagsgäste in ihren bunten Livreen und gold- oder silberbesetzten Zylinderhüten mit Beuteln von Silber auf der Schulter in den Straßen.

Wer größere Zahlungen zu leisten hatte, mußte sich noch einen oder mehrere ›Litzenbrüder‹ zur Hilfe nehmen, und durchaus nichts Ungewöhnliches war es, Schiebkarren und Wagen voll Silber in den Umschlagtagen durch die Straßen fahren zu sehen. Bei der Masse des umzusetzenden Silbers war des Zählens natürlich kein Ende. [...] Zu dieser Last des Transports und des Zählens kam dann noch die Mühe des Umrechnens.«

Parallel zum Geldmarkt entwickelte sich ein florierender Waren- und Krammarkt, weil die Kaufleute aus der Umgebung und von weiter her die günstige Gelegenheit nutzten, um den vielen Gästen verschiedenste Produkte des täglichen Bedarfs anzubieten. Der überaus rege Handel spielte sich auf dem Marktplatz in Buden ab, zeitweilig auch auf dem Kirchhof von St. Nikolai bzw. in der Kirche selbst. Auch in der Holstenstraße wurden bis 1770 Buden dafür eingerichtet. Zudem stellten Einheimische vorübergehend ihre zur Straße hin gelegenen Räume für die auswärtigen Händler als Verkaufsflächen zur Verfügung. Als sich im 19. Jahrhundert ein moderner Einzelhandel mit Ladengeschäften samt Schaufenstern etablierte, in denen die verschiedenen Waren ganzjährig und dauerhaft feilgeboten wurden, wurde aber das Ende dieses einträglichen Markthandels eingeläutet. Neben dem Geld- und Warenmarkt gewann der Kieler Umschlag mehr und mehr als Vergnügungsmarkt mit vielfältigen Volksbelustigungen an Zuspruch.

Natürlich lockte der Kieler Umschlag mit seinen vielen Besuchern und dem regen Geld- und Warenverkehr auch zwielichtige Gestalten an, wie etwa die Nachricht zeigt, dass 1577 während des Umschlags ein Räuber gerädert und drei weitere Diebe enthauptet oder gehängt wurden. Alles in allem war der Umschlag für die Stadt Kiel so immer auch eine Phase krimineller Unsicherheit. Doch diese Nachteile überwog allem Anschein nach der wirtschaftliche Vorteil, den der Kieler Handel und wegen des großen Kundenverkehrs auch das Dienstleistungsgewerbe aus dem Umschlag ziehen konnten. In einer Phase wirtschaftlicher Stagnation, wie sie Kiel im 15. und 16. Jahrhundert erlebte, waren die vom Umschlag ausgehenden Impulse nicht zu unterschätzen. Allerdings blieben die auf dem Finanzmarkt umgesetzten Gelder natürlich nicht auf Dauer in Kiel, sodass die städtische Wirtschaft nicht entscheidend und nachhaltig, sondern eben immer wieder nur saisonal gestärkt wurde.

Der Kieler Umschlag verlor mit der Konjunkturwende auf dem Agrarsektor außerhalb der Herzogtümer ab dem 17. Jahrhundert immer mehr an Strahlkraft und Bedeutung. Das hing unter anderem auch damit zusammen, dass damals ein eigener dänischer Kapitalmarkt entstand und Hamburg durch die Gründung einer ersten Bank im 16. Jahrhundert zum führenden Finanzplatz in Norddeutschland aufstieg. Die Währungsturbulenzen und Schuldenannullierung im Zuge des dänischen Staatsbankrotts im Jahr 1813 taten ihr Übriges. Doch erst mit dem Beginn des 20. Jahrhunderts hörte der Kieler Umschlag als Geldmarkt auf zu bestehen. Im Gegenzug etablierte sich ein modernes Bankenwesen auch in Kiel.

Auf Initiative der Gesellschaft freiwilliger Armenfreunde wurde am 1. Juli 1796 eine Spar- und Leihkasse, eine der ältesten Sparkassen in Deutschland überhaupt, gegründet. Diese Spar- und Leihkasse sollte der weiteren Verarmung der Bevölkerung vorbeugen und war nicht darauf ausgerichtet, kommerzielle Bankgewinne zu erzielen. Das Kreditgeschäft der Spar- und Leihkasse war daher zunächst eher nachrangig; für das Kreditwesen vorerst bedeutsamer waren die Schleswig-Holsteinische Landschaft und die hinter ihr stehenden vier adeligen Klöster in Itzehoe, Preetz, Uetersen und Schleswig. Am Anfang des modernen Bankenwesens stand in Kiel das 1852 ins Leben gerufene Privatbankhaus Wilhelm Ahlmanns (*1817;

†1910). Ahlmann entstammte einer Alsener Kaufmannsfamilie. Nach dem Studium der Staatswissenschaften war er in Tübingen zum Doktor desselben Faches promoviert worden und hatte sich 1847 in Kiel habilitiert, wo er dann Vorlesungen über Nationalökonomie, die Theorie der Statistik und Handelswissenschaft anbot. Für sein Engagement als Sekretär der Provisorischen Regierung während der Schleswig-Holsteinischen Erhebung ab 1848 wurde er, als diese gescheitert war, aus dem Universitätsdienst entlassen, weswegen er sein wirtschaftliches Auskommen nun in der Aufnahme einer Bankierstätigkeit suchte. Am 5. November 1852 ließ er mittels Anzeige die Gründung eines sogenannten Handlungshauses öffentlich bekanntmachen. Mit seiner Geschäftsidee hatte Ahlmann Erfolg, weil er vom rasanten Aufschwung Kiels in der zweiten Hälfte des 19. Jahrhunderts zu profitieren vermochte, vor allem in Form von Handel mit Eisenbahnaktien, Staatspapieren und Wechselgeschäften. Auch die Geschäfte mit den Kieler Brauereien und Werften waren einträglich, auch wenn sich mit der Gründung einer Vereinsbank im Jahr 1865, einer Kieler Creditbank 1869 und der Kieler Bank AG 1872 mehr und mehr Konkurrenz im lokalen Bankensektor etablierte. Bis 1914 blieb das Bankhaus Ahlmann gleichwohl eine bedeutende Privatbank mit einer Ausstrahlung über ganz Norddeutschland.

Im Übrigen engagierte sich Wilhelm Ahlmann nicht nur im Bankensektor, sondern er gründete 1864 auch die seither von ihm verlegte Kieler Zeitung und wurde zudem Vorsitzender der Generalversammlung des Handels- und Industrievereins, des Vorläufers der 1871 gegründeten Handelskammer.

Das Bankhaus, das seit 1894 vom Sohn Ludwig geführt wurde, trotzte den wirtschaftlichen Widrigkeiten des Ersten Weltkrieges und der Inflation, wovon heute noch das 1927 für 1,25 Millionen Goldmark errichtete repräsentative Bankgebäude am Kieler Rathausplatz zeugt. Heute ist darin eine Filiale der Deutschen Bank AG untergebracht. Das Bankhaus geriet in den Abwärtssog der Weltwirtschaftskrise, aus dem es sich während der NS-Diktatur wieder herausarbeiten konnte, nicht zuletzt durch das Engagement bei der Rüstungsfinanzierung. 1940 zählte das Unternehmen schließlich zu den 30 größten Privatbanken im ganzen damaligen Reichsgebiet. Dabei hielt die Familie Ahlmann nicht uneingeschränkt zu den NS-Machthabern, wie der Freitod von Ludwigs Sohn Wilhelm (*1895) im Jahr 1944 im Umfeld des Hitlerattentats nahelegt.

1940 war Otto Knapp (†1957), zuvor Leiter der Kieler Spar- und Leihkasse, Mitinhaber des Bankhauses geworden. Unter Knapps Leitung gelang die erfolgreiche Fortführung des Bankgeschäfts über das Kriegsende hinaus. 1952 hatte die Bank zu ihrem 100-jährigen Bestehen 125 Mitarbeiter und zählte immer noch zu den größeren der insgesamt 218 deutschen Privatbanken im Bundesgebiet. Wie einst Wilhelm Ahlmann war Knapp auch außerhalb seiner Bank aktiv, indem er 1946 die Präsidentschaft der Industrie- und Handelskammer und 1948 diejenige der Gesellschaft zur Förderung des Instituts für Weltwirtschaft übernahm. Auch wurde er zum Mitbegründer und ersten Präsidenten des Vereins Kieler Kaufmann e.V., der seinen Sitz im Ahlmannschen Privathaus am Niemannsweg nahm. An die ehemalige Bankiersfamilie erinnert heute noch das im Haus befindliche Hotel samt zugehörigen Restaurants namens Ahlmanns und Kaufmannsladen.

In das Bankgeschäft stieg 1957 dann die Deutsche Bank AG ein, nachdem sich die Finanzsituation der Ahlmannschen Bank spürbar verschlechtert hatte und Otto Knapp im März desselben Jahres nach schwerer Krankheit verstorben war. Zum 1. Januar 1967 wurde das Bankhaus in eine Filiale der Deutschen Bank umgewandelt, die zunächst noch den Namen des

Bankgründers Ahlmann beibehielt. Erst mit dem 1. Januar 1974 wurde der Name Ahlmann-Bank aufgegeben. Doch der an den Gründer Wilhelm Ahlmann erinnernde Schriftzug auf dem Bankgebäude blieb bis heute erhalten. In Zeiten, in denen die Banken wegen fauler Immobilien- und Schifffahrtskredite sowie denkbar niedriger Zinsen in eine schwere Existenzkrise geraten sind, ist die Inschrift neben der nach wie vor jährlichen Feier des Kieler Umschlags und natürlich dem stattlichen, 1909/10 errichteten Gebäude der 2007 aus Fusion der Sparkasse Kiel mit den Sparkassen Eckernförde und Kreis Plön entstandenen Förde Sparkasse das vielleicht letzte Überbleibsel von Kiels einstiger Rolle als Finanzhauptstadt und »Mainhattan« des Nordens.

5. Kiel als Wohnort und Lebensraum

Die Stadt Kiel bot im 13. Jahrhundert 1200 bis 1500 Menschen eine Heimat. Gleichberechtigt waren diese bei weitem nicht: Nur 300 von ihnen besaßen zunächst das Bürgerrecht, was zur Mitbestimmung in städtischen Angelegenheiten berechtigte. Das Bürgerrecht war an den Besitz eines Hauses samt Hausstand gekoppelt. Es existieren für die Anfangszeit natürlich keine Einwohnerverzeichnisse aller als Bürger geltender Bewohner. Doch da sich für damals rund 300 Hausgrundstücke rekonstruieren lassen, kann die genannte anfängliche Einwohnerzahl näherungsweise geschätzt werden. An der Spitze der bürgerlichen Selbstverwaltung standen seit dem Ausgang des Mittelalters im Übrigen zwei Bürgermeister und sechs Ratsherren. Ihnen wurde zur Mitsprache beim Stadthaushalt Ende des 16. Jahrhunderts ein Ausschuss aus 16 Bürgern zur Seite gestellt. Seit 1683 existierte sodann noch ein 32-Männer-Kollegium, das ursprünglich als Wahlorgan der 16 Ausschussmitglieder konzipiert worden ist, sich aber zum bürgerlichen Vertretungsgremium weiterentwickelte. Die beiden Kollegien hatten von nun an beratende Stimmen in allen Stadtangelegenheiten, wohingegen Bürgermeister und Rat für die städtische Rechtsetzung verantwortlich waren. Bis 1640 verkündeten sie diese über die sogenannte »Burspraken«, seitdem auf dem Wege von Verordnungen und Erlassen. Seit 1683 musste die Hälfte der

Ratsmitglieder von Kaufleuten gestellt werden, die damit ihren Einfluss gegenüber dem städtischen Handwerk zu sichern wussten.

Doch nochmals zurück zu den Anfängen: Aus den frühen Kieler Quellen lässt sich eine große Gruppe von Kaufleuten namhaft machen. Rund 40 Namen sind bereits für das 13. Jahrhundert bekannt. Das spricht für die wichtige ökonomische Rolle, die der Handel im frühen Kiel spielte oder spielen sollte. 15 der Händler waren zwar offenkundig Kleinhändler, sogenannte Krämer, aber selbst diese verfügten, wie festgestellt wurde, über Geschäftsbeziehungen bis nach Schleswig, Roskilde, Wismar, Hamburg, Holland und Flandern. Kiel wurde zu einem kleinen Baustein des seinerzeitigen Fernhandels.

Der überwiegende Anteil der Einwohnerschaft verdiente seinen Lebensunterhalt aber im Bereich des Handwerks. Am stärksten vertreten war anfänglich das Schustergewerbe. Im Ersten Stadtbuch sind ganze 27 Schuster belegt. Hinzu kommen noch acht Gerber, die das Leder für die zu fertigenden Schuhe bereitstellten. Erstaunlich vielfältig zeigte sich darüber hinaus das Handwerk im frühen Kiel, was besonders für den Bereich des Baugewerbes erkennbar wird, wo es schon früh einige Spezialberufe gab, die ihrerseits für ein florierendes Bauwesen sprechen. Auch ein Kerzengießer, Ehler mit Namen, lässt sich belegen. Kerzen waren im Mittelalter ein gefragtes und nicht unbedingt kostengünstiges Gut. Und wenn jemand seinen Lebensunterhalt damit verdiente, musste das Gewerbe wohl einiges abwerfen.

Freilich musste, wer einmal Handwerker war, nicht immer ein solcher bleiben. Man weiß von einem Kieler Schmied namens Hinrich, der zum Händler wurde, dann 1259 Ratsmann war, und als Ausdruck für seine erlangte Reputation folgerichtig mit »dominus« – »Herr« angesprochen wurde. Hinrich ist also ein schönes Beispiel für berufliche und soziale Mobilität im Mittelalter, das ja insgesamt alles andere als statisch war. Und Hinrich steht nicht allein da. Der Knochenhauer Johannes etwa wurde im Lauf seines Berufslebens zum Vieh- und Fleischhändler usw. Die vielen kleineren Handwerker verfügten dabei über einen beachtlichen Anteil am Kieler Immobilienmarkt, was als Zeichen für eine gewisse Prosperität im 13. Jahrhundert gedeutet wird – es ging also gleich wirtschaftlich aufwärts in der »neuen« Stadt – und was darüber hinaus den Weg in die städtische Führungsgruppe ebnete. Das bedeutet, man konnte damals vergleichsweise gut in Kiel sozial aufsteigen. Und tatsächlich rekrutierte sich der frühe Rat der Stadt, der neben dem Stadtherrn die Geschicke Kiels lenkte, aus den Familien der Fernhändler, stadtansässigen Adeligen und reichen Handwerker.

Nach dem Take off der Gründungszeit stagnierte jedoch die ökonomische Entwicklung und Einwohnerzahl der Stadt im weiteren Verlauf des Mittelalters in Kiel genauso wie in vielen anderen Städten. Überhaupt erlebte Europa im 14. Jahrhundert eine durch Pest und Kriege erzeugte Krise, von der es sich erst im 15. Jahrhundert wieder erholen sollte. Demgegenüber entfaltete sich in Kiel während der frühen Neuzeit ein vergleichsweise starkes Bevölkerungswachstum, das sich jedoch nicht großartig auf die Bebauung im Altstadtbereich auswirkte. Doch die Vorstadt um die Holstenstraße und den Kuhberg wuchs allmählich – unregelmäßig – weiter. Der Stadtraum selbst spiegelte, wie anderenorts auch, die sozialen Gewichtungen wider: Die statushöheren Berufe waren auf die Altstadt konzentriert, während die kleinen Handwerker vermehrt in der wachsenden Vorstadt präsent waren. Definitive Zahlen, was die Kieler Erwerbsstruktur dieser Zeit anbelangt, liefert ein zum Jahr 1682 erhaltenes Kataster. Darin sind 294 Erwerbstätige aufgeführt.

Die meisten von ihnen waren Schneider – ganze 25 –, gefolgt von zwölf bzw. 16 Professoren. Sodann sind elf Schuster, zehn Tischler, neun Maurer und gleich viele Weber aufgelistet. Insgesamt betrug der Anteil des Handwerks an allen Erwerbstätigen 55,1 Prozent, wobei wiederum die Produktion für Massenkonsum – Schuster, Schneider, Bäcker – mit 28,9 Prozent besonders stark ausgeprägt war.

Als Ausdruck der damaligen Zentralfunktionen Kiels innerhalb des Gottorfer Staates – es war Universitätsstandort, Ausweichresidenz und Verwaltungszentrum – kann die Tatsache gelten, dass rund ein Fünftel aller Erwerbstätigen im Bereich der Verwaltung tätig war. Demgegenüber waren Angehörige des Handels und Verkehrs mit insgesamt 9,2 Prozent absolut unterrepräsentiert. Diese Erwerbsquellen spielten offenbar eine nur nachgeordnete Rolle. Der Fernhandel besaß ersichtlich keine Bedeutung mehr – die Hansezeit Kiels war lange vorbei und Kiels Qualität als Hansestadt, wie schon gezeigt, ohnedies nie stark ausgeprägt gewesen. Kiels Nähe zur See blieb so erstaunlich lange ohne Auswirkung auf die Ausprägung seiner Wirtschaft.

Kiel war vielmehr ein ganz aufs Hinterland ausgerichteter Handwerks- und Dienstleistungsschwerpunkt geworden. Gerade die Universität spielte als Wirtschaftsfaktor eine erhebliche Rolle, wenn man bedenkt, dass zu den 16 Professoren noch weitere 20 Universitätsbeschäftigte hinzukamen: Tanz-, Reit-, Fecht-, Ballmeister, Syndicus, Pedelle usw. Die Gehälter der Professoren wurden dabei aus vielerlei Quellen gespeist: Sie erhielten neben ihrer fixen Besoldung noch Kollegiengelder von den Hörern ihrer Vorlesungen, Gelder aus fächerbezogenen Aktivitäten wie z. B. Gutachtertätigkeiten, sodann Einkünfte aus Vermietung und Verköstigung von Studenten, auch aus eigenem Wein- oder Bierausschank usw. Die Professoren gehörten damit zu den betuchteren Kielern, was auch eine Auswertung des professoralen Immobilienbesitzes bestätigt. Rund 50 Prozent der Kieler Professoren besaßen oder erwarben ein Haus in der Stadt. Zieht man die Verhältnisse in anderen Universitätsstädten heran, so muss man für die Anfangszeit der Kieler Universität festhalten, dass hier die Professorengehälter gut waren. Das änderte sich im 18. Jahrhundert zum Nachteil der Professorenschaft.

Einen ähnlich tiefschürfenden Blick erlaubt auch eine Nahrungsmittelsteuerliste aus dem Jahr 1711. Sie führt 471 Erwerbstätige, inklusive Mehrfacherwerbstätigkeit auf. Angehörige von Militär, Universität und Verwaltung sind aufgrund steuerlicher Bevorzugung darin unberücksichtigt geblieben. Am häufigsten kommen jetzt Brauer vor – insgesamt 51 –, gefolgt von Schustern und Schneidern (je 38), dann Tagelöhnern (36), Webern (17) und Fuhrmännern (16). Der markanteste Unterschied zu den vorherigen Zuständen scheint die Zunahme der Tagelöhner zu sein. Es gab damit verstärkt Leute in der Stadt, die weniger verdienten und damit finanziell schlechter aufgestellt waren: Das waren durchaus Vorboten kommender Entwicklungen hin zu einem zahlenstarken Proletariat, auch wenn sich der Beginn der Industrialisierung darin noch kaum konkret widerspiegelte. Immerhin entstanden im 18. Jahrhundert bereits erste Manufakturen in Kiel, so 1723 eine Seifensiederei, 1743 eine Graupenmühle, 1754 eine Zuckerraffinerie oder 1758 eine Lederfabrik und eine Porzellanmanufaktur. Es folgten noch eine Salpetersiederei 1763 bzw. eine Puderfabrik 1764. 375 Erwerbstätige sind wiederum im Kataster von 1768 aufgelistet. Am stärksten sind diesmal die Gastwirte mit 26 Nennungen vertreten. Darauf kommen wieder Schneider, 24 nämlich, dann 19 Tischler, 17 Schuster, 15 Schlachter und 14 Bäcker. Erstaunlich ist, dass gegenüber 1711 die Weber mit jetzt nur noch drei Nennungen zahlenmäßig ganz erheblich zurückgegangen sind. Es lassen sich also deutliche gewerbliche Verschiebungen und Konjunkturen erkennen. Auch wird ein Rückgang des Massenkonsumgewerbes im Vergleich zu 1711 sichtbar, was sich als Ergebnis der krisenhaften Umstände in der ersten Hälfte des 18. Jahrhunderts deuten lässt. Die Anbieter öffentlicher Dienste machten damals, 1768, übrigens ganze 17 Prozent aus. Das erklärt sich über die Hauptstadtfunktion, die Kiel für den Miniaturstaat Holstein-Gottorf bis 1773 innehatte. Die Universität hatte daran aber kaum noch Anteil, da sie jetzt lediglich acht Personen, was 2,1 Prozent der Erwerbstätigen entspricht, beschäftigte, fünf davon als Professoren. In diesem drastischen Bedeutungsschwund schlägt sich der Niedergang der Hochschule bis zu den Reformen der 1760er Jahre nieder. Handel und Verkehr waren immer noch äußerst schwach vertreten, besonders Schifffahrt und Schiffbau spielten keine nennenswerte Rolle. Im Prinzip schlug sich Kiels Nähe zum Meer immer noch nicht in seiner Erwerbsstruktur nieder. Kiel zeichnete sich insbesondere durch ein stetiges Wachstum des Dienstleistungssektors aus. Es betrug bis 1768 ganze 143 Prozent!

Von einer wachsenden Gruppe ärmerer Leute innerhalb der Einwohnerschaft war eben die Rede. Allerdings verdienten sich diese am unteren Rand der Stadtgesellschaft stehenden Menschen, wenn auch oft mehr schlecht als recht, ihren eigenen Groschen. Daneben hatte Kiel in der frühen Neuzeit aber auch mit einem zunehmenden Armenproblem zu kämpfen, worin es natürlich wiederum keine Ausnahme bildete, sondern eigentlich nur die Regel wiedergab. Um die Not zu lindern, verfügte die Stadt nach der Reformation über vier aus dem ehemaligen Klostergut gegründete Armenanstalten mit Wohnplätzen für kranke oder alte Bürgerinnen und Bürger: Das sogenannte

Heiliggeistkloster, das sich ursprünglich am Wall beim Holstentor befunden hatte, wurde 1555 mit dem ehemaligen Franziskanerkloster vereint und auch dorthin verlegt. Es bot zwölf bis 20 ausschließlich weiblichen Insassen Platz. Hinzu kam das ebenfalls in diesem Bereich eingerichtete Neugasthaus für acht Bedürftige.

Als 1665 die Universität gegründet wurde und die Gebäude des ehemaligen Franziskanerklosters für ihre Zwecke zur Verfügung gestellt bekam, wurde anstelle der beiden genannten Einrichtungen eine neue am Kütertor geschaffen, die fortan als Küterkloster bezeichnet wurde. Zusätzlich gab es das St. Annen- und Erasmi-Kloster vor dem Schuhmachertor, in dem zunächst 16, ab 1743 nur zwölf Insassen versorgt wurden. Für zwölf bis 20 Bedürftige stand zu guter Letzt noch vor der Stadt im Bereich des Sophienblatts das St. Jürgenkloster zur Verfügung. Bei allen Einrichtungen handelte es sich nicht mehr um Klöster, auch wenn ihr Name weiterhin so lautete, sondern genau genommen um Hospitäler, deren Ordnung und Lebensweise aber teilweise an alte klösterliche Strukturen erinnerten. Sie standen unter der Aufsicht von Bürgermeister und Rat der Stadt, letzterer entschied auch über die Aufnahme in eine der Einrichtungen. 1809 wurden diese zum neuen Kieler Stadtkloster mit einer Kapazität von 50 Wohnplätzen vereinigt. Zentraler Standort war ab 1822 der Bereich des ehemaligen St. Jürgenklosters, von wo es, wesentlich vergrößert, 1909 in die Harmsstraße verlegt wurde. Noch heute steht hier für eine stattliche Menge an Senioren und Pflegebedürftigen ein Wohn- und Betreuungsplatz zur Verfügung.

Angesichts der Zahlen – in der frühen Neuzeit waren in Kiel höchstens 64, in der Regel aber 48 und seit 1743 gar nur 44 Bedürftige versorgt – wird deutlich, dass die institutionelle Armenfürsorge bei weitem nicht ausreichte. Um einem weiteren Zuwachs an Armen entgegenzuwirken, beschloss der Rat 1727 ganz zeittypisch, keine fremden Bettler in Kiel zu dulden. Zeitgenössische Angaben zur Größenordnung des Armenproblems, ohnehin schon entweder geschönt oder zumindest nicht vollständig, zeigen den Missstand: 1765 gab der Rat die Auskunft, dass es damals 89 Arme – also doppelt so viele, wie Hospitalplätze zur Verfügung standen – in Kiel gab, wovon 46 abgedankte Soldaten und Diener sowie verstorbener Soldaten Witwen und Waisen waren. Umso mehr waren die Armen daneben auf private Initiativen und andere Hilfen angewiesen. Mit der Gruppe der offiziell anerkannten Bettler zogen jeden Sonnabend bis zu drei Bettel- oder Pratervögte durch die Gassen der Stadt und baten um Almosen. 1768 wurde ein eigenes Armendirektorium ins Leben gerufen und 1772 eine feste Armensteuer beschlossen. Um diese Zeit entstand auch das Muhlius'sche Waisenhaus. Die bereits im vorangehenden Kapitel kurz erwähnte Gesellschaft freiwilliger Armenfreunde wurde schließlich im Jahr 1793 im Geiste der Aufklärung gegründet.

Der Anteil der Kieler, die in der staatlichen oder kommunalen Verwaltung tätig waren, blieb bis zum Ende des Gesamtstaats, dessen Teil Kiel seit 1773 war, vergleichsweise hoch, wohingegen relativ wenige Menschen in den Bereichen Handel und nach wie vor Verkehr und Transport tätig waren. 14 Prozent aller Verdienstverhältnisse machten die in der Verwaltung Tätigen aus, mit Pensionisten und verwandten Bereichen lag der Anteil gar bei 20,5 Prozent. Dass Kiel mit diesem Wert deutlich über dem regionalen Durchschnitt lag, zeigt der Vergleich mit Städten wie Flensburg, Krempe, Rendsburg oder Husum, wo der Anteil lediglich acht Prozent ausmachte. Umgekehrt waren in Flensburg 18 Prozent im Verkehrssektor tätig, in Kiel aber nur 3,2 Prozent. Ähnlich starke Abweichungen gab es auch im Bereich des Handwerks und der sogenannten Arbeitsleute. Kiel war demnach keine Handelsstadt, sondern eindeutig ein Verwaltungszentrum mit einem überdurchschnittlich hohen Dienstleistungssektor.

1781 hatten im Übrigen 25 Prozent aller Haushalte eine Frau als Vorstand, was angesichts der allgemein benachteiligten Stellung der Frau in jener Zeit doch überraschen mag. Diese Frauen verdienten ihren Lebensunterhalt vornehmlich durch Handarbeit, aber auch durch Unterricht. Die Volkszählung von 1855 führte an, dass seinerzeit 740 Frauen berufstätig waren. Sie tauchen unter anderem als Wäscherinnen, Kochfrauen oder Arbeitsfrauen in der Statistik auf. Zahlenstark und zugleich eine neue Erscheinung zu der Zeit waren die Arbeiterinnen – der Begriff »Arbeiterin« taucht in jenen Jahren zum ersten Mal auf. 235 Frauen wurden unter dieser Rubrik zusammengefasst. Weit mehr Frauen, 335 nämlich, arbeiteten als Näherinnen. 36 handelten mit Milch, Obst oder Kuchen, 24 waren Lehrerinnen. Zudem wurden 1176 Dienstmädchen erfasst. Dieser Bereich war eindeutig zu einer weiblichen Domäne geworden, denn zeitgleich arbeiteten lediglich 234 Männer als Dienstboten und Knechte. Der Blick auf die Steuerlasten erhellt, dass die Kieler Tischler, Schneider, Schuster, daneben auch einzelne Weber, Konditoren und Schlachter eine recht hohe Steuerleistung erbrachten. Das musste auf eine kaufkräftige Konsumentengruppe zurückzuführen sein. Zwischen dem Ausgang des 18. und der ersten Hälfte des 19. Jahrhunderts vollzog sich dann ein spürbarer Wandel dahingehend, dass nun auch in Kiel die Berufe der Schiffsmakler und Spediteure an Bedeutung gewannen. Der Verkehrssektor erlangte also allmählich ein ökonomisch stärkeres Gewicht. Zu 1821 waren fünf Makler bezeugt, 1842 waren es schon 19. Von zwölf Spediteuren 1799 stieg deren Zahl auf 21 im Jahr 1821 an. Die Entwicklung wurde durch die bis 1844 fertiggestellte Eisenbahnlinie zwischen Kiel und Altona weiter verstärkt. Der zugehörige erste Bahnhof wurde bis 1846 im Bereich des heutigen Stresemannplatzes beim Ziegelteich errichtet.

Erste Gassenlaternen beleuchteten seit 1724 des Nachts die Straßen und Wege in der Altstadt, die seit 1790 auch noch von einem Unternehmen sauber gehalten wurden, das die Straßenreinigung gepachtet hatte. Eine flächendeckende Gasbeleuchtung bekam Kiel aber erst 1856. Seit dem ausgehenden 18. Jahrhundert war das allmählich wachsende Stadtgebiet in vier Quartiere eingeteilt. Das erste dieser Gebiete war das sogenannte Kuhbergviertel, das eine hohe Hausdichte bei vergleichsweise niedrigen Brandversicherungswerten aufwies. Entsprechend bestand die Reihe der Eigentümer bevorzugt aus Maurerälterleuten, Fuhrleuten, Pensionisten sowie Tagelöhnern. Auch Schlachter oder Gerber lebten und arbeiteten hier – insgesamt machten diese Bewohner schon fast die Hälfte der Kieler Stadtbevölkerung aus. Die drei übrigen Quartiere befanden sich im Bereich der Altstadt. Das dritte, östliche, ähnelte in vielerlei Hinsicht dem ersten, da es verhältnismäßig viele Häuser der unteren Kategorie aufwies. Andererseits lagen hierin aber auch die größeren öffentlichen Bauten wie die Nikolaikirche und natürlich das Schloss, zudem repräsentative Privatgebäude wie der Warleberger Hof oder der Schmoler bzw. Buchwaldt'sche Hof. Umgekehrt ähnelten auch das zweite, nördlich gelegene und das vierte, im Südwesten befindliche Quartier einander. Darin dominierten jeweils höherwertige Bauten mit vermögenden Besitzern aus der Gruppe der Mälzer, Branntweinbrenner, Kaufleute, Händler, Bäcker und Gastleute. Auch der Adel war noch verhältnismäßig stark vertreten.

Mit den ersten, zaghaften Anfängen des Industriezeitalters und den damit einhergehenden Verbesserungen im medizinisch-hygienischen Bereich, aber auch im landwirtschaftlichen Sektor begann im 19. Jahrhundert auch die Stadtbevölkerung zu wachsen – und dies stärker als je zuvor. Zwischen 1781 und 1864 verdreifachte sich so immerhin die Einwohnerzahl. Profiteure dieser Aufwärtsentwicklung waren Angehörige des Baugewerbes, die neue Gebäude für die wachsende Bevölkerung errichteten, also Maurer und Zimmerleute. Aber auch für die metall- und vor allem holzverarbeitenden Berufe wie Tischler oder Korbmacher ging es aufwärts, die Bäcker und Schlachter nicht zu vergessen, die die Lebensmittelversorgung der wachsenden Stadtbevölkerung sicherzustellen hatten. Der private Hausbesitz der letzteren nahm, wenig verwunderlich, daher auch markant zu, was für deren Konjunktur spricht. Demgegenüber nahm der Hausbesitz der Brenner und Brauer ab, nicht weil die Leute weniger tranken, sondern weil in diesem Sektor allmählich Konzentrationsvorgänge durchschlugen, die für ein langsames stetiges Verschwinden der vielen kleinen Hausbrauereien, -mälzereien und -brennereien sorgten. Auch die Weber, Schneider und Schuster verloren Anteile am Immobilienbesitz, bewirkt durch die damaligen industriellen Veränderungen im Bereich der Textil- und Bekleidungsherstellung, die das selbständige Kleinhandwerk auf diesem Feld verdrängten. 1864 waren freilich immerhin noch 45 Prozent der Kieler Hausbesitzer dem Handwerk zuzurechnen. Eigentlicher Gewinner des Wachstums war der Handel, speziell der Einzelhandel, dessen Hausbesitz sich am Markt, an der Holstenstraße, im Bereich der Vorstadt sowie an der Flämischen und der Schuhmacherstraße konzentrierte. Die vielen Staats- und Stadtbediensteten, die Kiel aufwies, zogen seit den 1850er Jahren vermehrt nach Brunswik und Düsternbrook. Betrachtet man indes die Gesamtentwicklung des Kieler Hausbesitzes, so werden wiederum markante Veränderungen sichtbar. Die Zahl der Hausbesitzer ging von 19 Prozent im Jahr 1781 auf nur noch zwölf Prozent im Jahr 1864 zurück. 1781 war damit noch jeder zehnte Kieler ein Hauseigentümer, 1864 aber lediglich noch jeder 20., was umgekehrt bedeutet, dass die Zahl der Mieter in die Höhe schnellte. Dieser Veränderung entsprach die starke Zunahme mehrgeschossiger Mietshäuser im Stadtbild.

Dahinter stand eine überdurchschnittliche Zunahme der Arbeiterschaft, die sich nach der »zweiten« Stadtgründung Kiels 1865 mit der damit einhergehenden Bedeutungszunahme der Werftindustrie nochmals immens steigerte. Tatsächlich entwickelte sich Kiel in der Kaiserzeit zu einer Stadt der Arbeiterschaft und dies in weit stärkerem Maße als anderenorts, wie die Zahlen z.B. aus dem Jahr 1907 drastisch verdeutlichen: 72,2 Prozent der Erwerbstätigen waren damals Arbeiter. Im gesamten damaligen Deutschen Reich lag deren Anteil nur bei 52,1 Prozent. Umgekehrt waren in Kiel lediglich 16,2 Prozent Selbstständige zu verzeichnen, im Reich dagegen 35,4 Prozent. Bei den Angestellten glichen sich die Anteile mit 11,1 Prozent in Kiel und 12,5 Prozent im Reich immerhin annähernd. Kiels Erwerbs- und Einkommensstruktur spielte damals also eindeutig eine Sonderrolle. Diese wurde noch dadurch verstärkt, dass 14,2 Prozent der Stadtbevölkerung Militärangehörige waren. Ein einflussreiches Großbürgertum fehlte demgegenüber fast ganz. Auch fielen die Möglichkeiten weiblicher Erwerbstätigkeit im Vergleich zu anderen Städten oder Regionen im Reich weitaus geringer aus. Die Werftarbeit war eine reine Männerdomäne. Frauen konnten in weit bescheidenerem Umfang fast nur im Bekleidungsgewerbe, Dienstbotenwesen oder durch Hausarbeit ihr Geld verdienen.

In der immer schneller wachsenden Stadt herrschte eine klar aufgeschlüsselte Sozialtopographie vor. So existierte in Düsternbrook ein Nobelviertel. Vor allem im Niemannsweg standen

Häuser von herausgehobener Wohnqualität, die Angehörigen des hohen Militärs, hochgestellten Zivilbeamten, Professoren, Unternehmern und deren Familien vorbehalten waren. Hervorgehoben war auch der Bereich des Blücherplatzes, wenngleich auf gegenüber dem Niemannsweg abgeschwächtem Niveau. Hier waren schwerpunktmäßig Gymnasiallehrer, Lehrer, aber auch reiche Kaufleute und Handwerker zu Hause. Die obere Holtenauer Straße war die bevorzugte Wohngegend für die oberen und mittleren Mittelschichten, während die Brunswiker Straße, in der es viele Ladengeschäfte gab, von selbstständigen Handwerkern und Einzelhändlern, also gewissermaßen der alten Mittelschicht, dominiert wurde. Im südlichen Kiel mit der Harmsstraße wohnten hauptsächlich kleinbürgerliche und Arbeiterfamilien sowie Angehörige des mittleren und niederen öffentlichen Dienstes, also die »kleinen« Beamten, mit Frau und Kindern. In Gaarden-Süd, ebenso in Ellerbek und Wellingdorf wiederum hatten mehrheitlich Arbeiter und Facharbeiter ihr Zuhause. In Ellerbek lassen sich nicht von ungefähr die Anfänge des sozialen Wohnungsbaus in Kiel fassen. Ein Arbeiterbauverein existierte hier seit 1901. Friedrich Alfred Krupp (*1854; †1902) ließ zu Beginn des 20. Jahrhunderts entsprechende Wohnmöglichkeiten für seine Arbeiterschaft in Gaarden errichten. Der Kieler Bau- und Sparverein hingegen baute Wohnungen für die unteren Bevölkerungsschichten zwischen 1901 und 1904 im Bereich des sogenannten Stinkviertels in der Gutenbergstraße. Ähnlich segmentiert wie die Wohnviertel war zeittypisch auch die Vereinskultur in Kiel, was etwa die Sportvereine sichtbar machen. Bürgerlich geprägt war der Kieler Männerturnverein (KMTV) von 1844, Arbeiter hingegen zog es verstärkt in den Arbeiterturnverein Vorwärts von 1894 oder die Freie Turnerschaft an der Kieler Förde (1901), die bald 2500 Mitglieder hatte. Letztere Vereine bildeten eine »Gegenkultur« zur bürgerlichen Vereinswelt aus, die in sich selbst wiederum stark zergliedert war. So war man als Angehöriger des gehobenen und höheren Bürgertums bevorzugt Mitglied im Ersten Kieler Ruderclub von 1862 – einem der ersten Ruderclubs in Deutschland überhaupt –, oder dem Kieler Renn- und Reiterverein von 1877. Noch exklusiver waren der Erste Kieler Hockey Club (1907) und natürlich der Kaiserliche Yacht Club (1891).

Nirgends sonst in Norddeutschland erreichte der Anteil der Metallindustrie und des Schiffbaus an der ökonomischen Gesamtleistung und damit auch am Beschäftigungsbereich eine so hohe Quote wie in Kiel zu Anfang des 20. Jahrhunderts. Das galt selbst in der Zwischenkriegszeit noch. 1925 waren daher 46,2 Prozent der Erwerbstätigen in Industrie und Handwerk beschäftigt und damit noch 2,9 Prozent mehr als vor 1914. Die Zunahme hatte aber auch noch andere Gründe: So schlug sich der mit dem Versailler Vertrag verbundene drastische Abbau der Marine- und Militärverwaltung markant auf die Kieler Verhältnisse nieder, indem der Anteil des öffentlichen Dienstes von 33,8 Prozent im Jahr 1907 auf nur noch 19,5 Prozent im Jahr 1925 schrumpfte. Handel und Verkehr nahmen demgegenüber im gleichen Zeitraum um 11,8 auf 25 Prozent zu. Die mit Abstand stärkste Gruppe unter den Erwerbstätigen blieben aber die Arbeiter, auch wenn sich die Kieler Verhältnisse mit einem Anteil von 47,2 Prozent nunmehr denen im Reich mit 45,1 Prozent spürbar anglichen. Immer noch vergleichsweise unterrepräsentiert waren die Selbstständigen mit 13,7 Prozent, wohingegen ihre Quote im Reich bei 17,3 Prozent lag. Angestellte und Beamte machten in Kiel 31,7 Prozent aus, im gesamten Reich nur 16,5 Prozent. Auch beim Anteil der Erwerbstätigen an der Gesamtbevölkerung unterschied sich Kiel von anderen Städten im Reich: 43,2 Prozent der Kieler standen 1925 in Lohn und Brot, in Hamburg waren es dagegen 51 Prozent und in Berlin 54 Prozent. Das hatte einen Grund wiederum in der besonderen Erwerbsstruktur, die in Kiel Frauen das Geldverdienen erschwerte: Nur 23,9 Prozent der Kielerinnen standen in einem Beschäftigungsverhältnis. In Hamburg waren es zur selben Zeit 30 Prozent, in Berlin 37 Prozent und in Plauen sogar 44 Prozent.

Es ist klar, dass die Hyperinflation im Jahr 1923 und die Weltwirtschaftskrise ab 1929 der Industrie- und Arbeiterstadt Kiel besonders zusetzten und ihre Sozialstruktur erheblich erschütterten. Genau aus den gleichen Gründen musste diese auch vom Aufrüstungsprogramm der Nationalsozialisten ökonomisch überproportional stark profitieren. Tatsächlich stieg nun die Zahl der Erwerbstätigen in Industrie und Handel auf 50,1 Prozent an, wobei die Metallindustrie auf Platz 1 stand. Kiel wurde wieder zum Sitz zentraler Marine- und Wehrmachtsstellen, was auch den Dienstleistungssektor kräftig ankurbelte. Bis 1939 stieg er um 11,3 Prozent auf 29,8 Prozent an. Kiel wurde erneut zum Verwaltungszentrum und über die vielen Menschen, die hier wieder lebten und arbeiteten, zur Konsumstadt. Das Problem dabei war nur, dass diese wirtschaftliche Struktur höchst einseitig ausgerichtet war, was sich nach dem Zweiten Weltkrieg negativ auswirken musste.

»Kiel im Aufbau« lautete im Rückgriff auf die Wirtschaftsmessen der 1920er Jahre 1947 der Titel einer sogenannten »Septemberwoche«. Dahinter stand das Ziel, neue zivile Gewerbe an die Förde zu locken. Tatsächlich ließen sich bald neue Industrien für Elektrotechnik, Feinmechanik, Trikotage- und Strumpfherstellung, auch Lebensmittelproduktion in Kiel nieder, sodass zu Beginn der 1960er Jahre rund 130 000 Arbeitsplätze in Kiel existierten und nahezu Vollbeschäftigung herrschte. Dabei nahm der Anteil der Arbeiterschaft Schritt für Schritt ab. Lag derselbe 1950 noch bei 55,8 Prozent, waren es 1961 nur noch 46,7 Prozent. Im Gegenzug stieg der Anteil der Angestellten um 9,4 Prozent auf 36,3 Prozent. Der Rückgang der Arbeiterschaft setzte sich danach weiter fort, sodass Kiel als hauptsächliche Arbeiterstadt mehr und mehr ausgedient hatte. 1996 z. B. arbeiteten noch 20 600 Menschen im verarbeitenden Gewerbe, 2010 nur noch 13 300. Die Zahl der im Dienstleistungssektor Beschäftigten nahm hingegen im gleichen Zeitraum von 60 200 auf 70 900 zu. Kiel ist damit wieder schwerpunktmäßig ein Dienstleistungszentrum, wie es bereits in der frühen Neuzeit eines gewesen war. Mit dem Wandel ging auch die Entwicklung der Arbeitslosenzahlen einher. 1950 waren noch 27 000 Menschen erwerbslos, 1960 lediglich 3200 und 1970 sogar nur noch 1200. Die Öl- und Schifffahrtskrise sorgte in der Folgezeit dafür, dass die Arbeitslosenzahlen in die Höhe schossen: von 7500 Arbeitslosen 1975 auf 20 000 im Jahr 1984. Mit 10,9 Prozent bzw. 15 858 Erwerbslosen lag die Arbeitslosenquote noch 1989 um ein Drittel höher als im Bundesdurchschnitt. Seither pendelte sie um einen Wert zwischen neun und elf Prozent, im Juni 2016 lag sie bei 9,4 Prozent, was 12 499 Erwerbslosen entsprach. Dies war im landesweiten Vergleich der schlechteste Wert für kreisfreie Städte im Norden und deutet auf nach wie vor bestehende strukturelle Probleme hin.

6. Kiel in Bewegung

Im Januar 2017 berichteten die »Kieler Nachrichten«, dass Kiel in diesem Jahr mächtig in Bewegung sein werde. Der Zeitungsreporter hat hier für die verschiedenen Aktivitäten des Jahres 2017 formuliert, was sich problemlos für die gesamte Geschichte Kiels festhalten lässt: eine Stadt in Bewegung. Kiels Einwohnerschaft bestand und besteht bis heute aus Wanderern, die ein- und auswandern. Anders ausgedrückt: Die Kieler Stadtgeschichte ist von Anbeginn an ohne Migration undenkbar.

So wuchs Kiel im 13. Jahrhundert, als es mit dem Stadtrecht versehen war, gleich sehr rasch. Dies erklärt sich hauptsächlich durch den Zuzug von Menschen, die sich hier ein gutes Auskommen für ihren Lebensunterhalt erhofften. In diesem Kontext ist daran zu erinnern, dass Thomas Hill Kiels Stadterhebung mit derjenigen von Itzehoe an der Stör in Beziehung gesetzt hat. Beide Städte, Kiel und Itzehoe, seien vom Schauenburger Grafen als ein korrespondierendes Städtepaar zwischen Nord- und Ostsee nach dem Vorbild des hansischen Städteduos Hamburg-Lübeck konzipiert gewesen, vermutet Hill. Für diese Verbindung zwischen Kiel und Itzehoe sprechen nicht nur die vermutlichen gräflichen Pläne, sondern auch die Menschen, die in beiden Städten lebten und arbeiteten. Eine Untersuchung der im Ersten Kieler Stadtbuch zur

Verfügung stehenden Namen ergab in der Tat, dass es im 13. Jahrhundert einen konstanten Zuzug von Einwanderern aus der Region um die Stör gab. Dieser machte anscheinend rund ein Fünftel des Gesamtzuzugs von Neubürgern aus. Dahinter könnte eine bewusste Anwerbepolitik des Stadtherren gestanden haben, die sich offenbar gezielt an Kaufleute richtete, die sich des Wasserwegs der Stör bedienten und, ursprünglich von weiter herkommend, mittlerweile zwischen Stormarn und Neumünster heimisch geworden waren. Noch heute deuten Straßennamen in der Kieler Altstadt auf den permanenten Zuzug von außen hin. Gemeint sind die Flämische, die Dänische und die Kehdenstraße. Natürlich bedeuten diese Namen nicht zwangsläufig, dass entsprechende Landsmannschaften in einer nennenswerten Größenordnung tatsächlich in Kiel wohnten, wie schon am Anfang dieses Buches betont wurde. Vielmehr benennen sie zunächst einmal nur Regionen, deren Fernhändler nach dem Willen des Stadtgründers eine möglichst große Rolle für die Entwicklung seiner Stadt spielen sollten. Es steht freilich zu vermuten, dass gerade Händler aus Kehdingen südlich der Elbe, aus Flandern und Süddänemark in der Tat den Hauptteil der wenigen Fernhändler ausmachten, mit denen Kiel in seiner Frühzeit, also vor 1242, zu tun hatte. Wenn die Belege des Ersten Stadtbuchs indes richtig interpretiert werden, dann bildeten in späterer Zeit die Flämische, Dänische oder Kehdenstraße keine Wohnquartiere von Einwohnern entsprechender Herkunft. Flamen etwa, die mit Kiel Handel trieben, dürften wohl hauptsächlich als Gäste, die den Markt aufsuchten, in den Häusern ihrer Kieler Geschäftspartner gewohnt haben.

Im 14. Jahrhundert überwogen dann Zuzügler aus den anderen aufstrebenden Ostseestädten, die sich seinerzeit im Hansebund organisierten. Allerdings erreichten die Kieler Einwanderungsdimensionen nie die Ausmaße Hamburgs oder Lübecks. Entscheidender war für Kiel im Spätmittelalter eher das schon an vorangegangener Stelle angesprochene Hereindrängen des Adels in die Stadt, was Kiel zur Stadt des Adels bzw. der schleswig-holsteinischen Ritterschaft machte und zu einer markanten Zunahme des adeligen Hausbesitzes in der Stadt führte. In der frühen Neuzeit gehörte hier nahezu jedes siebte Haus dem Adel.

Das 14. Jahrhundert brachte wegen der großen Pestwelle aber auch einen erheblichen Bevölkerungsrückgang. Um 1300 hatten ca. 1800 bis 2000 Menschen in Kiel gelebt. 1350, auf dem Höhepunkt der Pest, waren es nur noch etwa 1600. Das große Sterben führte dazu, dass der Rat der Stadt einen neuen Friedhof anlegen lassen musste. So erwarb er zu diesem Zweck im selben Jahr vom Ritter Nicolaus Split Grund und Boden in der Brunswik. Hier wurde die Gertrudenkapelle errichtet. Sie existierte dort etwas länger als 200 Jahre. 1570 wird von ihr berichtet, sie sei wieder abgebrochen worden. Der erhebliche Rückgang in der Einwohnerentwicklung konnte allerdings in der Folgezeit durch erneuten Zuzug vergleichsweise problemlos ausgeglichen und dann auf dem Niveau des frühen 14. Jahrhunderts gehalten werden. Verantwortlich hierfür war vor allem das Phänomen der spätmittelalterlichen Landflucht. So lebten laut Aufzeichnungen des Katasters von 1565 maximal 1900 Menschen in Kiel. 1682 waren es dann schon 3420, das heißt die Stadtbevölkerung war in etwas mehr als 100 Jahren um das 1,8-fache angewachsen. Dieses Wachstum konzentrierte sich vor allem auf den Bereich der Vorstadt.

Migranten in ganz anderer, aber ebenso prägender Form stellten in der frühen Neuzeit die zahlreichen Bettler und Vagabundierenden dar. Das umherziehende oder fahrende Volk war damals weit verbreitet, wobei die Gründe für das Umherfahren sich im Einzelnen natürlich stark unterschieden. Seine Zusammensetzung war daher sehr heterogen und bezog ebenso Kaufleute und Krämer oder Handwerker mit ein wie Söldner, Prostituierte oder eben Bettler. Die städtischen Obrigkeiten sahen in dieser Gruppe eine Gefahr für die öffentliche Ordnung und für die lokale Armenfürsorge, die, wie im letzten Kapitel gezeigt wurde, selbst für die »eigenen« Armen nicht ausreichend war. Die Fremden wurden von deren Nutznießung systematisch ausgeschlossen. Studiert man die einzelnen Einträge in der Skandalchronik des Kieler Bürgermeisters Asmus Bremer (*vor 1652; †1720), erkennt man allerdings rasch, dass die Bedrohung der öffentlichen Ordnung durch fremde Vagabunden eine mentale Konstruktion war, die sich von der Realität stark unterschied. Verbrechen, die kriminelle Vaganten verübten, machten lediglich einen Bruchteil aller Delikte aus. Deutlich wird aber, dass die von auswärts Kommenden regelmäßig härter bestraft wurden als die Einheimischen und dass der Kieler Umschlag ein besonderer Anziehungspunkt für diese auswärtigen Kriminellen darstellte. So nahm man 1577 während des Umschlags zwei Bettlerjungen aus Hamburg und Rostock in Gewahrsam, die dann neben »vielen hin und wieder verübten Diebereyen und Untahten« auch Körperverletzungen, zwei Raubmorde und andere geplante Verbrechen gestanden. Im gleichen Jahr ergriff man einen anderen Vaganten namens Jochim Schwarte aus Rostock, der sich beim Verhör als rücksichtsloser und geradezu professioneller Mörder herausstellte. Er wurde zur Strafe grausam gerädert und dann für andere als Abschreckung auf das Rad geflochten.

Im weiteren Verlauf der Geschichte wuchs Kiels Bevölkerung weiter an: Zwischen 1781 und 1835 verdoppelte sie sich von 5739 Einwohnern auf 11 622. Teilweise war dies auf allmählich verbesserte hygienische und wirtschaftliche Bedingungen zurückzuführen. Soweit dieses Wachstum auf Zuwanderung beruhte, stammten die betreffenden Neubürger damals zu fast 75 Prozent aus dem Bereich Schleswig-Holsteins und hierbei aus einem genuin städtischen Milieu. Erst nach 1851 setzte in größerem Umfang eine Zuwanderung aus Landdistrikten ein, die bis dahin unter 25 Prozent gelegen hatte. Dieselbe stieg bis 1869 dann auf rund 40 Prozent an. Die dahinter stehende Landflucht gilt als Zeichen einer zunehmenden Verstädterung. Kiel war dabei Teil der gesamtdeutschen Entwicklung. In Deutschland nahm zu jener Zeit nämlich der Anteil der städtischen Bevölkerung gegenüber dem der Landbevölkerung von 41,3 auf 57,6 Prozent zu. Indes bot in Kiel nur das 1. Quartier – der Bereich der Vorstadt mit der Holstenstraße und dem Kuhbergviertel – genügend Raum für eine ständig wachsende Stadtbevölkerung. 1781 wohnten hier bereits 45 Prozent der Gesamtbevölkerung Kiels, 1860 waren es dann ganze 58 Prozent. Um den Bevölkerungsdruck etwas zu mildern, erfolgte daher ab 1847 die Neuerschließung des Damperhofviertels zwischen Bergstraße, Knooper Weg und Kleinem Kuhberg als erste planmäßige Auslegung von Bauplätzen in Kiel überhaupt. Für damalige Verhältnisse handelte es sich um ein geradezu riesiges Areal von 29 Hektar. Die ganze Altstadt umfasste lediglich 22 Hektar. Erschlossen wurde das Neubaugebiet durch die Muhlius-, die Waisenhof- und die Dammstraße. Die Zahlen sprechen für den Erfolg der Baumaßnahme: 1860 wohnten schon 6,52 Prozent der Stadtbevölkerung in diesem neuen Viertel, sieben Jahre darauf waren es bereits zehn Prozent. Damals war das Gebiet schon weitgehend bebaut.

Doch war das Damperhofviertel erst der Anfang! Wenig später begann ein neuer, starker Zustrom vieler Arbeitskräfte und ihrer Familien von außen, hervorgerufen durch die hierher verlegte Marine und, damit zusammenhängend, die rasch wachsenden Werften, Dienstleistungs- und Versorgungsbetriebe, Handel und Verkehr. Lebten um 1850 noch etwa 16 000 Einwohner in Kiel, waren es 1867 bereits 24 216 Menschen. 1885 zählte man 51 706 Einwohner, was eine Verdoppelung bedeutete, 1900 107 977 – also nochmals mehr als das Doppelte – und 1914 schließlich ganze 225 161, wiederum mehr als doppelt so viele wie 14 Jahre zuvor. Die prozentuale Zunahme betrug zwischen 1840 und 1864 bereits 52 Prozent, explodierte dann aber geradezu zwischen 1864 und 1890 auf 245 Prozent und zwischen 1890 und 1914, minimal abgeschwächt, auf 195 Prozent. Ein solches Bevölkerungswachstum erinnert in bester Weise an zeitweilige amerikanische Verhältnisse. Es erfolgte dabei nicht kontinuierlich, sondern schubweise, gefolgt von Etappen einer spürbaren Abflachung. Deutlich wird der zum maritimen Wettrüsten parallele Verlauf der Entwicklung.

Die deutliche Abhängigkeit der Bevölkerungszunahme von der Marine war allerorten spürbar. So kam es unter den Marineangehörigen zu häufigen Versetzungen, was eine ungewöhnlich hohe Fluktuation innerhalb der Kieler Bevölkerung erzeugte. Der Zuzug lag dabei stets höher als die gleichzeitig nie abbrechende Abwanderung. Der Anteil der Zu- und Abwandernden pro Jahr machte in der Kaiserzeit sage und schreibe ein Fünftel der Gesamtbevölkerung Kiels aus. Doch nicht nur der Zu- und Wegzug nach oder aus Kiel war besonders stark ausgeprägt. Auch innerhalb der Stadt gab es eine ganz erhebliche Fluktuation. So wechselte in manchen Jahren in einigen Straßenzügen rund die Hälfte der Mieter den Wohnort. In Zahlen ausgedrückt, heißt dies, dass zwischen 1900 und 1912 jährlich 80 000 Personen innerhalb der Stadt umzogen. Man kann sich vorstellen, wie stark die Bevölkerung damals eigentlich konstant in Bewegung war. Negative Folgen für die Stadt und ihre Identität blieben nicht aus: Wegen ihrer ständigen Mobilität kam es zu keiner mentalen Bindung vieler Einwohner an die Stadt; auch entwickelten diese kein verantwortliches Bewusstsein für dieselbe. Es handelte sich eben um keine organisch gewachsene Bürgerschaft. Vielmehr blieb die durch und durch zusammengewürfelte Einwohnerschaft gewissermaßen Gast in ihrer eigenen Stadt. Kiel nahm damit Ansätze zur anonymen Großstadt vorweg, wie sie heute in vielerlei Hinsicht zum Problem geworden ist.

Die Kieler Einwohner stammten nun zunehmend nicht mehr aus Kiel selbst, aus dem Kieler Umland oder überhaupt aus Schleswig-Holstein, sondern sie kamen von viel weiter her. Eine besondere Rolle spielte dabei die Binnenmigration im Königreich Preußen, dessen Teil Kiel 1867 geworden war. Kiel zog jetzt Leute von außerhalb Schleswig-Holsteins an, die hier ihr Glück machen und ihren Lebensunterhalt verdienen wollten. Der Anteil der nichtdeutschen Stadtbewohner blieb freilich gering. Er war in Kiel noch niedriger als in der Provinz Schleswig-Holstein insgesamt. 1910 betrug er nur 1,1 Prozent und lag damit weit unter demjenigen in Berlin oder im Ruhrgebiet. Eine große Gruppe unter den internationalen Zugezogenen machten damals, insbesondere in den 1860er und 1870er Jahren, Schweden aus, die nach Schleswig-Holstein und Kiel kamen, um hier beim Eisenbahn-, Festungsanlagen- und Schiffbau mitzuarbeiten. Auch am Bau des Nord-Ostsee- bzw. Kaiser-Wilhelm-Kanals waren viele ausländische Arbeitskräfte, vor allem aus Polen, Russland und Italien, beteiligt. Für die Arbeiter, die mindestens 17 Jahre alt sein mussten, wurden eigens Barackenlager zur Unterbringung errichtet. Sie waren militärisch organisiert und wurden auch von Offizieren geleitet. Die meisten der ausländischen Arbeitskräfte blieben nicht auf Dauer hier, sondern zogen nach Abschluss der Arbeiten weiter.

In bescheidenen Ausmaßen entstand seinerzeit auch eine winzige jüdische Gemeinde in Kiel. Bereits in den 1790er Jahren hatten sich sieben Schutzjuden-Familien in Kiel niedergelassen. 1850 gaben sich dann 22 jüdische Familienväter aus Kiel und Brunswik Local-Statuten; das Recht zur Anlage eines Friedhofs erwarben sie sich 1852 von Magistrat und dänischem König. Da der Magistrat sich aber bald bemühte, die Juden auszuweisen, wobei er sich auf eine Verordnung von 1729 berief, wonach sich in Kiel nur Juden mit königlicher Konzession niederlassen durften, was lediglich für vier Familien zutraf, wendeten sich die Kieler Juden an das verantwortliche königliche Ministerium, um eine offizielle Anerkennung als jüdische Gemeinde zu erhalten – vergeblich. Die restlichen Juden waren ohne gesonderte Erlaubnis und insbesondere in der Zeit vorübergehender Gleichberechtigung während der Schleswig-Holsteinischen Erhebung zugezogen. Eine Anerkennung als jüdische Gemeinde erlangten sie erst unter der preußischen Regierung am 4. Oktober 1867. Damals lebten in Kiel 125 jüdische Einwohner. 1871 waren es 187. Kiel vereinte so immerhin 13 Prozent aller in Schleswig-Holstein außerhalb Altonas lebender Juden auf sich. Der Anteil stieg durch die Zunahme der jüdischen Einwohner auf 526 im Jahr 1910 auf nahezu 35 Prozent. Allerdings machten sie nur verschwindend wenige 0,3 Prozent der gesamten Kieler Stadtbevölkerung aus. Dabei blieb es bis in die Weimarer Zeit, als 1930 die jüdische Gemeinde mit 655 Mitgliedern ihren Höchststand erreichte.

Ganz ähnlich wie die restliche Stadtbevölkerung hatte sich die frühe jüdische Gemeinde in Kiel aus Personen zusammengesetzt, die entweder aus der Stadt selbst oder zumindest aus dem holsteinischen Umland stammten. In der Kaiserzeit driftete die Entwicklung dann auseinander: Während sich, wie berichtet, der Anteil der Stadtbewohner ohne deutsche Staatsbürgerschaft insgesamt kaum erhöhte und 1910 bei 1,1 Prozent lag, nahm der Zuzug zur jüdischen Gemeinde aus Osteuropa erheblich zu, sodass 1910 ganze 21 Prozent ihrer Mitglieder aus osteuropäischen Staaten stammten. Die osteuropäischen Juden zeigten sich weniger assimiliert als die schon länger in Kiel beheimateten und sie lebten nach strengeren religiösen Regeln als letztere, was eigene, interne Probleme für die jüdische Gemeinde mit sich brachte.

Angesichts der genannten Bevölkerungszahlen muss man sich bewusst machen, dass damals nur ein Bruchteil der Kielerinnen und Kieler das Recht zur politischen Teilhabe und Mitbestimmung hatte. Kiel entwickelte sich so von einer Bürger- zur Einwohnergemeinde. Laut der schleswig-holsteinischen Städteordnung von 1869, die bis zum Ende des Ersten Weltkriegs in Kraft blieb und keinen demokratischen, sondern einen liberalen Charakter besaß, war das kommunale Wahlrecht nämlich an das Bürgerrecht in einer Gemeinde gebunden. Zu diesem hatte man erst Zugang, wenn man deutscher Staatsangehörigkeit, volljährig sowie mindestens ein Jahr in der betreffenden Stadt ansässig war, zudem über einen eigenen Hausstand verfügte und bestimmte wirtschaftliche und soziale Kriterien erfüllte. In Kiel war etwa ein Mindesteinkommen von 600 Mark als Kriterium verlangt. Frauen und Nichtbürger blieben vom Wahlrecht ohnehin ausgeschlossen. Konkret bedeutete das, dass 1869 nur 7,8 Prozent der Kieler Einwohnerschaft auch wirklich Kieler Bürger und damit wahlberechtigt waren. 1880 waren es dann 9,6 Prozent, 1890 waren es 12,9 und 1910 dann 13,9 Prozent. 1913 war eine Quote von schütteren 15,5 Prozent erreicht. 1890 erfolgte übrigens eine Erhöhung des Wahlzensus durch die bürgerliche Mehrheit in der Stadtverordnetenversammlung von 600 auf 1200 Mark. Dies führte dazu, dass abrupt rund 5000 Wähler ihr bisheriges kommunales Wahlrecht einbüßten.

Von der Einkommensstruktur her handelte es sich dabei mehrheitlich um SPD-nahe Wähler, sodass es sich bei dem Vorgang um einen gezielten Schlag gegen die SPD handelte.

Die Bevölkerungsentwicklung kannte allerdings ab 1865 nicht nur ein stetiges Aufwärts. Vielmehr führte die einseitige Ausrichtung der Kieler Wirtschaftsstrukturen auf die Marine und Werftindustrie nach dem verlorenen Ersten Weltkrieg zu massiven Problemen wie Personalabbau und Arbeitslosigkeit. Und diese wiederum hatten eine Abwanderung größeren Ausmaßes und damit Bevölkerungsverluste zur Folge: 1918 hatten in Kiel noch rund 243 000 Menschen ihr Zuhause. Im Folgejahr handelte es sich nur noch um 205 330 Personen, was einem Rückgang um 15,6 Prozent in nur einem Jahr gleichkam. Im Zuge der mehr oder minder erfolgreichen Versuche zur Neuorganisation der Kieler Wirtschaftsstrukturen kam es bald freilich wieder wenigstens zu einem gebremsten Wachstum, indem Kiel 1925 über 213 881 und 1933 schon über 218 335 Einwohner verfügte. Kiel rangierte damit aber beim Bevölkerungszuwachs hinter Altona und Lübeck, was vor dem Ersten Weltkrieg ganz undenkbar gewesen wäre.

Der Zu- und Wegzug blieb weiterhin vergleichsweise stark, wobei mit allmählich abgeflachter Tendenz insgesamt mehr Leute ab- als zuwanderten. 1927 lag das Wanderungsvolumen bei elf Prozent. Bei den Abwandernden handelte es sich vielfach um Militärangehörige und ihre Familien. An ihre Stelle traten jetzt vermehrt zuziehende Zivilpersonen. Diese stammten wieder in einem größeren Umfang direkt aus Schleswig-Holstein, wohingegen der Anteil der weiträumig, das heißt aus anderen Teilen Deutschlands Zuwandernden spürbar zurückging. Auch innerhalb Kiels schwächte sich die Fluktuation deutlich ab. Es prägten sich mehr und mehr feste Wohnquartiere mit einer stabilen Binnenstruktur aus. Vor dem Krieg hatte die innerörtliche Wanderung noch bei 25 bis 30 Prozent gelegen, in den 1920er Jahren betrug sie nur noch zwölf bis 15 Prozent. Dies alles waren Anzeichen dafür, dass sich die Bevölkerung in Kiel anders als zuvor längerfristig einlebte, sozusagen bodenständiger wurde. Es begannen sich nun jene Bindungen auszubilden und zu stabilisieren, die wichtig sind für das Zugehörigkeitsgefühl zu einer Stadt. Langsam entstand so etwas wie eine Kieler Identität.

Eine Besonderheit der Stadt blieb jedoch die weitere Umschichtung der Bewohner innerhalb der Stadt. Die Leute zog es nun vermehrt aus den sehr dicht besiedelten Wohngebieten um den Exerzierplatz, in der Brunswik, in Gaarden-Ost oder am Südfriedhof in die Außenbezirke nach Hasseldieksdamm, Hassee, Wellingdorf, Kronsburg oder in die Wik. Hier wurden jetzt aufgelockerte Wohnsiedlungen in einer sogenannten Grüngürtelzone um den Stadtkern errichtet.

Die während der nationalsozialistischen Diktatur veränderten ökonomischen und militärischen Rahmenbedingungen wirkten sich wiederum auf das Wanderungsverhalten aus. Die ab 1935 massiv betriebene Wiederaufrüstung der Marine führte nochmals zum beschleunigten Bevölkerungswachstum um jährlich 3,6 Prozent. Das bedeutet, dass die Einwohnerzahl von 1933 bis 1939 um fast 50 000 Menschen auf 265 443 stieg. Ihren absoluten Höchststand erreichte sie schließlich 1942 mit 306 000 Menschen. Mehrheitlich handelte es sich um jüngere Menschen, die ab 1934 nach Kiel zogen, hier oft auch heirateten und für Nachwuchs sorgten. Parallel zur Bevölkerungszunahme nahm auch die Migration innerhalb Kiels wieder zu. Beides hatte seine Ursache darin, dass es sich vielfach um Werftarbeiter oder Militärangehörige handelte. Gerade die Letzteren wurden oft versetzt. Zudem führte dies zu einem wachsenden Druck auf den Kieler Immobilien- und Wohnungsmarkt. Am dichtesten bewohnt war um 1939 das Westufer der Stadt zwischen Blücherplatz und Hauptbahnhof – mit Ausnahme des großzügig bebauten Düsternbrooker Gehölzes natürlich. Es wurde eng in der Stadt. Damit in Zusammenhang stand die Zunahme der Bevölkerungsdichte in den Außenbezirken. Die dort lebenden Menschen mussten nun freilich zur Arbeit in die nahe Stadt kommen: Das Phänomen der Pendler gab es also damals bereits!

Höhe- und Tiefpunkt liegen in der Geschichte oft nah beieinander, so auch in Kiel bezüglich der Einwohnerzahlen. War 1942, wie gesagt, der absolute Höchststand mit über 300 000 Einwohnern erreicht, führten die massiven Kriegseinwirkungen durch die Bomberflotten der Alliierten dazu, dass ein Teil der Einwohner freiwillig die Stadt verließ und ein anderer, größerer evakuiert werden musste. Am 1. Januar 1945 lebten dann nur noch 143 000 Menschen in Kiel – so wenige wie zu Anfang des Jahrhunderts. Bei der gesunkenen Bevölkerungszahl blieb es längerfristig, wenn auch nicht auf derart niedrigem Niveau. Viele Kieler kehrten nach und nach wieder in ihre Stadt zurück. Weil diese sehr stark zerstört war, wurden hier auch vergleichsweise wenige Heimatvertriebene und Flüchtlinge aus den von der Roten Armee eroberten deutschen Ostgebieten untergebracht. Sie machten mit 34 632 Personen lediglich 14,3 Prozent aus. Zum Vergleich: In ganz Schleswig-Holstein erreichten Flüchtlinge und Heimatvertriebene 1948 einen Bevölkerungsanteil von 42 Prozent. Kein anderes Land in Westdeutschland erlebte einen so starken Zustrom wie Schleswig-Holstein. Kiel allerdings bildete hier eine Ausnahme.

Erst in den 1960er Jahren, als nahezu Vollbeschäftigung herrschte, wurde mit 273 000 Einwohnern der Vorkriegsstand wieder erreicht. Doch war dies nur eine vorübergehende Entwicklung, denn im Zuge der nachgehenden Öl- und Wirtschaftskrise mit steigenden Arbeitslosenzahlen ging die Einwohnerzahl zwischen 1965 und 1979 erneut um rund ein Zehntel zurück und betrug zum Ende der 1980er Jahre rund 243 000, 1987 237 000 Menschen. 2006 zählte Kiel gar nur 235 366 Einwohner. Der Verlust ist auf eine massive Abwanderung von Facharbeitern im Zuge der Reorganisation des Werftensektors und der damit in Verbindung stehenden Zuliefererbetriebe zurückzuführen.

Ebenso trugen ein langanhaltender Geburtenunterschuss und – seit Beginn der 1960er Jahre – starke Abwanderungsverluste von jährlich über 1000 Personen ins Kieler Umland zu dieser Entwicklung bei. Letztere arbeiteten vielfach weiterhin in Kiel, was im Gegenzug die Zahl der Pendler ansteigen ließ. Anfang der 1970er Jahre pendelten täglich rund 30 000 Menschen nach Kiel ein oder aus Kiel ins Umland hinaus. Um den dadurch verursachten immer stärkeren Verkehrsstrom zu bändigen, war man in den 1970er Jahren zum Bau einer Stadtautobahn im Verlauf der B76 gezwungen, der manche alte Bausubstanz wie der bekannte, aus dem 17. Jahrhundert stammende Kieler Hof weichen musste. Heutzutage sind es über 48 000 Ein- und Auspendler täglich, die den Verkehrsweg am unmittelbaren Stadtkern vorbei ins Kieler Umland nutzen – mit den damit verbundenen Folgen für die Verkehrssituation in und um Kiel: »Kurz vor dem Infarkt« lautete folgerichtig eine Schlagzeile in den »Kieler Nachrichten« am 6. März 2017, um darauf hinzuweisen, dass die Stadtautobahn für die insgesamt 80 000 Fahrzeuge, die täglich darauf fahren, schon wieder viel zu eng geworden ist.

Nach dem Zweiten Weltkrieg erhielt Kiels Migrationsgeschichte durch den Zuzug sogenannter Gastarbeiter einen neuen Akzent. Anfänglich handelte es sich noch um vernachlässigbare Dimensionen. So lebten in Kiel 1970 nur 1715 Gastarbeiter mit Familien; davon stammte rund die Hälfte aus der

Türkei. 1989 zählte man schon 15 354 Einwohner ohne deutschen Pass, wiederum zur Hälfte türkischer Abstammung. Im Vergleich zu anderen westdeutschen Städten rangierte Kiel mit einem Anteil ausländischer Stadtbewohner von nur 5,5 Prozent (Stand 1987) aber lediglich an vorletzter Stelle der Statistik. Das mag auch daran gelegen haben, dass Kiel relativ weit von den Heimatländern der Betreffenden entfernt war und dass dieselben zunächst erst einmal näherliegende Ziele in Deutschland ansteuerten.

Ende der 1980er Jahre waren aus diesen internationalen Gästen dann längst dauerhaft in der Stadt lebende Mitbürger geworden, die ihre eigene Lebensart und Kultur nach Kiel mitbrachten und hier heimisch werden ließen. Hatte es in Kiel 1979 z. B. nur zehn Lebensmittelhändler, drei Gaststätten, einen Änderungsschneider sowie einen Autohändler gegeben, deren Betreiber türkischer Abkunft waren, so verfügte die Stadt 1987 bereits über 87 türkische Betriebe: 32,7 Prozent davon handelten mit Lebensmitteln, 27,6 Prozent verdienten ihr Geld als Änderungsschneidereien, 26,4 Prozent waren Gaststätten. Diese Betriebe waren von einer raschen Fluktuation und relativen Kurzlebigkeit gekennzeichnet, wofür deren mangelnde Markterfahrung verantwortlich gemacht wird. Sie dienten zunächst den eigenen Landsleuten als wichtige Kommunikationsstätten, stellten sich allmählich aber auch auf ein deutsches Publikum ein, das dieses zusätzliche Angebot vielfach dankbar annahm. In diesem Kontext entstandene Gaststätten konnten z. B. Versorgungsdefizite seitens der stark schrumpfenden deutschen Gastronomie sinnvoll ausgleichen. Längst handelte es sich aber nicht mehr nur um Gaststätten und Lebensmittelläden, sondern ebenso um Videotheken, Handyshops, Schmuckgeschäfte, Frisörläden oder Reisebüros. Charakteristisch bleibt bis heute die hohe Zahl von Familienangehörigen, die darin mitarbeiten, die insgesamt geringe Flächengröße und ihre Lage oft in Vierteln mit hohem Anteil türkischstämmiger Einwohner wie z. B. in Gaarden. Zu neuen Kommunikationsräumen für die glaubensmäßig mehrheitlich im Islam verankerten Einwohner entwickelten sich ab 1979 mehrere Moscheen im Stadtgebiet. Heute sind es acht an der Zahl.

9,2 Prozent aller Einwohner Kiels mit allmählich steigender Tendenz besaßen im Jahr 2006 eine andere als die deutsche Staatsbürgerschaft. Die stärkste Gruppe machten mit 6425 Menschen immer noch Türken aus, gefolgt von 1720 Polen, 973 Irakern und 951 Russen. Auch Ukrainer, Serben, Kroaten, Chinesen, Iraner, Italiener, Thailänder, Briten, Österreicher usw. wurden erfasst, allerdings in weit niedrigerer Zahl. Diese verteilten sich nicht gleichmäßig auf das Stadtgebiet. Spitzenreiter beim Einwohneranteil ohne deutsche Staatsbürgerschaft waren (und sind nach wie vor) Gaarden-Ost mit einem Anteil von 25,1 Prozent, Friedrichsort mit 19,6 Prozent und die Altstadt mit 19,2 Prozent an der Einwohnergesamtzahl. In Rönne betrug der Anteil stattdessen lediglich verschwindend niedrige 1,7 Prozent.

Während die deutsche Bevölkerung Kiels anteilig nach wie vor abnimmt, verstärkte sich in jüngster Zeit der Zustrom aus dem europäischen und außereuropäischen Ausland. Seit 2011 nahm der Ausländeranteil von 7,9 Prozent auf 11,4 Prozent zu. Der Anteil von Menschen mit Migrationshintergrund an der Einwohnerschaft stieg von 18,9 auf 22 Prozent. Dafür sind vor allem die gegenwärtig krisenhaften Zustände im Nahen Osten und die Öffnung der Grenzen zum Osten der EU als Gründe zu nennen. Dies führte dazu, dass nach den gut 4500 ausländischen Einwohnern türkischer Herkunft mittlerweile gebürtige Syrer mit 3750 Menschen die zweitstärkste Gruppe in Kiel bilden. Auch die Zahl der in Kiel lebenden Iraker nahm deutlich auf nun rund 2000 zu. Nennenswert war 2016 auch der Zuzug von 258 Bulgaren und 166 Rumänen. Kiel bildet damit im Vergleich zum restlichen Deutschland keine Ausnahme, sondern die Regel. Der leichte Rückgang der deutschen Bevölkerung ist weiterhin auf ein Geburten- und ein Migrationsdefizit zurückzuführen. Als Hauptgründe für die Abwanderung der deutschen Bevölkerung machen die Statistiker den angespannten Wohnungsmarkt mit stark steigenden Mieten und den Wunsch nach mehr Ruhe und weniger Stress außerhalb der Stadt namhaft. Worüber die Politik immer noch diskutiert, ist in Kiel damit längst Wirklichkeit: Es ist, wie Deutschland insgesamt, nicht nur zum Einwanderungsziel geworden, sondern schon immer gewesen. Kiels Migrationsgeschichte geht damit bunt und lebhaft wie eh und je weiter.

7. Kiel als Universitätsstadt

Seit 1665 darf sich Kiel als Universitätsstadt bezeichnen, denn seither befindet sich in Kiel eine Hochschule. Kiel steht damit in einer Reihe mit Göttingen, Marburg, Heidelberg oder Tübingen. Wenn man aber die Kieler Verhältnisse mit den eben genannten Städten vergleicht, so tun sich doch markante Unterschiede auf: Kiel hat eine Universität, aber ist es eine klassische Universitätsstadt? Dies lässt sich mit gutem Grund fragen.

Die Anfänge der Kieler Universität speisten sich aus dem Bedürfnis der frühneuzeitlichen Staatlichkeit nach akademisch gebildeten Amtsträgern in Justiz, Verwaltung und Kirche. Dem Verständnis der Zeit nach gehörte zu einem vollwertigen Staatswesen einfach auch eine eigene Hochschule. Erste Schritte gingen die Fürsten nördlich der Elbe nach der Reformation, als Herzog Johann der Ältere (*1521; †1580) 1566 nach der Aufhebung des Augustinerchorherrenstifts in Bordesholm in dessen Baulichkeiten eine Fürstenschule einrichtete, die zuerst für die Sprösslinge des Landesadels, bald aber auch für Söhne des gehobenen Bürgertums gedacht war. Zwei Jahre später zog sein jüngerer Bruder Adolf (*1526; †1586) mit der Gründung einer Hohen Schule in Schleswig nach. Auf dem Kieler Landtag von 1641 schlugen dann König Christian IV. (*1577; †1648) und sein Gottorfer Verwandter, Herzog Friedrich III., eine für den königlichen und den herzoglichen Teil Schleswigs und Holsteins gemeinsame Universität vor, nachdem schon ein erster Anlauf in diese Richtung im Sande verlaufen war. Die Stände lehnten das Ansinnen aufgrund zu hoher Kosten ab. Schließlich versuchte Friedrich III., der sich zunehmend von seinem königlichen Vetter entfremdete, im Alleingang eine Universität zu stiften und erlangte 1652 vom fernen Kaiser Ferdinand III. (*1608; †1657) ein entsprechendes Privileg.

Damit war klar, dass eine etwaige Gründung innerhalb der Reichsgrenzen, also in Holstein und nicht im Schleswiger Teil seines Herzogtums, erfolgen müsse. In Holstein aber gab es zu Kiel keine wirkliche städtische Alternative, in der eine Universität Platz gefunden hätte. Indes verhinderten kriegerische Auseinandersetzungen in der unmittelbaren Folgezeit eine rasche Umsetzung des Privilegs. Der kränkelnde Friedrich III. trug daher seinem Sohn Christian Albrecht testamentarisch auf, seinen Wunsch nach einer Universität in die Tat umzusetzen. Als regierender Herzog kam dieser dem väterlichen Willen tatsächlich nach, indem er 1664 erste Verhandlungen mit den Kieler Stadtoberen wegen einer Universität führen ließ. Die Bürger waren nicht einhellig für eine solche. Sie fürchteten Preissteigerungen durch die hohe Kaufkraft der Universitätsangehörigen, nicht zuletzt auf dem Immobilienmarkt, und sie schauten argwöhnisch auf das als dissolut verrufene Studentenleben. Auch ahnten sie, dass die rechtliche Sonderstellung der Universitätsangehörigen, die eine eigenständige Korporation darstellten und nicht der städtischen Gerichtsbarkeit unterstanden sowie steuerlich privilegiert waren, Probleme mit sich bringen könnte. Die Befreiung der Professorenhäuser von der allgemeinen Steuerlast stellte ein finanzielles Opfer für das städtische Gemeinwesen dar, das die Kieler einzugehen erst bereit sein mussten. Überhaupt geriet durch eine Universität das strenge soziale Gefüge in der Stadt in Bewegung. So hatte der

Magistrat bei offiziellen Umzügen fortan ins zweite Glied zurückzutreten, weil dem Prorektor und den Dekanen der erste Platz gebührte. Eine solche Verschiebung sozialer Hierarchien wog in Zeiten, in denen Rang und Ritual besonders viel zählten, besonders schwer.

Allerdings erkannte man auch die Vorteile, die eine Universität als Wirtschaftsfaktor der ökonomisch schwächelnden Fördestadt bringen würde. Nicht zuletzt wusste man um die überregionale Bedeutung, zu der Kiel durch eine florierende Hochschule gelangen könnte. Rat und Bürgermeister machten daher letztlich doch große Zugeständnisse, um die Gründung zu erleichtern. Sie stellten die Gebäude des ehemaligen Franziskanerklosters als Räumlichkeiten unentgeltlich zur Verfügung und bezahlten die nötigen Renovierungsmaßnahmen. Die im Kloster lebenden Armen der Stiftungen Heilig Geist und Neugasthaus mussten stattdessen ans Kütertor umziehen.

Nach dem Umbau waren vier Hörsäle für die vier Fakultäten, ein Sitzungsraum für das Konsistorium als Versammlung aller Professoren, ein Bibliothekssaal, zudem noch einige Dienstwohnungen und ein obligatorischer Karzer als eigenes Universitätsgefängnis vorhanden. Aus drei Wohnhäusern in der Schuhmacherstraße wurde zudem ein Ballhaus zur nichtgeistigen Ausbildung der Studenten umgebaut. Der offizielle Tanzlehrer der Universität finanzierte diese Baumaßnahme, wurde für diesen Aufwand aber durch Steuerfreiheit und Ausschankrecht gebührend entschädigt. Die Gebäude der neuen Universität hatten in der Stadt insgesamt eine günstige Lage. Sie befanden sich allesamt vergleichsweise nah am Markt als dem städtischen Zentrum und zugleich am Rand der Altstadt mit der damit gegebenen Möglichkeit zur Ruhe und geistigen Besinnung. Allerdings handelte es sich beim besten Willen nicht um einen neuen Parnass Holsteins, wie ihn Caeso Gramm

(*1640; †1673) in seiner 1665 verfassten Werbeschrift gleichen Titels äußerst geschönt in Wort und Bild wiedergab, um aller Welt zu zeigen, »dass man nämlich in Kiel anständig leben kann, ohne den Verlust der Gesundheit oder des Lebens befürchten zu müssen«.

Am 29. September 1665 wurde sodann die Bordesholmer Fürstenschule aufgehoben. Deren laufende Einkünfte in einer Höhe von jährlich rund 6000 Reichstalern lieferten den finanziell soliden Grundstock für die neue Universität. Auch die Bücher der Fürstenschule wurden derselben übereignet. Am 5. Oktober 1665 folgte die festliche Eröffnung der Universität in der Kieler Nikolaikirche und im Schloss unter der vielsagenden Devise »Pax optima rerum – Frieden ist das höchste Gut«. Sogleich wurde der Lehrbetrieb mit der stattlichen Zahl von 140 Studenten, davon die Hälfte von auswärts kommend, und bald 16 renommierten Professoren aufgenommen. Drei gehörten der obersten Fakultät, der Theologischen, an. Sie hatten neben ihrer Lehrtätigkeit auch Zensuraufgaben zu versehen. Ihnen folgten fünf Professoren der Juristischen Fakultät, die daneben auch als Spruchkollegium in laufenden Gerichtsverfahren tätig waren. Die Medizinische Fakultät hatte anfangs zwei Professoren, denen außerhalb der Universität die Aufsicht über das Medizinalwesen im Herzogtum oblag. In der rangniedrigsten Fakultät lehrten acht Professoren den philosophischen Fächerkanon. Hinzu kamen als weiteres Universitätspersonal ein Reitmeister, ein Fechtmeister sowie ein Tanzlehrer für die nichtgeistige akademische Ausbildung. Gerade für die Adelssprösslinge, die nun als gehobene Studenten zahlreich nach Kiel kamen – als erster Student überhaupt schrieb sich ein Christian Rantzau ein –, waren Grundkenntnisse im Reiten, Fechten und Tanzen genauso wichtig wie, wenn nicht noch wichtiger, als gelehrtes Wissen. Diese Zahlen verdeutlichen anschaulich, welch enormen Wirtschaftsfaktor die Universität allein schon durch ihr Personal und ihre Studenten in Kiel darstellte, das damals keine 3000 Einwohner zählte. Schon im Folgejahr 1666 fanden die ersten feierlichen Promotionen statt. Da seit 1669 alle Pfarrer im Gottorfer Herrschaftsbereich bei ihrer Einstellung ein zweijähriges Studium an der Kieler Universität nachweisen mussten, war auch weiterhin für einen fortlaufenden Studentenzustrom gesorgt. Für 48 Studenten bestand die Gelegenheit, ein Stipendium zu Wohnung und Lebensunterhalt im Konvikt zu erlangen, was gemessen an der Immatrikuliertenzahl von 1665 immerhin einem Anteil von 34 Prozent aller Studenten entsprach. Von einer solchen Förderquote können heutige Studierende nur träumen!

Bereits 1671 waren freilich erste Reparaturen an den Universitätsgebäuden nötig, sodass man vermuten darf, dass die Umbauten im Jahr 1665 nicht zu gründlich durchgeführt worden waren. Die Ausführung der erforderlichen Reparaturen erfolgte nur zögerlich oder unterblieb ganz, weswegen die Probleme mit der Bausubstanz immer größer wurden. Die Situation verschlimmerte sich noch durch die Ereignisse des Großen Nordischen Krieges, der die wirtschaftliche Substanz des Gottorfer Staates nachhaltig schwächte und insofern auch negative Folgen für die Universitätsentwicklung zeitigte. 1724 sollen die Universitätsgebäude so »zerrissen, zerbrochen und dergestalt verderbet« gewesen sein, »daß der Schnee, Regen und Wind aller Orten durchdringen, und man vor dem Ungewitter sich nirgends schützen« konnte. Optimale Studienbedingungen sahen auch damals anders aus. Doch der Abwärtstrend der Universität ging noch weiter, was sich auch für die Stadt Kiel als Universitätsstandort negativ auswirkte: Um die Mitte des 18. Jahrhunderts studierten nur noch etwa 60 Studenten hier, und 1765 schrieben sich ganze fünf neue Studenten zum

Studium ein. »Die Academischen Gebäude sind schon seit langer Zeit dergestalt baufällig geworden, daß eine Reparirung derselben unmöglich gewesen: Ja bey denen beyden größern Hörsälen dem Theologischen und Juristischen, ist bereits vor vielen Jahren der würkliche Einsturz erfolget ...«, hieß es über die baulichen Missstände. Es verwundert von daher nicht, dass die Universitätsleitung damals auf die Hundertjahrfeier der Hochschule verzichtete.

Ein spürbarer Aufwärtstrend setzte erst mit den Reformen ein, die Caspar von Saldern (*1711; †1786) als Geheimrat und Staatsminister Katharinas der Großen in seiner holsteinischen Heimat in Gang setzte. Dazu gehörte die Errichtung eines neuen Universitätsgebäudes in der Kattenstraße ab 1766, für dessen Planung und Bauausführung der Hamburger Baumeister Ernst Georg Sonnin verantwortlich zeichnete. Sonnin hatte, wie schon beschrieben, kurz zuvor das Kieler Schloss dem Geschmack der Zeit entsprechend modernisiert. Nach eineinhalb Jahren Bauzeit wurde nun am 3. Oktober 1768 das moderne Hauptgebäude der Universität eingeweiht. Alles befand sich nunmehr unter einem Dach: ein großer Hörsaal für 200 Personen und ein kleiner für 60 Menschen, dazu eine Kammer, eine Bibliothek, ein Sitzungsraum, ein Archiv, ein Verwaltungszimmer sowie der obligatorische Karzer. Mit seinen klaren Linien setzte das langgestreckte Gebäude einen städtebaulich markanten Akzent in Kiel, was eine neue Attraktion für mögliche Studenten darstellte. Sie wurde noch dadurch vergrößert, dass zwei Jahre darauf das Reithaus und die Reitbahn des Schlosses an die Universität gelangten, womit eine solide Reiterausbildung gesichert war, und dass die Hochschule zudem den südwestlichen Schlossturm als neues Observatorium zur Verfügung gestellt bekam – per aspera ad astra.

Und tatsächlich schrieben sich die Studenten wieder zahlreicher in die Kieler Matrikel ein. Ein Grund dafür mag auch gewesen sein, dass 1767 das sogenannte Biennium eingeführt wurde, wonach nun alle Anwärter auf höhere geistliche oder weltliche Beamtenstellen im Land mindestens zwei Jahre in Kiel studieren mussten. Wer also Pfarrer werden wollte, Richter oder Amtmann, der musste die Christian-Albrechts-Universität aufsuchen. Parallel dazu wurde die Universität auch mit höheren Finanzmitteln und mit neuen Professuren ausgestattet, sodass sie sich aus ihrer Talsohle wieder hochzuarbeiten verstand. Damit war die weitere Grundlage dafür gelegt, dass die Hochschule langfristig eine kulturelle Bereicherung für Kiel wurde und in verschiedenster Hinsicht wichtige Impulse an die Stadt vermittelte. Dies galt insbesondere zum Ende des 18. Jahrhunderts, als die Gelehrsamkeit an der Universität eine enge Verbindung mit den Anliegen kommunaler Reformpolitik einging. Die Universität übernahm die Führungsrolle bei der Verbreitung aufklärerischen, konstitutionell-liberalen und nationalen Denkens im Land, und verbunden mit seiner Universität tat dies die Stadt Kiel ebenso. Von daher versteht sich die Lobeshymne des dänischen Dichters Jens Baggesen (*1764; †1824) aus dem Jahr 1794: »Ja! Kiel rühmt sich eines solchen Civismus, einer so großen Humanität, daß es getrost jede andere Stadt, sowohl im dänischen als im deutschen Reiche, auffordern kann, verhältnismäßig, mehr gemeinnützige Anstalten vorzuweisen […].«

Allerdings zeigte sich auch immer wieder, dass die anfängliche Furcht der Bürger vor Unruhe in der Stadt, die durch die Studenten verursacht werden könnte, nicht ihrer realen Grundlage entbehrte. Drei Städter wurden 1668 bezichtigt, mehrere Studenten verfolgt zu haben. In dem folgenden Handgemenge war ein Geselle erstochen worden, wohingegen einige der Studenten verwundet worden waren. Zwei Jahre später stach andererseits ein Student einen Schustergesellen nieder, weil dieser nicht seinen Hut vor ersterem gezogen hatte. Weitere solcher Beispiele ließen sich mühelos anführen.

Rund 500 Personen lebten 1835 an oder von der Universität. Damit war sie ein beträchtlicher Wirtschaftsfaktor in der Stadt und im Land. Mit ihr verband sich ein hohes soziales und auch kulturpolitisches Engagement, indem ihre Angehörigen ihre modernen Ideen und Vorstellungen im städtischen Alltag zu realisieren versuchten. So war der Forstwissenschaftler und Professor August Christian Heinrich Niemann (*1761; †1832) maßgeblich an der Gründung der Gesellschaft freiwilliger Armenfreunde in Kiel beteiligt, um so der großen sozialen Not in dieser Zeit wirksam karitativ zu begegnen. An Niemanns segensreiches Wirken erinnert heute noch der nach ihm benannte Niemannsweg in Düsternbrook und seit 1969 auch eine dort an der Kreuzung zum Schwesterngang aufgestellte Gedenkstele; im Übrigen richtete Niemann auch 1788 eine Forstbaumschule im Gehege Düvelsbek ein, an deren Stelle sich heute ein beliebter Biergarten gleichen Namens befindet.

Vor allem beteiligten sich der universitäre Lehrkörper und mehr und mehr auch die Studenten seit 1815 aktiv an der nationalpolitischen Debatte jener Tage. Insbesondere die Professoren Niels Nikolaus Falck, Friedrich Christoph Dahlmann, Johann Gustav Droysen (*1808; †1884) oder Georg Waitz (*1813; †1886) sind in diesem Zusammenhang zu erwähnen. Sie waren maßgeblich an den Diskussionen um die Frage beteiligt, ob und wie ein deutscher Nationalstaat gegründet werden solle. Für die auf Ruhe und Ordnung bedachte gesamtstaatliche Obrigkeit bildete Kiel daher wegen der Universität einen Unruheherd. Aus diesem Grund kam auch das Schullehrerseminar 1839 nicht nach Kiel, sondern nach Segeberg und tagte die holsteinische Ständeversammlung ab 1836 nicht in Kiel, sondern in Itzehoe. Man wollte hier keinen Anlass zu weiterer Unruhe geben bzw. ein Übergreifen der »Kieler Unruhe« auf die anderen genannten Institutionen von vorneherein im Keim ersticken. Die Befürchtungen der Regierung waren nicht unberechtigt. Denn bei der Schleswig-Holsteinischen Erhebung 1848 waren die Professoren und Studenten der Universität Kiel in vorderster Reihe mit dabei, wie schon an anderer Stelle näher ausgeführt wurde. Die Folge war, dass die Universität nach der Niederschlagung der Erhebung die Bemühungen der dänischen Regierung, die Zügel in Holstein wieder fest in den Händen zu halten, verstärkt zu spüren bekam, indem missliebige Professoren von der Universität gedrängt und im Sinne der Staatsraison gefährliche Professuren lange unbesetzt blieben.

Mit dem Übergang Schleswig-Holsteins an Österreich und Preußen im Jahr 1864 wurde die Universität zunächst gemeinsam verwaltet. Drei Jahre später wurde Schleswig-Holstein zu einem Teil Preußens und die Christian-Albrechts-Universität somit zu einer preußischen Hochschule. Das bedeutete für die Kieler Universität gewiss keinen Nachteil und kann im Nachgang, ähnlich wie im Falle der Stadt Kiel selbst, sogar als eine zweite Gründung charakterisiert werden. Zwar wurde sie personell und wo – wie im Fach Geschichte – gut möglich, auch inhaltlich borussifiziert. Aber das preußische Hochschulwesen stand damals in Deutschland und Europa an der Spitze. Es garantierte die Freiheit von Forschung, Lehre und Lernen und basierte auf dem Grundsatz der akademischen Selbstverwaltung, auch wenn die privilegierte korporationsrechtliche Autonomie der Hochschulen, wie sie die älteren Zeiten kannten, aufgehoben war und die Professoren zu gewöhnlichen staatlichen Beamten wurden. Ihre bisherige Steuerfreiheit wurde abgeschafft. An den preußischen Hochschulen konzentrierte sich infolgedessen ein elitär-korporatives Bewusstsein, das noch dadurch gespeist wurde, dass nur die vermögenden und gebildeten Bevölkerungsteile ihre Söhne und bald auch Töchter akademisch ausbilden ließen.

Unter den Hochschulen im kaiserzeitlichen Preußen bzw. im damaligen Deutschland stand die Christian-Albrechts-Universität mit bedeutenden Lehr- und Forschungsleistungen im guten Mittelfeld. Das war so zu Anfang der preußischen Zeit alles andere als vorhersehbar gewesen. Nach wie vor blieb die klassische Einteilung in vier Fakultäten bestehen, wie es sie schon zur Anfangszeit der Universität gegeben hatte. 1913 wurde die Nationalökonomie aus der Philosophischen Fakultät ausgegliedert und mit der Juristischen Fakultät zu einer Rechts- und Staatswissenschaftlichen Fakultät vereinigt, was die Anzahl von vier Fakultäten nicht änderte, aber Gewichte verschob. Überhaupt bildeten sich im 19. und beginnenden 20. Jahrhundert zahlreiche neue Fächer und Fachbereiche, insbesondere auf dem Feld der Kultur- und Sprach- sowie der Naturwissenschaften.

Kiels Renommee als Wissenschaftsstandort vergrößerte sich insbesondere kurz vor dem Ersten Weltkrieg, als das Institut für Internationales Recht unter Leitung von Theodor Niemeyer (*1857; †1939) und das Institut für Weltwirtschaft und Seeverkehr mit Bernhard Harms (*1876; †1939) an der Spitze gegründet wurden. Harms konnte nach dem Ersten Weltkrieg das Kruppsche Logierhaus am Düsternbrooker Weg erwerben, worin dann »sein« Institut für Weltwirtschaft einzog. Ebenso wie die wachsende Fächervielfalt spiegelte sich das Universitätswachstum in der Stadt in den zunehmenden Studentenzahlen wider. 1871 zählte die Kieler Matrikel 112 Studenten, was gegenüber dem Stand vor 1864 einen deutlichen Rückgang bedeutete. 1891 waren es dann schon 620 und 1901 1000. Bis zum Ersten Weltkrieg stieg die Zahl der Studierenden sodann auf 2600 bzw. in 14 Jahren um 260 Prozent an.

Mit dem in preußischer Zeit rasanten Wachstum der Universität stellte sich mit allem Nachdruck natürlich wieder einmal auch die Raum- und Gebäudefrage. Angesichts der mittlerweile erreichten Größenordnung waren hierbei größere städtebauliche Akzente als jemals zuvor zu erwarten. Die Idee eines neuen Kollegiengebäudes war bereits in der Vorbereitung auf das 200-jährige Gründungsjubiläum 1865 aufgekommen. Der ehrgeizige Einsatz des Professors für Philosophie und Pädagogik Gustav Ferdinand Thaulow (*1817; †1883) bzw. für Klassische Philologie und Archäologie Peter Wilhelm Forchhammer (*1801; †1894) in dieser Frage führte ab 1861 zu einem Architekturwettbewerb und zu teils heftigen Diskussionen wegen der genauen Standortfrage. Bei dem Wettbewerb wurden unter anderem die Entwürfe von Gustav Ludolf Martens (*1818; †1882) favorisiert, die dann wegen der Kriegsereignisse von 1864, 1866 und 1870/71 nicht zur Ausführung kamen. Stattdessen beauftragte Wilhelm I. 1872 die Berliner Architekten Martin Gropius (*1824; †1880) und Heino Schmieden (*1835; †1913) mit der Errichtung eines neuen repräsentativen Universitätshauptgebäudes im nördlichen Teil des Kieler Schlossgartens. Am 3. August 1873 erfolgte dessen Grundsteinlegung, 1876 die feierliche Einweihung. Der Bau, der schon 1902 erweitert werden musste, symbolisierte ein bewusstes »Ja« der preußischen Staatsführung zum Fortbestand der Kieler Universität und kam zudem einem Friedensangebot an alle Gegner einer preußischen Annexion Schleswig-Holsteins gleich, derer es an der Universität mehr als genug gab.

Umgekehrt dokumentierte das Erscheinungsbild des neuen Hauptgebäudes wie auch das der anderen Universitätsbauten, die in jener Zeit errichtet wurden, die Einbeziehung der Christian-Albrechts-Universität in die preußische Universitätslandschaft. Seit den 1870er Jahren wurde eine ganze Reihe von neuen Institutsgebäuden in Kiel erstellt. Ins Auge fiel insbesondere der Neubau der Universitätsbibliothek, der wiederum nach Plänen von Gropius und Schmieden bis 1884 errichtet wurde und markanter Weise baugleiche Parallelen in Greifswald und Halle hat. Es handelte sich dabei im Innern um einen reinen Zweckbau des neuen Industriezeitalters mit einem großen Magazin für Bücher in der Nordhälfte: Die Außenfassade mit ihrer reichhaltigen Backsteingliederung lieferte die bloße Hülle für einen ungeteilten Hohlraum, in dem sich eine eigenständige Eisenkonstruktion zur Aufbewahrung der vielen Bücher befand. Bereits 1907 musste der Magazinteil verlängert werden, weil der Platz für die vorhandenen Bücher nicht mehr ausreichte. Bei einem Bombenangriff am 29. April 1942 erlitt das Gebäude verheerende Zerstörungen; fast die Hälfte des gesamten Bücherbestandes – rund 250 000 Bände – ging durch Feuer und Löscharbeiten verloren. Der ruinöse Zustand des Bauwerks machte einen Neubau nach dem Zweiten Weltkrieg dringend nötig. Er wurde 1966 im Zuge des damaligen Ausbaus des neuen Universitätscampus an der Olshausenstraße/Ecke Westring errichtet. Nur die medizinische Abteilung der Universitätsbibliothek verblieb im hergebrachten Gebäude, dazu gesellte sich fortan das Institut für Geschichte der Medizin und Pharmazie. Heute befindet sich die Medizin- und Pharmaziehistorische Sammlung der Universität darin.

Hauptgebäude und Bibliothek befanden sich zu Füßen der neuen »Akademischen Akropolis« Kiels auf der ehemaligen Schlüterschen Koppel, worauf nun zwischen 1871 und 1891 elf Institutsgebäude errichtet wurden. Die Universität erhielt damit einen zentralen Standort, gewissermaßen im Mittelpunkt der sich rapide ausdehnenden Fördestadt, zugewiesen und verfügte schließlich über ein weitgehend geschlossenes Universitätsviertel, das sich auf der Brunswiker und Düsternbrooker

Höhe hinzog. Die Anfänge der Planungen wiesen freilich in die gesamtstaatliche Zeit zurück. So hatte die Medizinische Fakultät das besagte Bauland schon damals von der Regierung erworben und darauf 1862 die neue Gebäranstalt errichtet. Hinzu kam bald die Medizinische und Chirurgische Klinik auf dem sich daran anschließenden Plateau, was dem Gelände im Volksmund den passenden Namen Kranken- oder Krankenhausberg einbrachte.

In einem gewissen Gegensatz zu ihrer architektonisch auffallenden Rolle im Kieler Stadtbild büßte die Universität gerade damals angesichts der steil anwachsenden Bedeutung der Marine im städtischen Kontext an gesellschaftlichem Einfluss innerhalb der Stadt ein. Die Professoren mussten ihre bisherige Spitzenposition in der Stadtgesellschaft nach 1871 mit den Marineoffizieren teilen oder sie ganz an dieselben abtreten. Nicht jedem Hochschullehrer mochte dies trotz aller zeitgenössischen Begeisterung für Marine und Seefahrt gefallen. Auch war die Bedeutung der Studierenden im Stadtbild rückläufig angesichts der Zunahme des Militärs in Kiel. Erst mit ihrer kurz vor dem Ersten Weltkrieg einsetzenden starken Zunahme zusammen mit der vollen Entfaltung des Verbindungswesens – die stattlichen Verbindungshäuser befanden sich vornehmlich in Düsternbrook – wurden sie im Stadtbild wieder wahrnehmbar.

Der Erste Weltkrieg veränderte die Studiensituation drastisch. Hatte man es vor dem Krieg mit abgesicherten Angehörigen der Oberschichten zu tun, die die Universität besuchten, war jetzt, nach 1918, in Zeiten größerer ökonomischer und finanzieller Not vielfach eine wirtschaftliche und soziale Hilfestellung für die Studierenden nötig. 1921 erfolgte daher die Gründung der Schleswig-Holsteinischen Studentenhilfe von privater Seite, 1923 kam es an der Christian-Albrechts-Universität zur Schaffung einer ähnlichen Einrichtung. Zudem wurde mit dem

Christian-Albrecht-Haus das erste Kieler Studentenwohnheim geschaffen. Die Ausdifferenzierung der Fächervielfalt blieb von den gerade angedeuteten Problemen allerdings unbenommen. 1924 etwa wurde ein Lehrstuhl für Schleswig-Holsteinische Geschichte ins Leben gerufen. Er sollte durch seine geschichtswissenschaftliche Arbeit ganz bewusst die Identität und das Geschichtsbewusstsein im als gefährdet empfundenen Grenzraum zu Dänemark stärken und umgekehrt auch zur Rückgewinnung des 1920 verlorenen Nordschleswigs beitragen. Auch konnte die Universität damals auf internationale Glanzleistungen ihrer Wissenschaftler schauen: Der Biochemiker Otto Meyerhof (*1884; †1951) erhielt 1922 für seine Forschungen den Nobelpreis verliehen. Dieselbe Würdigung wurde nach dem Zweiten Weltkrieg auch den Kieler Wissenschaftlern Otto Diels (*1876; †1954) und Kurt Alder (*1902; †1958), dessen Schüler, zuteil. Der Kieler Jurist Gustav Radbruch (*1878; †1949) wirkte zeitweilig als Reichsjustizminister.

Die Mehrzahl der Kieler Professoren war konservativ und monarchisch eingestellt und blieb dem politischen System der Weimarer Republik fern. Die Kieler Universität spiegelte auf diese Weise die Verhältnisse in der Stadt Kiel wider und bildete darüber hinaus mit dieser Einstellung keine Ausnahme in der deutschen Hochschullandschaft. Es verwundert angesichts dessen nicht, dass die Universität kein eindeutiges Votum gegen den Kapp-Putsch abgab, an dem sich Studenten aktiv beteiligten. Auch die Studierenden hatten massive Vorbehalte gegen die Republik. Zudem war die Deutsche Studentenschaft als gewählte Selbstrepräsentation der Studierenden stark antisemitisch geprägt. Seit 1927 existierte die »Freie Kieler Studentenschaft«, in der der Nationalsozialistische Deutsche Studentenbund immer größeren Einfluss gewann. Bis 1933 erlangte derselbe eine dominante Position. Aus seinen Reihen begann

1930 eine Diffamierungskampagne gegen den Theologen Otto Baumgarten (*1858; †1934) und wurden im Juni 1931 die Einweihung des Denkmals der gefallenen Universitätsangehörigen sowie ein Vortrag des Völkerrechtlers Walther Schücking (*1875; †1935) gestört. Bei der Professorenschaft fällt eine Antwort auf die Frage nach der NS-Affinität weniger eindeutig aus. Nur wenige Professoren gehörten 1933 der Partei tatsächlich an und bekannten sich offiziell zu ihren Zielen. Diese wenigen begrüßten den Wandel nach der sogenannten Machtergreifung vorbehaltlos. Mehrheitlich scheint die elitär denkende Professorenschaft den – vielfach lärmend und proletarisch auftretenden – Nationalsozialisten zunächst eher ablehnend oder zumindest reserviert bis abwartend gegenüber gestanden zu haben.

Der erste Vorstoß zur »Gleichschaltung« der Universität ging dann auch Anfang Februar 1933 von den Studierenden aus. Am 9. Februar überreichten sie dem Rektor August Skalweit (*1879; †1960) einen entsprechenden Forderungskatalog, der von diesem jedoch abgelehnt wurde. Die Studierenden warfen ihm nun vor, kommunistische Studenten zu protegieren. Ein zweitägiger Hörerstreik und eine Schließung der Universität zwischen dem 11. und 14. Februar 1933 waren die Folge. Anfang März legte Skalweit sein Rektorenamt nieder. Sein Nachfolger, der Historiker Otto Scheel (*1876; †1954), sah sich am 30. März mit der studentischen Forderung konfrontiert, den vermeintlichen jüdischen Einfluss auf die Universität auszuschalten. Dieses studentische Anliegen wurde am 10. Mai 1933 in die Kieler Stadtöffentlichkeit getragen, als auf dem Wilhelmplatz eine Verbrennung »undeutscher« Bücher inszeniert wurde. Zu deren Beginn hatte der Philosophieprofessor Ferdinand Weinhandl (*1896; †1973) in der vollbesetzten Aula eine polemische Rede zum Thema »Undeutscher Geist – deutscher Geist« gehalten. Die deutsche Studentenschaft übergebe den

Ungeist der letzten 14 Jahre den Flammen, verkündete er martialisch. Dann waren die Studierenden im Fackelzug an vielen am Straßenrand Versammelten vorbei von der Aula bis zum Wilhelmplatz marschiert, wo sich bereits zahlreiche Bücher aus öffentlichen Büchereien und wissenschaftlichen Bibliotheken zum Scheiterhaufen aufgetürmt befanden. Unter Zitation der sogenannten Feuersprüche wurden dann Werke von Kästner, Remarque, Tucholsky, Marx oder Freud ins Feuer geworfen, ehe man zum Abschluss noch das Deutschland- und das Horst-Wessel-Lied sang.

Eine gesetzliche Grundlage für das rigorose Vorgehen hatte bereits das am 7. April 1933 erlassene Gesetz zur Wiederherstellung des Berufsbeamtentums gelegt, das die Entfernung missliebiger Universitätsangehöriger erlaubte. Insgesamt wurden 57 Lehrkräfte der Universität aus »rassischen« oder politischen Motiven entlassen, zwangsemeritiert oder versetzt. Auf deren freigewordene Stellen rückten sodann zügig NS-Leute nach, wobei insbesondere die Philosophische und die Juristische Fakultät vorangingen. Auch die Zahl der jüdischen Studierenden an der Universität wurde drastisch begrenzt. Ohne den von der Universitätsleitung gern gesehenen offiziellen Titel einer »Grenzlanduniversität« mit den damit verbundenen finanziellen und politischen Implikationen je erhalten zu haben, wandte die Christian-Albrechts-Universität ihren Blick verstärkt nach Skandinavien. Die stark geförderte Rassenkunde, aber auch die Ur- und Frühgeschichte, die Geistes-, Kunst-, Kultur- und Rechtsgeschichte sollten jetzt von Kiel aus unter einem nordischen Blickwinkel betrachtet und erforscht werden. Die Juristische Fakultät gerierte sich rasch als nationalsozialistische Muster- oder Stoßtruppfakultät. Ihre durchweg jungen Angehörigen begründeten die sogenannte »Kieler Schule«, die sich rechtsbeugend – im Jargon der Zeit ging es um eine Rechtserneuerung – in den Dienst der Nationalsozialisten stellte. Namen bekannter Rechtswissenschaftler wie Georg Dahm (*1904; †1963), Karl Larenz (*1903; †1993) und Ernst Rudolf Huber (*1903; †1990) sind damit verbunden. Unter den Juristenrektoren Dahm und Paul Ritterbusch (*1900; †1945) wurde die Christian-Albrechts-Universität zwischen 1935 und 1941 eine politische Universität im NS-Sinne, nachdem bereits im Oktober 1933 das »Führerprinzip« an derselben eingeführt worden war, wonach die Universität keine selbstbestimmte Gemeinschaft mehr bildete, sondern dem Staat unterworfen und durch eine hierarchische Gliederung von oben nach unten gekennzeichnet war.

Mit dem Beginn des Zweiten Weltkriegs blieb der Lehrbetrieb nach einer kurzen vollständigen Schließung stark eingeschränkt. In der Stadt präsentierten sich die Universitätswissenschaftler durch »Kriegsvorlesungen für das deutsche Volk«, deren Themenspektrum allgemein gehalten war, aber vor allem im Dienst der Kriegsmaschinerie und -propaganda stand. Die fortlaufende Dauer des Krieges und insbesondere die Luftangriffe des Jahres 1944 machten einen regelmäßigen Lehrbetrieb dann jedoch ganz unmöglich. Die Kliniken wurden nach Schleswig verlegt, die Institutsbibliotheken in Dorfkirchen übers Land verteilt ausgelagert. Die Bibliothek des Instituts für Weltwirtschaft gelangte so z.B. in den Ratzeburger Dom.

Solche Maßnahmen konnten die Universität aber nicht davor bewahren, bei Kriegsende im Mai 1945 ähnlich wie die ganze Stadt Kiel vollkommen am Boden zu liegen. Das Hauptgebäude war schwer beschädigt und die meisten Institute und Kliniken waren zerstört. Angesichts dessen wurde die Frage erhoben, ob nicht das unzerstörte Schleswig zum neuen Standort der Landesuniversität und damit – wie Otto Scheel sagte – zu einem Tübingen des Nordens gemacht werden sollte. Aber wie die

Entscheidung zugunsten Kiels in der Hauptstadtfrage getroffen wurde, so fiel sie auch im Sommer 1945 zum Vorteil der Fördestadt in Bezug auf den künftigen Universitätsstandort aus. Im Herbst 1945 begann sodann wieder der Lehrbetrieb – in Ermangelung besserer Räumlichkeiten zunächst sogar auf drei Schiffen, die noch ihren Tarnanstrich besaßen und ungefähr gegenüber der Kunsthalle vor Anker lagen. Den schwierigen räumlichen Bedingungen konnte aber zügig abgeholfen werden, indem die Universität in die weitgehend unzerstörten Gebäude der Rüstungsfirma Electroacustic (ELAC) einzog. Eigentlich hatte die britische Besatzungsmacht die Gebäude, in denen schon seit 1926 kriegswichtiges Gerät wie Echolote oder Höhenmesser gefertigt worden war, zerstören wollen. Im Zuge der nationalsozialistischen Aufrüstung war das Gelände großzügig erweitert worden. Für die Standortverlagerung der Universität an den Rand der Stadt hatte sich besonders der Geologe Karl Gripp (*1891; †1985) stark gemacht und dafür schließlich Mitte August 1945 die Zustimmung der Briten erhalten. Die Kliniken, das Zoologische Museum, das Museum für Völkerkunde und das Institut für Meereskunde blieben am alten Standort, ebenso die Kunsthalle. Der Großteil der Universität zog nun aber aus der Stadtmitte an den Rand Kiels. Erneut ist man wegen der zeitlichen und qualitativen Parallele des Neuanfangs versucht, wie im Falle Kiels auch für seine Universität von einer weiteren, einer dritten Gründung zu sprechen. Am 27. November 1945 erfolgte ihre festliche Eröffnung.

Im Sommersemester 1946 studierten bereits wieder 2240 junge Menschen in Kiel. Von da an ging es mit den Studierendenzahlen steil bergauf: 1963 waren es 6556, im Wintersemester 1990/91 18 700, zwanzig Jahre später rund 24 200. Der Anteil der weiblichen Studierenden wuchs in dieser Zeitspanne von 26,7 Prozent auf 43,4 Prozent und schließlich 53 Prozent an.

Diese enorme Zunahme der Studierenden machte einen großzügigen Ausbau der Universität erforderlich, der dann in den 1960er Jahren an der Olshausenstraße gegenüber dem alten ELAC-Gelände als Keimzelle der Nachkriegsuniversität realisiert wurde. In einer erstaunlich kurzen Zeitspanne erhielt die Universität in diesem Bereich ihr neues Zentrum mit dem Verwaltungshochhaus (1960–64), dem sechseckigen Audimax (1965–69), der dreieckigen Universitätskirche (1965), dem Studentenhaus (1963–66), den sechs ziegelfarbigen Institutsgebäuden, den sogenannten Angerbauten (1962–66) sowie der neuen Universitätsbibliothek (1960–66).

Unmittelbar vor dem Hauptgebäude verlief eine Wendeschleife der Linie 2 als letzte größere Erweiterung der Kieler Straßenbahn. Seit 1881 hatte es eine Pferdebahn in der Stadt gegeben. Daraus hatte sich 1896 eine elektrifizierte Straßenbahn entwickelt, die bis 1915 auf ein Netz von neun Linien ausgeweitet wurde. Wegen der wachsenden Konkurrenz des Omnibusverkehrs und steigender Betriebskosten wurde der Straßenbahnverkehr in den 1960er Jahren aber mehr und mehr eingestellt. Die besagte Linie 2 bis zur neuen Universität wurde 1969 stillgelegt. Am 4. Mai 1985 absolvierte die einzig verbliebene Linie 4 von Wellingdorf zur Kanalfähre ihre letzte Fahrt.

Im Rahmen der Erweiterung des Campus im Zuge eines immer größeren Zustroms zur Universität folgte der Neubau des Sportforums (1966–77) und vorher noch des Leibniz-Instituts für die Pädagogik der Naturwissenschaften und Mathematik (1970) in der verlängerten Olshausenstraße sowie eines weiteren großflächigen und von der Bauweise her mehr oder minder einheitlichen Gebäudekomplexes an der Leibnizstraße, dessen einzelne Häuser zwischen 1970 und 1977 errichtet und bezogen wurden. Allein schon dieser Masse und großzügigen Anlage wegen setzte das neue Universitätsforum im Kontext Kiels nachhaltige bauliche Akzente, die, so Klaus Gereon Beuckers, den demokratischen Ideen der Zeit, einem diskursiven Wissenschaftsverständnis und der Vorstellung von der Universität als ganzheitlicher Einheit verpflichtet waren. Diese Akzentuierung, die eine herausragende Bauleistung im Kiel der Nachkriegszeit darstellte, erfolgte allerdings nicht mehr, wie noch um 1900, in der Stadtmitte, sondern eben am Rand der Stadt.

Diese Randlage manifestierte sich auch in einer mangelnden Wahrnehmung der Universität in der Stadt. Um dem abzuhelfen, organisierte die Universität 1965 eine große Jubelfeier zu ihrem 300. Geburtstag. Während eines einwöchigen Festprogramms wurde die Stadtbevölkerung über Vorträge und Führungen, Ausstellungen, Aufführungen und Empfänge sowie einen von vielen Kielerinnen und Kielern heute noch lebhaft erinnerten Festumzug vom Rathaus zur Nikolaikirche in das bunte, festliche Treiben einbezogen. Ein Fackelzug Kieler Studierender begrüßte den eigens angereisten Bundespräsidenten Heinrich Lübke (*1894; †1972), der eine nächtliche Ansprache vom Rathausbalkon an die darunter Versammelten richtete. Dennoch resümierte die Tagespresse, dass das Fest zu wenig dazu genutzt worden sei, eine engere Beziehung zwischen Schulen, Gewerkschaften und überhaupt der Stadt auf der einen und der Universität auf der anderen Seite herzustellen. Die kurze Zeit später 1968 losbrechenden Studentenunruhen vergrößerten die Kluft zwischen Stadt und Universität einerseits teilweise, andererseits holten sie die Städter aber auch stärker in das Universitätsgeschehen hinein. Gewaltmäßiger Höhepunkt der damaligen Ereignisse war die Stürmung einer Senatssitzung durch 700 Studierende. Der damalige Rektor, der Medizinprofessor Ludwig Weisbecker (*1915; †1979), wurde dabei niedergeschlagen und musste sich deswegen ins Krankenhaus begeben. Die zeitweilige Einstellung des Lehrbetriebs war wieder einmal die unangenehme Folge. Immerhin hatte die damalige Auseinandersetzung auch und gerade positive Folgen, indem an der Universität für mehr Transparenz und verstärkte studentische Mitbestimmung gesorgt wurde. Als Sinnbild verkrusteter Hochschulstrukturen wurde der in Kiel ohnehin nie richtig zur Tradition gewordene Talar als Professorengarderobe abgeschafft.

Der Universitätscampus in der Leibnizstraße erfuhr zu Beginn des neuen Jahrtausends eine wesentliche Bereicherung durch die Errichtung einer weiteren Universitätsbibliothek. Seit 2001 steht sie für die Benutzung durch die universitäre Öffentlichkeit zur Verfügung. Der über dem Eingangsbereich in strahlenden Lettern prangende Schriftzug »Manche leuchten, wenn man sie liest« ist dem 1897 veröffentlichten Roman »Les Nourritures terrestres« von André Gide (*1869; †1951) entnommen. Es handelt sich um eine Lichtinstallation der Künstlerin Elisabeth Arlt, die gemeinsam mit dem Bauwerk, das sie schmückt, zum neuen Wahrzeichen der Universität und der Stadt geworden ist. Nicht von ungefähr bildete die neue Universitätsbibliothek das Motiv der 70-Cent-Briefmarke, die aus Anlass des 350-jährigen Jubiläums der Hochschule im Jahr 2015 von der Deutschen Post herausgegeben wurde. Sie machte die Kieler Universität einem größeren Publikum in nah und fern bekannt. Zum genannten Neubau von 2001 kamen zehn Jahre später noch zwei weitere Gebäude mit Hörsälen, Seminarräumen und Arbeitszimmern in der Leibnizstraße hinzu. Gerade wird mit der Erweiterung und dem Um- bzw. Rückbau der sogenannten Fakultätenblöcke auf der gegenüberliegenden Straßenseite begonnen, was das Ensemble einerseits zur Olshausenstraße hin abschließen, aber in seinem bisher einheitlichen Erscheinungsbild doch auch maßgeblich verändern wird. Derzeit wird außerdem bereits der Abriss der baufällig gewordenen Angerbauten betrieben, an deren Stelle moderne Mehrzweckgebäude errichtet werden sollen.

Heute existieren acht Fakultäten an der Christian-Albrechts-Universität, die weiterhin die einzige Volluniversität in Schleswig-Holstein ist. Ihre Existenz unterstreicht damit nach wie vor die Sonderrolle Kiels im Rahmen der schleswig-holsteinischen Universitäts- und Bildungslandschaft, die natürlich noch dadurch untermauert wird, dass sich in Kiel seit August 1969 zusätzlich noch eine Fachhochschule für angewandte Wissenschaften mit jetzt etwa 7800 Studierenden – es handelt sich immerhin um die zweitgrößte Hochschule im Land – sowie seit 2005 zudem die Muthesius Kunsthochschule mit rund 600 Studierenden befinden. Die Universität ist nicht zuletzt ein beträchtlicher Wirtschaftsfaktor in der Stadt und Region geworden. Knapp 3500 Beschäftigte arbeiten an der Universität, nochmals rund 5600 Angestellte hat das Universitätskrankenhaus Schleswig-Holstein, Campus Kiel. 2016 wurde erstmals die Zahl von 26 000 Studierenden überschritten, wofür der doppelte Abiturjahrgang verantwortlich war. Der Wohnungsmarkt in Kiel ist entsprechend hart umkämpft. Im Umfeld der Universität existieren viele kleinere und größere Betriebe von Copyshops und Pizzerien bis zu jungen, innovativen Start-Up-Unternehmen ehemaliger Universitätsangehöriger, die mit der Christian-Albrechts-Universität in enger Verbindung stehen und sich oftmals im nahegelegenen, immer stärker florierenden Wissenschaftspark ansiedeln. Aus Bäckereien, Gastronomie und vielen Büros sind die Studierenden als 450-Euro-Jobber nicht mehr wegzudenken. Kiel profitiert also in vielfacher Weise von seiner Universität.

Doch empfindet Kiel sich selbst als Universitätsstadt? Auf seinen Ortsschildern wird Kiel offiziell allein »Landeshauptstadt«, nicht aber auch »Universitätsstadt« genannt. Und tatsächlich kann man sich als Neuling in der Stadt mühelos relativ lange bewegen, ohne der Universität gewahr zu werden. Aber gleichzeitig betont die Stadt ihre Nähe zur Universität, wie z.B. die segensreiche Einrichtung des Wissenschaftspreises zeigt, den die Stadt im jährlichen Wechsel mit dem Kulturpreis jeweils zur Kieler Woche an verdiente Forscherinnen und Forscher verleiht. Der Preis ist mit 10 000 Euro dotiert. Ein noch verstärkter Sinneswandel, nicht nur eine »Sailing City«, sondern auch eine »University City« zu sein, setzte in Kiel in jüngster Zeit nach und nach ein. Gerade das enge Zusammenspiel zwischen Stadt und Universität im Rahmen der vielfältigen, aus 2000 Einzelevents bestehenden Feierlichkeiten zum 350-jährigen Gründungsjubiläum der Christian-Albrechts-Universität mit dem Höhepunkt eines Festakts am 5. Oktober 2015 in der Nikolaikirche und anschließendem Festempfang im Ratssaal hat an dieser spürbaren Bewusstseinsänderung positiv mitgewirkt. Die Stadt beginnt, ihre Universität als ein Pfund zu sehen, mit dem sie wuchern kann und sollte, ohne sich zurückzuhalten – und das im positivsten aller Sinne.

8. Kiel – Stadt der Skandale

»Der Skandal-Sumpf im hohen Norden. In keinem Bundesland gibt es so viele Skandale wie in Schleswig-Holstein. Nun hat es die Kieler Oberbürgermeisterin Susanne Gaschke erwischt«, lautete eine Schlagzeile im Handelsblatt vom 28. Oktober 2013. Tatsächlich hat Kiel merkwürdigerweise eine Seite ganz trauriger Berühmtheit: Es war Schauplatz vieler zumeist politischer Skandale. Das hängt natürlich auch, aber nicht nur mit der schon skizzierten zentralen Rolle der Stadt in der Landespolitik zusammen, die Kiel immer auch gleich zum Tatort im Rampenlicht werden ließ. Die einzelnen Skandale erschütterten oder beeinflussten das politische und gesellschaftliche Leben in der Stadt jeweils nachhaltig und da es eine Menge an mehr oder weniger zufällig mit Kiel in Verbindung stehenden Eklats gab, die überregionale Aufmerksamkeit hervorgerufen und Kiel und Schleswig-Holstein geprägt haben, liegt die Frage nahe, was es mit dieser Skandalgeschichte auf sich hat. Ist es wirklich Zufall, dass sich all diese Vorfälle hier zugetragen haben? Und was sagt dies über Kiel, über Schleswig-Holstein und seine Bewohner aus? Eine befriedigende Antwort auf die Frage, warum es in Schleswig-Holstein und mithin in Kiel derart viele Skandale geben konnte, steht dabei noch aus. Nicht verschwiegen werden soll an dieser Stelle allerdings, dass – ganz objektiv betrachtet – München, Düsseldorf oder Berlin wohl auch nicht weniger Skandale vorzuweisen haben.

Den aktuellen Schlusspunkt von Kiels langer Skandalgeschichte stellt also, glaubt man der seinerzeitigen Tagespresse, der Fall der Oberbürgermeisterin Susanne Gaschke von 2013 dar, der medienwirksam in die gesamte Republik getragen wurde. Wenn man ihn aus der Rückschau genau betrachtet, fragt man sich freilich, ob es sich überhaupt um einen Skandal handelte. Zumindest aber spricht die ehemalige Oberbürgermeisterin auf ihrer eigenen Homepage selbst von einem »höchst eigenartigen Skandal«. Die gebürtige Kielerin Susanne Gaschke (*1967) war nach dem Besuch der Kieler Gelehrtenschule und dem erfolgreichen Studium der Anglistik, Pädagogik und des Öffentlichen Rechts an der Christian-Albrechts-Universität 1995 mit summa cum laude promoviert worden und hatte ab 1997 zunächst als Redakteurin bei der »ZEIT«, seit 2011 als Herausgeberin des Kindermagazins »ZEIT LEO« gearbeitet. Schon während des Studiums war die mit dem SPD-Bundestagsabgeordneten und derzeitigen Wehrbeauftragten des Deutschen Bundestages Hans-Peter Bartels (*1961) verheiratete Gaschke politisch aktiv. Seit 1987 gehört sie der SPD als Mitglied an. Nach der Wahl des Kieler Oberbürgermeisters Torsten Albig (*1963) zum neuen Ministerpräsidenten von Schleswig-Holstein setzte sich Gaschke in zwei Wahlgängen gegen ihre Konkurrenz um den Oberbürgermeisterposten durch und trat am 1. Dezember 2012 dieses Amt an.

Knapp ein halbes Jahr später fällte sie dann in dieser Funktion eine Eilentscheidung zugunsten des Augenarztes Detlev Uthoff (*1945), wonach dieser seit den 1990er Jahren angefallene Gewerbesteuerschulden in Höhe von 4,1 Millionen Euro in monatlichen Ratenzahlungen bei gleichzeitigem Verzicht der Stadt Kiel auf Zinsen, Mahngebühren usw. in Höhe von 3,7 Millionen Euro endlich begleichen sollte. Die Angelegenheit war deswegen so pikant, weil die Kommunalpolitik schon seit Jahren erfolglos um eine Lösung des Steuerproblems rang und weil sich mit dem Namen Uthoff eine überregional renommierte Augenklinik und damit auch ein bedeutender Wirtschaftsfaktor und Arbeitgeber vor Ort verband. Die Opposition der Christlich Demokratischen Union Deutschlands (CDU) im Rathaus verlangte indes wegen rechtlicher Bedenken die Rücknahme des Eilentscheids. Tatsächlich wertete die Kommunalaufsicht denselben im Oktober 2013 als rechtswidrig; die Staatsanwaltschaft Kiel nahm Ermittlungen wegen des Anfangsverdachts der Untreue in einem besonders schweren Fall auf. Der wachsenden parteilichen und öffentlichen Kritik an ihrer Entscheidung begegnete die Oberbürgermeisterin in einer emotionalen Rede vor der Ratsversammlung. Sie sei in ein »zerstörerisches Spiel«, »um einiges zerstörerischer […], als ich es mir je hätte träumen lassen«, involviert. Dieses wolle sie aber nicht mitspielen. Der Ton war indes auch durch den Vorwurf der Nötigung, den mittlerweile der damalige Innenminister Andreas Breitner (*1967) gegen Gaschke und ihren Ehemann erhoben hatte, rauer geworden.

Angesichts einer zunehmenden Ablehnung und einer nicht unwahrscheinlichen Abwahl in der Ratsversammlung trat Gaschke schließlich am 28. Oktober 2013 mit sofortiger Wirkung vom Amt der Oberbürgermeisterin zurück, was sie nicht zuletzt mit dem »Hass« begründete, mit dem ihr die »testosterongesteuerten Politik- und Medientypen, die unseren Politikbetrieb prägen und deuten«, begegnet seien. Im Nachgang stellte die Staatsanwaltschaft ihre Ermittlungen wegen des Verdachts der Untreue wieder ein. Die Affäre Uthoff war damit freilich nicht beigelegt. Vielmehr drängte der Augenarzt auf Einhaltung des mit Gaschke erreichten Steuerdeals. Schließlich verkaufte er im März 2015 seine Augenklinik an eine Investorengruppe; die Kieler Ratsversammlung stimmte im November 2016 einem neuen Insolvenzplan Uthoffs zu, wonach die Stadt nunmehr mit rund 2,5 Millionen Euro an Rückzahlungen rechnen kann. Ob damit unter dem Strich mehr herauskommt, als es bei der Realisierung von Gaschkes Eilentscheidung der Fall gewesen wäre, ist daher fraglich. Aber darum ging es letztlich wohl auch gar nicht in der ganzen Affäre, die, wie gesagt, medienwirksam weit über Kiel hinaus bekannt gemacht wurde.

Weitaus skandalbehafteter erscheint im Rückblick dagegen wohl die Amtszeit des Kieler Oberbürgermeisters Otto Kelling (*1949). 1992 nahm dieser hoffnungsvoll seine Amtsgeschäfte auf. Als Verwaltungsfachmann eilte ihm der Ruf eines Modernisierers voraus, was die große Mehrheit in der Ratsversammlung und insbesondere die SPD-Fraktion willkommen hieß. Doch schon nach einem Jahr brach ein schroffer Streit zwischen dem Oberbürgermeister und »seiner« SPD aus. Sie warf ihm unter anderem vor, an Haushaltsberatungen nicht teilgenommen und schriftliche Sparvorschläge der Dezernenten nicht zur Kenntnis genommen zu haben. Statt um die Ausarbeitung theoretischer Konzepte solle er sich lieber um praktische Problembehebung kümmern. Nicht zuletzt wurde scharf kritisiert, dass Kelling seinen Wohnsitz mit dem Amtsantritt nicht nach Kiel verlegt hatte, sondern weiterhin mit seiner Familie in Iserlohn wohnte. Der Kieler Oberbürgermeister, so die Klage, sei damit entgegen seiner anfänglichen Versprechungen ein Wochenendpendler, der Freitagmittag nach Hause fahre und erst am späten Montagnachmittag zur Arbeit nach Kiel zurückkehre.

Eine einvernehmliche Lösung konnte in dem Streit nicht mehr gefunden werden. Angeführt von ihrem Fraktionschef Hans-Werner Tovar (*1948) betrieben die Kieler Sozialdemokraten, von ihrem anfänglichen Wunschkandidaten offensichtlich schwer enttäuscht, im Frühjahr 1995 daher Kellings Absetzung. Auf vier Regionalkonferenzen seiner Partei musste dieser nun Rede und Antwort stehen, wobei er alle Vorwürfe von sich wies. Doch kam es gar nicht zu einer förmlichen Abwahl, weil sich die örtliche CDU, die den Oberbürgermeister zuvor laufend kritisiert hatte, nicht zu einem solchen Schritt bereitfinden wollte. Es fehlte also an der nötigen Zweidrittel-Mehrheit in der Ratsversammlung. Vermutlich stand dahinter die Hoffnung der CDU-Fraktion, von dem SPD-internen Streit selbst zu profitieren. Indes warf Kelling im Herbst 1996 selbst das Handtuch. Er begründete seinen Rücktritt damit, dass ihm die demokratische Legitimation für die Machtfülle fehle, welche ihm die 1997 in Kraft tretende neue Kommunalverfassung einbringen werde. 2015 zu seiner Zeit in Kiel gefragt, resümierte der glücklose Verwaltungschef: »Was ein Mensch alles aushalten kann.«

Keine zehn Jahre vor dem Rücktritt von Susanne Gaschke war die damalige Ministerpräsidentin des Landes Schleswig-Holstein am 17. März 2005 in Kiel Opfer des sogenannten »Heidemörders« geworden. Heide Simonis (*1943) konnte bereits auf eine erfolgreiche Politikerinnenkarriere zurückschauen, als sie 1993 schleswig-holsteinische Ministerpräsidentin und damit die erste Frau an der Spitze einer Landesregierung in Deutschland überhaupt wurde. Bis 2005 stand sie derselben vor. Bei der Landtagswahl im Februar 2005 ergab sich eine gewisse Pattsituation, da SPD und Grüne gemeinsam auf 33, CDU und die Freie Demokratische Partei (FDP) aber auf 34 Mandate kamen. Für die Regierungsbildung ausschlaggebend schien deswegen das Verhalten der beiden Abgeordneten des Südschleswigschen Wählerverbands (SSW) zu werden. Die Bildung einer Großen Koalition hatte Simonis in der Talkshow »Beckmann« mit den Worten »Und wo bleibe ich dabei?« kategorisch ausgeschlossen. Ihre Wiederwahl galt aber als sicher, weil der SSW eine rotgrüne Minderheitsregierung tolerieren wollte. Allerdings erreichte Simonis dann in der konstituierenden Landtagssitzung nicht die erforderliche Stimmenmehrheit. Ein Abgeordneter aus den Reihen der SPD, der Grünen oder des SSW verweigerte bei jeder Abstimmung seine Stimme, obwohl die vorangegangenen Probeabstimmungen in den Fraktionen einstimmig ausgefallen waren. Bis heute weiß man nicht, um wen es sich bei diesem »Heidemörder« handelte und aus welchen Motiven er sich so verhielt. Spekuliert wird, ob es jemand war, der sich vom selbstbewussten Regierungsstil der Ministerpräsidentin zurückgesetzt fühlte. Nach dem erfolglosen vierten Wahlgang stand Simonis jedenfalls nicht mehr für einen weiteren zur Verfügung. Die Presse berichtete damals ausführlich von diesem Kieler »Heidemord«. Der Weg zur Wahl Peter Harry Carstensens (*1947) von der CDU zum neuen Ministerpräsidenten war damit geebnet. Die große Koalition aus CDU und SPD, der er vorstand, platzte 2009.

Die Regierung Simonis war indes bereits 2002 durch die sogenannte Lohmann-Affäre erschüttert worden, bei der es um den Verdacht der Korruption bei der unrechtmäßigen Vergabe von EDV-Aufträgen an SAP in Höhe von mehr als 400 Millionen Euro ging. Der Staatssekretär im Finanzministerium, Joachim Lohmann (*1935), musste deswegen seinen Hut nehmen.

Diese Affäre war aber nichts im Vergleich zur Barschel- und der damit in Verbindung stehenden sogenannten Schubladenaffäre von 1987/93, die bis heute Schleswig-Holstein und der Stadt Kiel den Ruf einbrachten, ein Hort des Skandalismus in Deutschland zu sein. Einer der Hauptakteure war der damalige schleswig-holsteinische Ministerpräsident Uwe Barschel (*1944; †1987), der bereits 1963 durch eine Affäre erstmalig ans Licht der Öffentlichkeit getreten war, als er in seiner Funktion als Schülersprecher eines Gymnasiums in Geesthacht den ehemaligen Großadmiral und NS-Kriegsverbrecher Karl Dönitz (*1891; †1980) als Redner eingeladen hatte. Dies hatte vor Ort zu solchen Verwerfungen geführt, dass der als unpolitisch geltende Schulleiter Georg Rühsen schließlich Selbstmord beging. Trotzdem ließ es sich Barschel 17 Jahre später nicht nehmen, als schleswig-holsteinischer Innenminister am Begräbnis von Dönitz teilzunehmen. Er hatte mittlerweile erfolgreich Jura, Volkswirtschaftslehre, Politikwissenschaft und Pädagogik in Kiel studiert und an der dortigen Universität 1970/71 einen zweifachen Doktortitel erlangt. 1982 wurde er Ministerpräsident und stand dem Bundesland fünf Jahre lang als solcher vor. Allerdings fürchtete er 1987 angesichts einer zunehmenden Wechselstimmung in Schleswig-Holstein um seine Wiederwahl. Für seinen Wahlkampf, der ungewöhnlich hart geführt wurde, engagierte er den Journalisten Reiner Pfeiffer (*1939; †2015), der ihm vom Axel Springer Verlag vermittelt wurde. Insbesondere der damalige Spitzenkandidat der SPD und ehemalige Bundesbildungs- und Wissenschafts- (1981/82) bzw. Bundeslandwirtschaftsminister (1982), Björn Engholm (*1939), wurde scharf attackiert. Pfeiffer entfaltete in diesem Zusammenhang vielfältige Aktivitäten gegen letzteren und andere politische Gegner. So erstattete er eine anonyme Steueranzeige gegen Engholm und ließ dessen Privatleben von Detektiven beschatten. Auch streute er den Verdacht, Engholm sei an AIDS erkrankt. Selbst vor der Fälschung einer Pressemitteilung der Grünen bezüglich des Wiedereintritts Engholms in die Kirche schreckte er nicht zurück. Später sollte Pfeiffer als Urheber sämtlicher Aktionen Barschel benennen. Letztlich wurde eine solche Urheberschaft aber nie endgültig nachgewiesen. Pikant wurde die Angelegenheit dadurch, dass die Presse davon Wind bekam. Kurz vor der entscheidenden Wahl berichtete der »Spiegel« über verschiedene Aktionen gegen Engholm.

Die Titelgeschichte seiner Ausgabe vom 14. September war ganz der Affäre gewidmet. Pfeiffer hatte dem Verlag gegenüber eidesstattlich eine Ausführung im Wissen und Auftrag von Barschel zugegeben. Die am Vortag durchgeführte Landtagswahl endete indes mit einem Patt, indem CDU und FDP auf genauso viele Sitze kamen wie SPD und SSW. Die Grünen hatten die Fünfprozentmarke nicht übersprungen. Um sich aus der Affäre zu ziehen, erklärte nun Barschel am 18. September in einer aufsehenerregenden Pressekonferenz sein Ehrenwort, dass die gegen ihn erhobenen Vorwürfe haltlos seien. Doch weitere Enthüllungen zwangen ihn am 2. Oktober 1987 zum endgültigen Rücktritt. Nur neun Tage später fand man seine Leiche in einer Badewanne im Hotel »Beau-Rivage« in Genf.

Das Foto des toten Uwe Barschel auf der Titelseite des »Stern« zählt zu den schauerlichen Tiefpunkten deutscher Pressegeschichte und Nachkriegspolitik. Die rätselhaften Umstände seines Todes wurden nie restlos aufgeklärt und geben nicht nur bei Anhängern von Verschwörungstheorien bis in die jüngste Gegenwart Anlass zu Spekulationen: Handelte es sich überhaupt um Selbstmord? Oder hatte der israelische Geheimdienst Mossad seine Hand im Spiel? Warum passierte der letzte Akt in Genf? In Anspielung auf die berüchtigte Watergate-Affäre unter dem US-Präsidenten Richard Nixon (*1913; †1994) wird die Barschel-Pfeiffer-Affäre auch als Kieler Waterkant-Affäre bezeichnet.

Ein parlamentarischer Untersuchungsausschuss führte zu dem Ergebnis, dass Barschel wahrscheinlich oder tatsächlich Mitwisser zahlreicher Aktionen Pfeiffers gewesen ist. Die nächste Landtagswahl im Mai 1988 brachte jedenfalls der SPD einen absoluten Wahlsieg, sodass Björn Engholm zum Ministerpräsidenten gewählt werden konnte. 1993 wurde indes bekannt, dass der seinerzeitige SPD-Landesvorsitzende Günther Jansen

(*1936) 1988/89 rund 50 000 DM aus seiner Küchenschublade an Pfeiffer gezahlt hatte – daher stammt der Name Schubladenaffäre. Auch erfuhr die Öffentlichkeit, dass die SPD-Spitze um Engholm viel früher als bislang zugegeben von Pfeiffers Aktionen gewusst hatte. Engholm hatte bis dahin immer behauptet, erst durch die Veröffentlichung im »Spiegel« davon erfahren zu haben. Wegen dieser Falschaussage musste er 1993 als Vorsitzender der Bundes-SPD und SPD-Kanzlerkandidat sowie als schleswig-holsteinischer Ministerpräsident zurücktreten.

Das Affärenkonglomerat von 1987/93 erschütterte das politische Leben nicht nur in Schleswig-Holstein, sondern auch in der ganzen, vor 1990 noch kleinen Bonner Bundesrepublik in ungeheurem Maße. Die Barschel-Affäre ist bis heute das Synonym für politisch skandalöse Praktiken schlechthin, auch wenn in den meisten Fällen ein Vergleich mit ihr letztlich ungerechtfertigt erscheint und selbst wiederum äußerst fragwürdig ist. So oder so ist die Affäre, die mit dem Namen Kiels untrennbar verbunden ist, bis heute nahezu jederzeit abrufbarer Bestandteil der politischen Debatte und Erinnerungskultur.

Skandale erschütterten in der Vergangenheit auch die Kieler Universität. Ein gutes Beispiel dafür ist die sogenannte Horst-Gärtner-Affäre von 1969. Sie führt einerseits die gegen Teile der Professorenschaft gerichteten, äußerst fragwürdigen Methoden der 68er-Protestbewegung und ihrer Erben anschaulich vor Augen und verdeutlicht andererseits die große Nervosität, mit der diese Professorenschaft und die sie unterstützende Ministerialbürokratie darauf reagierten. Letztlich blieb anscheinend nur der Weg vor den Richter: In ihrer Ausgabe vom 2. Oktober 1969 machte die Hamburger Studentenzeitschrift »konkret« dem Kieler Professor Horst Gärtner (*1911; †2001), der seinerzeit das Hygiene-Institut der Christian-Albrechts-Universität leitete, den schwerwiegenden Vorwurf, er habe Interesse an einem Forschungsauftrag des Bundesverteidigungsministeriums für biologische und chemische Waffen. Der Reportage war ein Telefongespräch zwischen Gärtner und einem Journalisten der »konkret« vorausgegangen, bei der sich letzterer als ein Ministerialrat namens Strathmann ausgegeben hatte. Auf dieser Grundlage setzte die Kieler »AStA-Info« am 12. Oktober nach und publizierte einen Artikel unter der vielsagenden Überschrift: »Kriegsforschung in Kiel oder Gärtner muß Gärtner werden.« Nur zwei Tage später fand deswegen eine außerordentliche Senatssitzung statt, bei der eine Untersuchungskommission im Fall Gärtner gebildet wurde. Überaus pikant war, dass die Sitzung mit einem Tonbandgerät heimlich aufgezeichnet und diese Aufnahme wiederum der »konkret« zugespielt wurde. Gärtner erwirkte in der Folge eine einstweilige Verfügung wegen übler Nachrede, setzte zudem ein zivilrechtliches Hauptverfahren und gemeinsam mit dem schleswig-holsteinischen Kultusministerium ein Strafverfahren gegen drei Journalisten der »konkret«, darunter den heute bekannten Enthüllungsreporter Günter Wallraff (*1942), in Gang und führte zudem einen Zivilprozess gegen die drei Mitarbeiter der Kieler »AStA-Info«.

Die bislang angeführten Skandale bewegten sich im Bereich des politischen Lebens und werden als skandalös aufgefasst, weil die darin Involvierten an geltenden Normen und Regeln vorbei ihre politischen Ziele umzusetzen und ihre Karrieren voranzubringen suchten – der »Heidemord« spielt da eine gewisse, aber nicht minder sensationelle Sonderrolle. Das nächste Beispiel aber führt in den kulturellen Sektor und zugleich, anders als bisher, in die Zeit der Weimarer Republik, als sich im Kiel der 1920er Jahre der sogenannte »Eunuchen-Skandal« ereignete.

Im Mai 1922 war Curt Elwenspoek (*1884; †1959) zum Intendanten der Städtischen Bühnen in Kiel ernannt worden. Für die Spielzeit 1922/23 engagierte dieser nun den damals noch wenig bekannten Carl Zuckmayer (*1896; †1977) als Dramaturgen und Regisseur, auch Schauspieler. Gemeinsam mit weiteren Beteiligten wollten sie als ambitionierter »Junger Kreis« vom Kieler Theater aus die Welt erneuern. Doch bot Kiel damals für dieses Ansinnen, wie Zuckmayer später feststellte, den denkbar schlechtesten Nährboden. Es handelte sich in seinen Augen um eine Stadt, aus der die revolutionären Matrosen von 1918 längst verschwunden und in der nur noch ihre verbitterten, mittlerweile pensionierten Vorgesetzten zurückgeblieben waren. Daneben gab es, so Zuckmayer weiter, »ein bis in den Dickdarm konservatives, geistig verstopftes Handelsbürgertum«, das Ton und Denkart bestimmte. Im bald ausbrechenden Streit um die eigenmächtige Verlängerung der Verträge von Zuckmayer und weiteren Angehörigen des »Jungen Kreises« schlug die städtische Theaterkommission schließlich die Absetzung des Intendanten vor, obgleich dessen eigener Vertrag erst fünf Wochen zuvor verlängert worden war. In dieser Situation und angesichts ihres absehbaren Abgangs planten Elwenspoek und Zuckmayer nun einen Riesenklat, der »das Theater wenigstens symbolisch in die Luft sprengen sollte«. Dafür wurde kurzerhand eine von Zuckmayer geschaffene Neuinszenierung des »Eunuchen«, einer Komödie des römischen Dichters Terenz (*zwischen 195 und 184 v. Chr.; †159/158 v. Chr.), auf den Spielplan gesetzt, die nicht mit politischen Anspielungen geizte. So trugen der Feldherr Thraso und sein Schmarotzer Gnatho die angedeuteten Masken von Hindenburg (*1847; †1934) und Ludendorff (*1865; †1937). Am Schluss betrat unter dem Grölen des Publikums eine junge, nackte Schauspielerin die Bühne, deren Brüste orange angemalt waren und auf deren Bauchnabel sich eine Sonne mit blauen Strahlen befand. Gefragt, woher sie stamme, antwortete sie lispelnd: »Aus Lesbos.« Die Theaterkommission und die lokale wie überregionale Presse waren nach der Generalprobe am 17. April 1923 über das Stück empört. Erstere verbot dem Intendanten jede weitere Aufführung. Die Frankfurter Zeitung schrieb, dass selbst »die Abgebrühtesten unter den Zuschauern, denen man sonst wirklich kein Moralphilistertum nachsagen kann, erschrocken zurückwichen und heute die Absetzung des ›Eunuch‹ nicht für ungerechtfertigt halten«. Der erhoffte Skandal war also erreicht. Wenig später wurde Elwenspoek entlassen. Am 23. Mai 1923 erfolgte dann auch Zuckmayers Kündigung. Der Stellvertreter des Intendanten führte die Spielzeit zu Ende. Er urteilte später über Kiel, dass es »die am stärksten amusische Stadt Deutschlands« sei. Seine Bevölkerung sei »nur im allerbescheidensten Maße für ernste Kunst zu haben«. Zuckmayer wechselte von Kiel nach München und dann nach Berlin, wo er mit seinen Stücken »Der Hauptmann von Köpenick« (1931) oder »Des Teufels General« (1946) große Theatererfolge feiern sollte.

Auch wenn sich im Rahmen dieses Kapitels natürlich keine vollständige Auflistung erzielen lässt: Skandale und Skandälchen gab es auch im 19. Jahrhundert und den vorangehenden Zeiten, obwohl sich ihr Charakter und ihre Wahrnehmung wegen der verschiedenen Bedingungen von Öffentlichkeit stark von den neuen Zeiten unterschieden. Was solche Ereignisse auslösen konnte, erregt heute zuweilen Schmunzeln: So wünschten die Damen der feineren Gesellschaft Kiels einen Beitrag zur Verschönerung der Stadt zu leisten und sorgten daher für eine Bepflasterung der am Hafen gelegenen Straße. Um auf diesen lobenswerten Einsatz hinzuweisen, einigte man sich darauf, den betreffenden Verkehrsweg als »Damenstraße« zu betiteln. Allerdings zog die Nähe des Hafens gerade die Damen des »horizontalen Gewerbes« bevorzugt in dieselbe Straße. Sie nutzen die Bezeichnung »Damenstraße« für ihre eigene Marketingstrategie. Die hochgestellten Bürgerinnen waren darüber natürlich empört und sorgten für die Umbenennung der »Damenstraße« in den Straßenzug mit dem schlichten Namen »Wall«. Das hielt freilich das örtliche Prostitutionsgewerbe nun nicht davon ab, bis heute an dieser Stelle heimisch zu sein.

Für uns heute als Justizmorde geradezu skandalös, damals aber durchaus mit dem geltenden Recht in Einklang stehend, waren, um nun einen krassen Zeitsprung in die weitere Vergangenheit vorzunehmen, die Hexenprozesse der frühen Neuzeit. Es ist wegen dieses rechtsgeschichtlichen Hintergrunds gar nicht unproblematisch, dieses Thema in ein Kapitel zur Kieler Skandalgeschichte aufzunehmen, wie ausdrücklich zu betonen ist. In Kiel wurden jedenfalls zwischen 1530 und 1676 über 30 Menschen, unter ihnen ein Mann, wegen des Delikts der Hexerei vor Gericht gezogen. Nur drei Beklagte wurden in den Verfahren freigesprochen und zwei weitere der Stadt verwiesen. Letztere wurden vor den Toren der Stadt von einer wütenden Menge erwartet, die sie dann so lange mit Steinen beworfen haben soll, bis auch sie starben. Bei vier Angeklagten kann man nichts über den Prozessausgang sagen. Alle anderen wurden zum Tode verurteilt und 21 davon verbrannt. Eine Frau, die angeblich 102 Jahre alt gewesen sein soll und bekannte, zwei ihrer Kinder ermordet zu haben, wurde gar bei lebendigem Leib begraben. Ihren Leichnam hat man besonders grausam dann noch eigens gepfählt. Immer wieder lässt sich beobachten, dass nicht die Obrigkeit zur Hexenjagd aufrief, sondern dass wodurch auch immer aufgebrachte Teile der Bevölkerung diese einforderten. Die Hexenverfolgungen fanden dabei schubweise statt, sodass sich mehrere Verfahren in einem Jahr häufen konnten, wonach es wieder für längere Zeit keine

Prozesse gab. 1578 wurden allein acht Frauen als Hexen verbrannt und 1638/39 neun wegen Hexerei angeklagt. Erstmalig kam es im Jahr 1666 zu einem Freispruch, aber es sollte noch zehn Jahre lang dauern, bis die Hexenverfolgung mit Gefahr für Leib und Leben der Bezichtigten in Kiel aufhörte. Die seit 1665 existierende Kieler Juristische Fakultät war in zahlreiche Verfahren im Land und darüber hinaus als Gutachterin involviert und trug durch ihre zurückhaltende Spruchpraxis auch zum Ende der Verfolgung bei.

Eine Chronique scandaleuse par excellence stellt die nahezu zeitgleich abgefasste »Tragisch-kuriose Kieler Chronik« des Bürgermeisters Asmus Bremer dar. Der Sohn eines Wein- und Bierhändlers stieg nach einem 1670 aufgenommenen Jurastudium an der Christian-Albrechts-Universität 1688 zum Ratsherrn und 1702 zum Bürgermeister auf. 1711 fiel er wegen angeblichen Ungehorsams in herzogliche Ungnade, doch kehrte er schon zwei Jahre später in sein Bürgermeisteramt zurück, das er dann bis zu seinem Tode bekleidete. Um an seine etlichen Verdienste um die Stadt zu erinnern, wurde 1982 auf dem nach ihm benannten Platz eine Bronzefigur der Künstlerin Frauke Wehberg (*1940) aufgestellt, die den in zeitgenössischer Kleidung mit Hut versehenen Bürgermeister entspannt auf einer Bank sitzend zeigt. Bremer betreute unter anderem das städtische Archiv und hatte in dieser Funktion Zugang zu den Papieren und Aufzeichnungen, die ihm die Abfassung seines »Chronicon« erlaubten, in dem er zahlreiche spektakuläre Unglücksfälle und Verbrechen in der Stadt von 1432 bis 1717 versammelte. Es handelt sich damit nicht um ein Dokument zur politischen Geschichte der Zeit, sondern vielmehr um ein eminent wichtiges Zeugnis der Kieler Kultur- und Rechtsgeschichte jener Epoche. Vor allem wird deutlich, welche Delikte damals begangen wurden und wie deren Ahndung erfolgte und aussah. Die Strafrechtspraxis unterschied sich deutlich von unserer heutigen. Sie war nicht nur grundsätzlich martialischer, sie bestrafte Vergehen gegen das Eigentum zumeist auch deutlich härter als diejenigen gegen das Leben. Schon die Zeitgenossen erkannten jedenfalls den besonderen Wert der Chronik, die die erste ihrer Art für Kiel war, und kauften Bremers Witwe das Manuskript im Jahr 1740 für 44 Reichstaler ab, was dem Gegenwert von sage und schreibe zwei Mastochsen entsprach. 1916 gab der Kieler Rabbi Moritz Stern (*1864; †1939) das »Chronicon Kiliense tragicum-curiosum« heraus. Ein ums andere Mal kann man darin nachlesen, welche Mord- und Gewalttaten in Kiel in besagtem Zeitraum verübt worden sind. An einer Stelle heißt es z. B.: »Am selbigen Tage (= 23. Mai 1585, O. A.) haben Otto Rantzow vom Botkamp, Andres Rantzow zum Klamp, des Kielischen Amtmanns Ove Rantzowen Sohn, und Claus von der Wische, Detlefs Erbgeseßen zu Grühnholtz Sohn, in itzt gedachten Wilhelm von Paderborns Hause große Gewalt geübet, indem sie ihm ins Hauß gefallen, sein Hausgeräht, alles, was vorgefunden, hernieder und zu Stücken geschlagen, […] Grapen und Keßel aus der Thür geworffen, die Fenster eingeschlagen etc. Der Wirth des Hauses ist auf seine Kammer entkommen. Als nun sein nechster Nachbar dahin gehet, zu versuchen, ob ihm nicht zu helffen, ist demselben ein Knecht mit bloßer Wehre begegnet und nachgeeilet, daß er also die Flucht hat nehmen müßen, und hette ihn derselbe Knecht vor seiner eigenen Thür beynahe erstochen.« An anderer Position wird folgendes erwähnt: »Anno 1687 den 5. Jan(uar) ist eine Weibsperson, mit Nahmen Mary Rosina Knabians, wegen eines auf dem adeligen Gute Knoop begangenen Diebstals und davon genoßenen Antheils öffentlich an dem Pranger mit Ruhten ausgestrichen und des Landes auf ewig verwisen worden.« Wenig später kann man lesen: »Den 8. April (1687, O. A.) früh Morgens ist auf dem Klosterkirchhofe im Beinhause ein kleines neugebohrnes todtes Kind, so noch nicht volkommen und in einem Tuch benehet gewesen, gefunden worden. Wer es dahin gelegt oder legen laßen, ist Gott bekannt […]. Am Michaelistage (29. September 1687, O. A.) hat eine Frauenperson Nahmens Cathrin Elisabeth Hukfeldes, welche sich vor eine Quäkerin ausgegeben und einige Zeit alhir im Christenthum unterrichtet worden, in öffentlicher Versammlung nach der Haubtpredigt die heylige Tauffe empfangen. Weil es aber nachgehends kund worden, daß sie mit ihrem Informatorn und Haußwirth Peter Walkman, einem Ehemann, verschiedentlich Hurerei und Unzucht getriben, ist dieselbe wegen solcher vorsetzlicher Weise begangenen Schändung des Sacraments der heyligen Tauffe und um selbige Zeit, da sie zum Christenthum geführt werden wollen, getribenen Unzucht und Hurerei den 24. Febr(uar) 1688 öffentlich an dem Pranger mit Ruhten ausgestrichen und des Landes verwisen worden.«

Die anschauliche Beispielreihe ließe sich unschwer fortsetzen. Tatsächlich wird daran deutlich, welchen Anteil Gewalt am alltäglichen Leben der Menschen in der damaligen Zeit ausmachte und wie verbreitet Devianz als von der rechtlichen Norm abweichendes Verhalten war. Doch liefert Asmus Bremer wohlgemerkt nur einen Teilausschnitt seiner zeitgenössischen Umwelt, einen tragisch-kuriosen eben. Daneben konnte es natürlich auch durchaus friedlich und respektvoll im Kiel der frühen Neuzeit zugehen. Das muss man bei der Lektüre der Chronik von Asmus Bremer immer im Hinterkopf behalten, genauso wie die Tatsache, dass sich für Kiel diese einzigartige Quelle durch Zufall erhalten hat, wohingegen es für viele andere Städte keine gleichgeartete Informationsquelle mehr gibt. Die Verhältnisse in diesen unterschieden sich aber mit Sicherheit wenig bis gar nicht von denjenigen in Kiel. Gleichwohl ist der Asmus-Bremer-Chronik so natürlich auf Dauer ein fester Platz in Kiels Skandalgeschichte sicher. Viele Aspekte derselben entsprechen zeitgenössischer Praxis und sehen erst für uns heute skandalös aus. Mancher Skandal war durch individuelle Gründe verursacht, traf in Kiel aber anscheinend auf einen besonders fruchtbaren Boden. Ob die hohe Zahl an politischen Skandalen in der Stadt (und im Land) an speziellen soziopolitischen Bedingungen lag, wird nach wie vor diskutiert, liegt aber nahe. Die Fronten innerhalb des politischen Diskurses waren oft genug so verhärtet, dass jedes Mittel zur Überwindung des politischen Gegners recht erschien.

9. Kiel und die Marine

Was wäre Kiel denn nur ohne die Marine? Wohl kaum wäre aus dem beschaulichen Fördestädtchen mit gerade mal 20 000 Einwohnern im Jahr 1865 diese Großstadt geworden, als die man Kiel heute kennt. Kiel hätte sich vermutlich nicht zum industriellen Zentrum entwickelt und wahrscheinlich erst recht nicht zur Hauptstadt des Landes Schleswig-Holstein. Eventuell gäbe es nicht einmal die Kieler Woche, die die Stadt in der ganzen Welt bekannt machte! Andererseits hätte die Stadt vielleicht eine behutsame, organische Entwicklung entlang der Förde genommen und nicht jenes tumorartige, explosive Wachstum ab 1865 erlebt, das vielerlei durchaus auch als negativ empfundene Folgen für die Gestalt der Stadt und das Selbstverständnis der darin lebenden Menschen hatte. Und Kiel wäre mit Sicherheit im Zweiten Weltkrieg nicht derart umfassend zerstört worden, hätte es hier keine oder weniger Marine und Werften gegeben. Kurzum: Kiels jäher Aufstieg und sein noch jäherer Fall verdankten sich der Marine. Seine Geschichte seit 1865, dem Jahr der Verlegung der preußischen Marinestation von Danzig hierher, ist in einer Art unzertrennlicher »Hassliebe« mit der Marine verbunden.

Kiels Marinegeschichte setzt jedoch natürlich nicht erst 1865 ein. Bereits in den Jahren zwischen 1848 und 1851 spielte die Stadt ihre Rolle bei den Planungen, eine schleswig-holsteinische Marine zu schaffen und weitergehend eine deutsche Reichsflotte aufzubauen. Diesen Aufbau hatten die Abgeordneten der Frankfurter Paulskirche am 14. Juni 1848 beschlossen. Die seit dem Sommer 1848 unter schleswig-holsteinischer Flagge segelnden Schiffe wurden zu diesem Zweck im April 1849 in die neue Reichsflotte eingegliedert, was sich faktisch aber nur in einer neuen, jetzt schwarz-rot-goldenen Beflaggung niederschlug. Eine weitergehende Umorganisation wurde nie vollzogen. Als dann die dänische Seite gegen die aufständischen Schleswig-Holsteiner die Oberhand gewann, fielen ihr ab Mitte 1851 die Schiffe der Reichsflotte zu. Am 4. März 1852 wurde den Dänen formell die Kommandogewalt übertragen.

Zum Schutz des Kieler Hafens, der den einzigen Stützpunkt dieser Flotte bildete, war im April 1848 die Küstenbatterie in Friedrichsort besetzt worden. Werner Siemens (*1816; †1892) leitete als Artillerie-Leutnant die damalige Besetzung. Siemens entwickelte seinerzeit auch die Idee, den Kieler Hafen zum Schutz vor Angriffen von See aus durch Seeminen zu sichern. Die ersten Seeminen überhaupt wurden so im April 1848 gelegt. Technisches Neuland betrat nahezu zeitgleich ebenso das Kieler Unternehmen Schweffel & Howaldt mit dem Bau des Schraubenkanonenboots »Von der Tann« und des Unterseeboots »Brandtaucher«. Dies waren Kiels erste Schritte auf dem Weg zum Zentrum maritimer Erfindungen, von denen viele, aber längst nicht alle militärischen Zwecken dienten. Zu diesen »Kieler« Erfindungen zählen der Kreiselkompass, das Echolot, das Unterwassertelefon, das Schiffsradar oder – in neuester Zeit – das Minenvernichtungssystem Troika. Der Sohn des Ingenieurs und Erfinders August Howaldt (*1809; †1883) namens Georg (*1841; †1909) übernahm den Standort der ab 1849 am Ostufer eingerichteten Marinewerft. 1867 verkaufte er diese an die Marine des Norddeutschen Bundes. Wenig später wurde auf diesem Areal die Kaiserliche Werft ins Leben gerufen; heute noch existiert hier ein Marinearsenal der Deutschen Marine.

Kiel hatte also schon eine durchaus lebendige Marinegeschichte vor 1865. Mit Ordre vom 24. März 1865 verlegte König Wilhelm I. die preußische Marinestation von Danzig nach Kiel, längst bevor die dauerhafte Zugehörigkeit Schleswigs und Holsteins zum Königreich Preußen mit Österreich geklärt worden war. Konteradmiral von Jachmann hatte sich, wie beschrieben, für Kiel als Stützpunkt kräftig ins Zeug gelegt. In seinen Augen sprachen für Kiel der natürliche, für Hochseeschiffe geeignete Hafen, die gute Eisenbahnanbindung und die schnelle Erreichbarkeit sowohl von der Ost- als auch der Nordsee. Schon damals war auch der Bau eines Kanals im Visier, der den älteren Eider-Kanal von 1784 als Verbindung zwischen den beiden Meeren ersetzen sollte. 1895 wurde dieser Kanal denn auch tatsächlich als Kaiser-Wilhelm-Kanal feierlich eröffnet.

Die Entscheidung zugunsten Kiels war ohne Kenntnis und Einflussnahme der Stadtoberen erfolgt, und auch künftig scherte sich die Marineleitung wenig bis gar nicht um die Belange Kiels. Das hatte bereits Tradition, denn schon 1848 hatte sich die Leitung der Reichs- bzw. Preußischen Marine über Stadtinteressen hinwegzusetzen versucht. Im Januar 1866 wies die preußische Hafenkommandantur ein Mitspracherecht der Stadt bei der Anlage der für einen Kriegshafen nötigen Einrichtungen strikt zurück. Allerdings scheint die Stadt Kiel die anlaufenden Entwicklungen auch komplett verschlafen oder nicht im mindesten, auch nur ansatzweise, in ihren Ausmaßen erkannt zu haben, obwohl die Marineleitung schon bald nach der Ordre vom März 1865 anfing, reihenweise Gebäude in der Stadt Kiel und am Fördeufer aufzukaufen und daneben weitere zu errichten. Dabei hatte schon die Entscheidung zugunsten eines Marineetablissements in Ellerbek vom 23. Mai 1867 unmittelbare Folgen für den Kieler Handelshafen. Nach der erzwungenen Abtretung des Aufsichtsrechts im äußeren Hafen an die Marine beschränkte sich dieser Handelshafen nur auf den innersten Teil der Förde etwa ab der Linie Schloss-Gaardener Fähranleger. Für die ihn ansteuernden Schiffe wurde 1875 ein bestimmtes Fahrwasser vorgeschrieben. Die Schiffe waren spätestens seit den Seepolizeiverordnungen von 1892 bzw. 1897 zu nur mäßiger Fahrgeschwindigkeit und zum Ausweichen gegenüber Kriegsschiffen verpflichtet. Wegen vieler Manöver, Torpedoversuche und Kaiservisiten zu Schiff war die Zufahrt zum Handelshafen oft nur eingeschränkt möglich. Obendrein ging die örtliche Polizeigewalt an die Königliche Polizei über.

In Kiel schaute man dem Marinetreiben indes zunächst eher teilnahmslos zu und wurde nicht im Stadtinteresse aktiv, als dies noch problemlos möglich gewesen wäre. Oder man beließ es anfangs bei relativ kraftlosen Stellungnahmen wie der des Magistrats vom 28. Juli 1869: »Der Kieler Hafen nebst seinen Vorstränden gehört zum Weichbilde der Stadt Kiel. Derselbe ist wie fast alle Häfen der Herzogtümer ein Kommunalhafen und steht in dieser Eigenschaft unter der Verwaltung und zweckentsprechenden Verfügung der städtischen Behörden.« Die Marineleitung scherte sich aber nicht um alte Rechtstitel und erst recht nicht um eine Urkunde von 1242, worauf diese fußten. Während auf Seiten der kommunalen Selbstverwaltung der Stadt Kiel also ein gehöriges Maß an Unverstand und auch Hilflosigkeit zu beobachten ist, zeigten die Kieler Randgemeinden und das Adelige Kloster Preetz umgekehrt einen ausgeprägten Erwerbstrieb, wenn sie dem gut zahlenden Marinefiskus alles Land an der Förde käuflich abtraten, das jener zu haben wünschte.

Die Marine hätte noch 1891 womöglich gar nichts gegen einen städtischen Handelshafen in der Wik gehabt. Allerdings entfaltete die Stadt damals außer ein paar zaghaften Anläufen auch nicht die erforderliche Aktivität. Zehn Jahre später war es dafür dann einfach zu spät. Das Gelände war mittlerweile dazu auserkoren worden, zur Sicherung der vom Kaiser propagierten Zukunft Deutschlands auf der See zu dienen. Mit dem Beginn der Arbeiten am Nord-Ostsee- bzw. Kaiser-Wilhelm-Kanal ab 1887 richtete sich der Blick der Marineleitung mehr und mehr auf den Mündungsbereichs desselben in Kiel-Wik. Die räumlichen Kapazitäten innerhalb des Stadtgebiets waren trotz der Erweiterung nach Norden durch die Eingemeindung Brunswiks 1869 für weitere militärische Anlagen weitgehend erschöpft. Ab 1893 wurde daher ein großzügiger Stützpunkt mit neuen Kasernengebäuden und Hafenanlagen in der Wik geplant und angelegt. Die Stadt dagegen hätte das Gelände lieber für einen eigenen Freihafen vorgesehen. Sie erhob angesichts der seinerzeitigen Neugewinnung von Flächen für die Marine beiderseits der Kanalmündung bei Holtenau Klage gegen die Kaiserliche Marine und den preußischen Staat, um die Frage zu klären, wem der Kieler Hafen bzw. das Fördeufer denn nun gehöre. Letztlich wollte sie sich nun endlich gegen die völlige Vereinnahmung der ganzen Uferbereiche durch die Marine zur Wehr setzen. Kiel beanspruchte demgegenüber ein Mitspracherecht bei der Anlage eines neuen Hafenbereichs und berief sich auf die Rechtsverhältnisse, die durch die besagte Urkunde von 1242 begründet worden seien. Die Marine stellte dieses Recht unter Verweis darauf, dass sie die tatsächliche Herrschaft über das Hafengelände doch schon lange ausübe, schlichtweg in Abrede. Den unmittelbaren Anlass zur Klage bot die Versperrung einer in der Wik gelegenen städtischen Bahnlinie zum Kohletransport durch einen Marinezaun. Damit war der bedeutendste Prozess der Kieler Stadtgeschichte ausgelöst: der sogenannte Wiker Hafenprozess, der von 1899 bis 1904 dauern und in zwei juristischen Instanzen geführt werden sollte.

Beide Seiten gaben bei historischen Sachverständigen Gutachten in Auftrag, wobei der städtische Gutachter zum Schluss kam, dass das Fördeufer dem Reich zustehe, wohingegen der Sachverständige des Reiches die Rechte auf Seiten der Stadt erkannte. Tatsächlich gewann die Stadt dann den Prozess 1902 in der ersten Instanz.

Das Urteil untermauerte den Beschluss der Stadtkollegien vom 22. März 1901, wonach in der Wiker Bucht ein städtischer Hafen geschaffen werden sollte. Doch das Reich ließ sich diesen Prozessausgang nicht gefallen und ging in Berufung. In zweiter Instanz trug es 1904 den Prozesssieg davon, weil Kiel seine Gründungsurkunde nicht im Original vorlegen und auch nicht die Zweifel an der Echtheit der Abschriften aus dem 18. Jahrhundert widerlegen konnte. Aus Kostengründen und wegen scheinbar geringer Erfolgsaussichten verzichtete die Stadt dann auf einen neuerlichen Einspruch und fügte sich in ihr Schicksal. Die Interessen der Marine hatten gesiegt. Damit waren die Pläne, einen neuen städtischen Handelshafen in der Wik anzulegen, nicht länger realisierbar.

Hier entstand vielmehr seit 1902 der künftige Tirpitzhafen als Hafen speziell für Torpedoboote, U-Boote und Minensucher. 1904 waren die ersten zugehörigen Kasernenblocks bezogen. Seinen bis heute vorhandenen Grundriss erhielt der Hafen allerdings erst nach dem Ersten Weltkrieg. Seither gibt es zwischen Nord- und Südmole die drei Becken des sogenannten Scheerhafens, südlich daran den eigentlichen Tirpitzhafen, der im Norden durch die Tirpitzmole, im Süden durch die Südmole, die 1938/39 errichtet wurde, begrenzt ist. Im Lauf der Zeit erfolgten etliche Umbenennungen seiner einzelnen Bestandteile, so wurde die alte Tirpitzmole in Scheermole umbenannt, wohingegen die ursprüngliche Südmole den Namen Tirpitzmole erhielt. Dieser Hafen sollte unter anderem der Heimathafen des deutschen Schulschiffs Schleswig-Holstein sein, das mit seinen Schüssen auf die Danziger Westerplatte am 1. September 1939 den Zweiten Weltkrieg begann. Nach 1945 diente der Hafen zunächst der britischen Besatzungsmacht, zwischen 1951 und 1956 sodann dem bundesdeutschen Seegrenzschutz und mit dem Aufstellungsbefehl Nr. 16 vom 25. April 1956 schließlich der Bundesmarine, heute Deutschen Marine, als wichtigster Hafen im Ostseegebiet.

Die Bedürfnisse der Marine wurden zu Beginn des 20. Jahrhunderts, als das maritime Wettrüsten seinem Höhepunkt entgegenstrebte, einfach höher eingestuft als die der Zivilbevölkerung der Stadt Kiel. Der Hafenprozess ging aber auch verloren, weil die Stadtverwaltung selbst etliche Fehler begangen hatte. Einem zeitgenössischen Bonmot zufolge glich sie in Bezug auf die Marine einem Mann, der das Omelett haben, aber die Eier dazu nicht zerschlagen wollte. Der Prozessausgang machte die Zweischneidigkeit der Entwicklung überdeutlich: Die Stadt profitierte von der Marine, indem sie zur Großstadt anwuchs. Doch wurde die Bedeutung des städtischen Magistrats gegenüber der Marine marginalisiert. Weitgehend hilflos reagierte die Stadt zumindest nun mit passivem Widerstand, indem sie etwa über Jahre hinweg keine aktuellen Einquartierungslisten führte, sodass sich die Mobilmachungspläne der Marine bei Kriegsausbruch 1914 schwer umsetzen ließen. Einstweilen musste sich die Stadt aber mit ihrem alten Handelshafen, der immerhin bis 1882 durch Ausdeichung der Hörn und Bau neuer Kaianlagen verbessert und um 5,5 Hektar vergrößert worden war, begnügen, mochte dieser für die moderne Dampfschifffahrt auch noch so ungeeignet sein. Um diesem Missstand abzuhelfen, wurde der Hafen zwischen 1902 und 1905 nochmals ausgebaut. Aber dieser Ausbau half dem Kieler Handelshafen auch nicht aus seiner relativen Bedeutungslosigkeit.

Gerade die Vorgeschichte und der Ausgang des Wiker Hafenprozesses machen das gegenseitige tiefe Misstrauen zwischen Stadt und Marine deutlich. Doch darf man angesichts dessen nicht von einem grundsätzlichen und dauerhaften Antagonismus ausgehen. Die Stadt wusste sehr wohl auch um die vielen Vorteile, die mit der Marine verbunden waren. Denn die Stationierung der Marineeinheiten brachte die Ansiedlung von großen Industrieunternehmen, besonders von Rüstungsbetrieben und Werften, und damit einhergehend einen enormen Zustrom von Menschen nach Kiel mit sich. Die im 13. Jahrhundert gegründete Stadt zählte noch 1860 lediglich 17 500 Einwohner, nur elf Jahre später waren es schon 31 700. Was war passiert? 1871, nach der Reichsgründung, hatte man Kiel zum offiziellen Reichskriegshafen der nun Kaiserlichen Marine erklärt. Bereits 108 000 Einwohner hatte Kiel dann im Jahr 1900, als das weltweite Marinewettrüsten an Fahrt gewann, und war damit in den Rang einer Großstadt aufgestiegen. Bis 1910, auf dem Gipfel der allgemeinen Flottenrüstung, verdoppelte sich die Stadtbevölkerung nahezu auf 211 600 Personen. 1916 machte sie schließlich 226 600 Einwohner aus. Kiel bildete damit – wohl nur noch neben Duisburg im Ruhrgebiet – diejenige Stadt im Kaiserreich mit der größten Wachstumsdynamik überhaupt. Für die drastische Bevölkerungszunahme waren auch Eingemeindungen umliegender Dörfer verantwortlich. Doch hauptsächlich schlug der Zuzug von außen zu Buche.

Die Struktur der auf mittelalterliche Grundlagen zurückgehenden Altstadt und der in der frühen Neuzeit gewachsenen Vorstadt blieben von dieser Dynamik anfangs noch unberührt. Die Anwesenheit der Marine fand zunächst vor allem in den neu angelegten Stadtteilen ihren Niederschlag. Im Süden und Osten von Alt-Kiel, in der Nähe zu den großen Werften am Ostufer der Förde, entstanden überwiegend Arbeiterwohnungen; in Brunswik und der Wik, gleich neben dem dort ab 1900 angelegten Militärhafen, wurden Kasernen und Wohnungen für die Soldaten errichtet. In der Altstadt und den sich daran anschließenden Stadtteilen, im Kuhberg- und Damperhofviertel sowie in Düsternbrook lebten dagegen nach wie vor mehrheitlich Bürger, Kaufleute und Professoren. Bald freilich zogen auch die hochgestellten Marineoffiziere nach Düsternbrook. Ihre Lebens- und auch Arbeitswelt war in der hierarchisch streng gegliederten Kaiserlichen Marine strikt von derjenigen der einfachen Matrosen und Soldaten getrennt, wiewohl in der Marine für Bürgerliche weit bessere Aufstiegs- und Karrierechancen bestanden als im konservativen Heer. Selbst an Bord der Kriegsschiffe – weniger auf den kleinen Torpedobooten – genossen die Offiziere zahlreiche Vorrechte vor den Mannschaften.

Mit dem Einzug der Marine erhielt Kiel ab 1866 ein vermehrt militärisches Gepräge, denn die Marineverwaltung und ein Großteil der Soldaten wurden an Land, in der Stadt untergebracht. Hinzu kam eine ganze Reihe von Kohlebunkern, Waffenlagern und Depots, 14 Forts oder Batterien zur militärischen Sicherung der Fördeeinfahrt, in der Feldstraße und später in der Wik zudem je eine Arrestanstalt zur Bestrafung undisziplinierter Soldaten. An der Ecke Feldstraße/Brunswiker Straße, auf dem heutigen Gelände des Universitätsklinikums, wurde eine große Kaserne erbaut. In die Muhliusstraße zog eine Marineakademie ein, die dann 1888 an die Förde in das Gebäude des heutigen Landeshauses verlegt wurde. Dort hatte sich zuvor die seit 1822 bestehende Kieler Badeanstalt befunden, die eine vom dänischen König privilegierte Aktiengesellschaft betrieb. Das seit 1883 erbaute neue Akademiegebäude war repräsentativ mit Anklängen an die Backsteinarchitektur »in einem der Gegend zur Zierde gereichenden Stile« ausgestaltet. 1910 wurde die Akademie nach Mürwik in der Flensburger Förde verlegt. Ab 1919 bis zum Ende des Zweiten Weltkriegs war das Gebäude Sitz des kommandierenden Admirals der Marinestation Ostsee. In der Nachkriegszeit wurde es zum Kernstück des jetzt an der Förde geplanten Regierungsviertels, 1948 erstmalig als Landeshaus bezeichnet. Seit dem Frühjahr 1950 residiert hierin nun der Landtag des Landes Schleswig-Holstein. Bis in die 1980er Jahre befand sich zudem das Innenministerium im Gebäude, und noch bis zum Anfang dieses Jahrtausends auch der Ministerpräsident samt Staatskanzlei. Die lange Verbundenheit von Exekutive und Legislative unter einem Dach ist eine schleswig-holsteinische Besonderheit, die sich in keinem Bundesland sonst so fand. Erst im Zuge des Um- und Neubaus des Plenarsaals mit großer Glasfront zur Förde hin erhielt der Ministerpräsident ein eigenes, ebenfalls am Fördeufer gelegenes Gebäude für seine Staatskanzlei zugewiesen.

Die Garnison bekam 1882 im Niemannsweg eine erste Garnisonskirche, die heutige Pauluskirche. Zuvor hatte die Marine noch die Heiliggeistkirche als Gotteshaus genutzt. Die Pauluskirche war als Simultankirche für Protestanten und Katholiken vorgesehen. Während der vierjährigen Bauzeit war absehbar geworden, dass die Kosten mit 391 000 Mark rund doppelt so hoch wie zunächst geplant ausfallen würden, weswegen man um eine Kostensenkung bemüht war. Auf einen Turm konnte und wollte man allein wegen der Fernwirkung allerdings keinesfalls verzichten. Da bot es sich an, ein zu Übungszwecken im östlichen Mittelmeer befindliches Geschwader gleich noch vor Ort Marmor billig besorgen und nach Kiel transportieren zu lassen. So kommt es, dass fünf Kubikmeter parischer Marmor in der Kirche verbaut wurden. Aber insgesamt herrscht der Eindruck einer durch die Kostenbremse bewirkten »Sparausführung« vor. In keiner Weise wies die konventionelle neogotische Formensprache der Kirche auf ihre spezielle Funktion als Garnisonskirche hin. Ab 1907 wurde sie zur Pfarrkirche für Düsternbrook.

Ihr folgten als Garnisonskirchen, nachdem der Plan zu einer zweiten in Gaarden gescheitert war, 1907 die protestantische Petrus-Kirche und zwei Jahre darauf die römisch-katholische Kirche St. Heinrich in der Wik. Gerade die erstere, von den Architekten Robert Curjel (*1859; †1925) und Karl Moser (*1860; †1936) geplant und ausgeführt, zeigt eine ganz andere Prägung, verfügte dafür aber auch über einen ganz anderen Kostenrahmen. Die von 1905 bis 1907 errichtete Kirche, ein konstruktives Glanzstück der seinerzeitigen Architektur, wies keinerlei Stilanleihen aus vorangegangenen Architekturepochen auf, sondern wurde eigenständig und auf sich selbst beruhend als Marinekirche hervorgehoben, die sich sehr gut in den sie umgebenden Kasernenkomplex einpasste: Ihr gedrungener Turm sollte für Wehrhaftigkeit stehen, der klar gegliederte Kircheninnenraum für militärische Disziplin und seine tonnengewölbte Deckenkonstruktion einem Schiffsrumpf gleichen. Natürlich fungierte der machtvolle Kirchenbau auch als architektonische Machtdemonstration gegenüber der Stadt Kiel, die gerade den Hafenprozess gegen die Marine verloren hatte. Nicht von ungefähr lagen der Baubeginn und das Prozessende sehr nah beieinander. So entstand einer der damals modernsten Kirchenbauten des gesamten Deutschen Reiches, der im architektonischen Anspruch seiner einfachen monumentalen Gesamtform ein gewisses Pendant im fast zeitgleich errichteten, bis 1911 fertiggestellten Kieler Rathaus des Architekten Hermann Billing (*1867; †1946) fand.

Etwa zur selben Zeit erhielten auch die katholischen Marineangehörigen eine eigene Kirche, die zwischen 1907 und 1909 neben der Kieler Forstbaumschule errichtet wurde. Dem prozentualen Anteil der Katholiken an der Marine entsprechend, fiel sie in ihren Dimensionen deutlich kleiner aus. Für ihre Planung zeichnete der Architekt Adalbert Kelm (*1856; †1939) verantwortlich, der größere Bekanntheit durch sein Hauptwerk, die zwischen 1906 und 1910 erbaute monumentale Marineschule in Flensburg-Mürwik, erlangen sollte. Kelm griff auf die mittelalterliche Formensprache sowohl der Romanik als auch Gotik zurück und setzte in Orientierung an süddeutschen Kirchenbauten Curjels und Mosers sowie in Auseinandersetzung damit ganz aktuelle Bauformen ein, wie an der Einrichtung einer eigenen Kaiserloge und der überhaupt erstaunlich modernen Gestaltung des Kircheninnenraums, gerade im Gegensatz zum Kirchenäußeren, sichtbar wird. Beide Kirchen, Petrus-Kirche und St. Heinrich, waren jedenfalls in ihrer Gesamtausführung ganz modern und ohne Vorbild, was so ja auch für die Marine als solche im Reich galt, für deren Zwecke sie errichtet worden sind. Der Kaiser, der bekanntlich zugleich der Summus Episcopus im Königreich Preußen war, und der Chef des Reichsmarineamtes Alfred von Tirpitz (*1849; †1930) legten großen Wert auf die Verankerung ihrer Matrosen im Christentum. Sie planten daher bis in die letzten Details die Kirchen für ihre Marine mit.

Auch auf dem Ostufer war der Stadt ein direkter Zugang zum Fördeufer durch die Werftindustrie versperrt. Nebenbei bemerkt legte man an dieser Seite der Förde gleichfalls Kasernen an, unter anderem die zur Sicherung der Kaiserlichen Werft gedachte Pickert-Kaserne. Die Königliche, seit 1871 Kaiserliche Werft war ein militärisch organisierter Staatsbetrieb, dessen Hauptaufgabe im Kriegsschiffbau bestand. Sie war aus dem 1867 in Ellerbek errichteten Marineetablissement hervorgegangen und wuchs zur größten Werft Kiels heran. Nach der Eröffnung des Kaiser-Wilhelm-Kanals zog sie nach Gaarden-Ost weiter und wurde nochmals erheblich vergrößert. Vor dem Ersten Weltkrieg arbeiteten etwa 14 000 Arbeiter in dieser Werft. Die Kaiserliche Werft wurde von einem Marineoffizier geleitet und unterstand anders als die im Folgenden noch zu thematisierenden privaten Werftunternehmen direkt dem Reichsfiskus. Damit verbunden war eine Befreiung der Kaiserlichen Werft von den üblichen Steuerzahlungen, was fast zum Bankrott der Standortgemeinde Gaarden-Ost führen sollte. Immerhin erreichte die Stadt bei der Eingemeindung von Gaarden-Ost im Jahr 1901, dass sich das Reich eine Zeitlang wenigstens zu Ausgleichszahlungen verpflichtete. Auf privater Seite sah die Werftentwicklung folgendermaßen aus: Die Norddeutsche Werft, die nach ihrem Konkurs 1895 zur Germaniawerft unter Kruppscher Ägide wurde, ging aus der Bruhnschen Werft hervor. Sie lag ebenfalls am Ostufer der Hörn in Gaarden-Ost. Ca. 7500 Arbeiter verdienten hier 1914 ihren Lebensunterhalt. Auf der Dietrichsdorfer Feldmark lag an der Schwentinemündung zum Dritten die Howaldtswerft mit einer Arbeiterschaft von rund 3000 Arbeitern.

Das Schicksal der Stadt war nunmehr auf Gedeih und Verderb mit demjenigen der Marine verknüpft. 1911 lebten in Kiel 211 000 Menschen. Davon dienten 32 000 Personen in der Marine und in sonstigen militärischen Einrichtungen. Hinzu kamen die zahlreichen lokalen Betriebe mittleren und kleinen Zuschnitts, die die Marineeinrichtungen z. B. mit Lebensmitteln, Baustoffen, Kohle und vielen Dienstleistungen versorgten und einer großen Zahl von Menschen Arbeit boten. Die Marine selbst unterhielt mehrere Wäschereien und eine Großbäckerei. Im Dunstkreis der Großwerften und Kasernen entfaltete sich darüber hinaus ein dichtes Gaststättennetz; auch das Prostitutionsgewerbe florierte – zum Ärger mancher Kommandeure, die um die Gesundheit ihrer Matrosen fürchteten. Rund 20 000

Menschen arbeiteten in Rüstungsbetrieben. Rechnet man die Zahl der Arbeitnehmer auf durchschnittliche Familien hoch, die sie zu ernähren hatten, so lebten 1911 rund 100 000 Kieler von der Rüstung. Schwerpunktmäßig wohnten diese auf dem Ostufer. Zu der großen wirtschaftlichen Abhängigkeit trat noch eine enorme, im sechsten Kapitel behandelte Bevölkerungsfluktuation, sowohl durch Ab- und Zuwanderung als auch innerhalb der Stadt: Kiel war eine Stadt in enormer Bewegung.

Im Jahr 1910 verzeichnete die Stadt z. B. allein 80 000 Umzüge, wobei 40 000 Menschen in die Stadt bzw. wieder von ihr fort zogen. Da die Arbeits- und Verdienstmöglichkeiten vorwiegend beim Militär oder in Rüstungsbetrieben entstanden, wo körperliche Schwerstarbeit gefragt war, strömten mehr junge Männer als Frauen aus vielen Ecken und Enden der Provinz Schleswig-Holstein und des ganzen Reiches in die Stadt. Die junge, männlich dominierte Stadtbevölkerung baute nur schwer emotionale Bindungen zur Stadt selbst auf. Oft genug zogen die Männer nach dem Ende der Wehrdienstzeit oder ihrer Arbeit auf einer Werft nämlich rasch wieder fort, bevor sie sich auch nur irgendwie als Kieler zu fühlen begonnen hatten. Zur fehlenden Ausbildung oder Verankerung eines Kieler Selbstverständnisses in der rapide anwachsenden und bunt »zusammengewürfelten« Bevölkerung trat der rasche bauliche Gesichtsverlust des historisch gewachsenen Kiels. Unter dem enormen Wachstumsdruck, dem sich mittelbar dann doch auch bald die älteren Stadtteile ausgesetzt sahen, wurde die Geschlossenheit und Beschaulichkeit des alten Stadtbildes neuen, funktionalen Bau- und Stilelementen des späten 1. Jahrhunderts geopfert. Alte, traditionsreiche Häuser mussten neuen Geschäfts- und Bürohäusern sowie Straßenzügen weichen, wie etwa das bekannte Schweffelhaus an der Klinke im Jahr 1907. Immerhin wurde dessen wertvolle Inneneinrichtung gerettet und in das Thaulow-Museum überführt. »Das Bild, an dem Generationen gebaut hatten, wurde brüchig und häßlich«, schreibt Peter Wulf. Nicht also erst die Bombenschäden des Zweiten Weltkriegs, sondern bereits das immense, auch durch verschiedene Bebauungspläne nahezu unkontrollierbare Wachstum, dem sich Kiel seit der Verlegung der Marine hierher ausgesetzt sah, machten die Stadt zu einem von vielen als charakterlos empfundenen Gebilde. Gerade dies wird nun heute aber mancherorts positiv ausgelegt als dasjenige, das Kiels speziellen Charakter ausmache.

Die Großzügigkeit, mit der die Neuanlage des Marinestützpunktes in Kiel-Wik geplant und durchgeführt wurde, und die repräsentativen Gestaltungsformen, die dabei Anwendung fanden, spiegeln in bester Weise das Ansehen und Selbstverständnis der Kaiserlichen Marine zu jener Zeit wider. Die Marine verkörperte das deutsche Streben nach Weltgeltung und eignete sich als Reichsinstitution weit besser als das Heer, das sich aus Kontingenten der deutschen Teilstaaten zusammensetzte, zum Symbol für die 1871 erlangte nationale Einheit. Der Deutsche Flottenverein, der sich für den massiven Ausbau der Flotte einsetzte, hatte zeitweilig großen politischen Einfluss. Matrosen und mehr noch die Marineoffiziere genossen eine hohe Wertschätzung in der zivilen Bevölkerung, die sich durch die verschiedensten, bis zum Kitsch reichenden Utensilien der Marine gern in die Nähe der »blauen Jungs« rückte. Der Matrosen- oder auch Kieler Anzug wurde ein beliebtes Kleidungsstück für den Nachwuchs. Ab 1889 fertigte die Trikotagefabrik Wilhelm Bleyle Matrosenanzüge und auch Matrosenkleider als Konfektionsware für den Massengebrauch. Wegen ihrer Beliebtheit in der Bevölkerung hatte die Marine damals auch alles andere als Nachwuchssorgen. Es meldeten sich zahlreiche Freiwillige aus allen Teilen des Reichs zum Dienst zur See, der wiederum mit der sonst nicht oder nur kaum gegebenen Möglichkeit lockte, auf den kaiserlichen Schiffen in entfernte, exotische Regionen dieser Welt zu gelangen.

Für eine zusätzliche Marinebegeisterung in Kiel sorgte der hier residierende Kaiserbruder Prinz Heinrich, der in der Marine seine Militärkarriere machte und schließlich zum Chef der Hochseeflotte und Großadmiral aufstieg. Ausdruck der Begeisterung für Kriegsschifffahrt und Flottenbau war nicht zuletzt die damalige Entwicklung Kiels zum Touristenziel. Als Publikumsmagneten wirkten dabei nicht allein die Kieler Woche und damit in Verbindung stehend der Kaiserliche Yacht-Club. Um die kaiserlichen Schiffe, die in der Kieler Förde auf Reede lagen, zu bestaunen und um die zahlreichen militärischen Manöver auf der Förde, insbesondere die Torpedoübungen, zu beobachten, reiste vielmehr den ganzen Sommer über eine große Zahl von Touristen nach Kiel. Hoteliers und Gastwirte machten sich den Boom zunutze.

Alles in allem war die Kaiserliche Marine zum Beginn des Ersten Weltkriegs vielleicht gerade noch ohne Kiel vorstellbar, da sie über einen weiteren wichtigen Stützpunkt in Wilhelmshaven verfügte. Die Stadt Kiel war aber längst nicht mehr ohne die Marine zu denken. Dabei gründete das beiderseitige Verhältnis keineswegs auf einer »Liebesheirat«, wie gezeigt. Für die Stadt Kiel brachte die Omnipräsenz der Marine zwar viele Vorteile, und nicht zuletzt verdankte sie ihr starkes Anwachsen zur Großstadt der Verlegung der Marine an die Förde. Doch hielten sich Vor- und Nachteile der Marinestationierung durchaus die Waage. Als langfristig schwerwiegendes Problem sollte sich die einseitige infrastrukturelle und wirtschaftliche Abhängigkeit der Stadt von der Marine herausstellen – spätestens als das Ende der Kaiserlichen Marine im November 1918 gekommen war.

Das Verhältnis der Stadt Kiel zur Marine blieb auch durch die Ereignisse der Novemberrevolution und des Kapp-Putschs mit seinen heftigen Straßenkämpfen vom 18. bis 20. März 1920 und 68 Toten – und dies, nachdem die Putschisten in Berlin längst aufgegeben hatten – zwiespältig. Die für den Kapp-Putsch in Kiel Verantwortlichen wurden nicht zur Rechenschaft gezogen, sondern fielen unter eine Generalamnestie. Beide Male, 1918 und 1920, hatten sich Matrosen auf die Seite politisch Extremer im linken bzw. rechten Lager geschlagen und das geltende Politik-, Verwaltungs- und Rechtsleben gewaltsam in Frage gestellt. Für die Stadt bedrohliche Szenarien hatte die Marineleitung auch im Hinblick eines Scheiterns der dazwischenliegenden Versailler Friedensverhandlungen im Blick: Sollte es zur Wiederaufnahme der Kampfhandlungen zwischen Deutschland und den Entente-Mächten kommen, wollte man alles, was nicht niet- und nagelfest war, aus der Marinestation abtransportieren und die im Hafen liegenden Kriegsschiffe selbst versenken. Das hätte nun wahrlich das langfristige Aus für den Kieler Handelshafen bedeutet, für den sonst nach dem Krieg zumindest eine realistischere Option bestand.

Allerdings litt Kiel auch extrem unter den Bestimmungen des Versailler Vertrages vom Juni 1919. Deutschland musste sein Militärpotential drastisch reduzieren. Der Großteil der ehemals Kaiserlichen Flotte war an die Kriegsgegner auszuliefern und versenkte sich dann selbst am 21. Juni 1919 vor Scapa Flow. Der Abbau des Militärpersonals und – da keine großen Kriegsschiffe mehr neu gebaut werden durften – der Zwang zur Reduzierung auch der Arbeitskräfte im Werftensektor führte nicht nur zu einem drastischen Rückgang der Kieler Stadtbevölkerung. Beides entzog Kiel, dessen Ökonomie allzu einseitig auf die Marine und ihre Bedürfnisse zugeschnitten war, auch die Grundlage für eine gedeihliche ökonomische Entwicklung. Dringend suchte man daher in der Folge nach anderen wirtschaftlichen Perspektiven, was einerseits auf Planungen zu einem neuen Hafenprojekt hinauslief und andererseits Versuche zur Ansiedlung neuer, nichtmaritimer Industrien beinhaltete. Ersteres stellte eine gewisse Voraussetzung für diese Ansiedlung dar. Insbesondere ging es dabei um die Gewinnung von Wasser- und Uferflächen im Bereich der Kanalmündung, weil auf diese Weise eine realistische Chance, einen größeren Anteil am Warenumschlag zwischen Hamburg und der Ostsee zu erzielen, am besten gewährleistet schien. Deswegen war auch die Eingemeindung von Holtenau von großem Interesse für die Stadtoberen, über die an anderer Stelle noch ausführlicher berichtet wird.

Ein weiterer infrastruktureller Baustein war die verstärkte Nutzung des Kieler Flugplatzes bei Holtenau, der bereits 1914 angelegt worden war. 1927 wurde eigens die Kieler Flughafengesellschaft als für den Betrieb verantwortlich ins Leben gerufen. 27 in- und ausländische Ziele wurden damals angesteuert. Der zivile Flugbetrieb wurde erst eingeschränkt, als 1937 die Umwandlung in einen Militärflugplatz mit beschränkter ziviler Nutzung erfolgte. In den 1960er Jahren erweiterte man dann das Rollbahnfeld und errichtete ein erstes Abfertigungsgebäude. Das heutige Gebäude stammt aber erst aus dem Jahr 1987. Mit seiner Inbetriebnahme war die Einrichtung eines Linienverkehrs nach Frankfurt am Main, bald auch nach Köln/Bonn und München sowie zu den internationalen Zielflughäfen Kopenhagen, Riga und Kaliningrad durch die Lufthansa verbunden. 1995 wurde der Flughafen wieder in zivile Verantwortung übergeben und zwei Jahre später durch einen neuen Tower ergänzt. Anfang des neuen Jahrtausends gab es sogar ehrgeizige Planungen bezüglich eines Flughafenausbaus. Doch wurden diese 2006 verbunden mit der Einstellung des Linienflugverkehrs wieder gestoppt. Seither wird der Flughafen lediglich von verschiedenen Vereinen und Einrichtungen, z.B. auch vom Universitätsklinikum zum Transport von Spenderorganen, für den Kleinflugzeugverkehr genutzt. Eine Attraktion ist das Fallschirmsprung- und Segelflugangebot. Aber im Prinzip schlummert die Anlage einen tiefen Dornröschenschlaf. Die immer wieder hochkochenden Diskussionen um die Zukunft des Flughafens erhitzen freilich die kommunalpolitischen Gemüter. Zu Anfang des Jahres 2017 zerbrach daran – zusammen mit anderen Streitpunkten – die Kooperation zwischen SPD und Grünen im Kieler Rathaus.

Nach dem Ersten Weltkrieg setzten sich in Kiel einstweilen Firmen aus dem Bereich der Warenveredelung, dem Nahrungsmittelsektor sowie dem Kunsthandwerk fest. Allerdings blieb die Kieler Industrie auch in der Weimarer Zeit immer noch zu einseitig auf die Metallverarbeitung, speziell im Kontext des Werftbetriebs, ausgerichtet. Im unverkennbaren Zusammenhang damit stand, dass Kiel am Ende der Weimarer Zeit zum »Sozialfall« wurde, da die Arbeitslosenquote 1932/33 auf rund 30 Prozent angestiegen war. Im Übrigen blieb Kiel weiterhin Reichskriegshafen. Und ein unverkennbares Anzeichen dafür, dass in maßgeblichen Kreisen mit dem Wiederaufbau einer schlagkräftigen Marine gerechnet wurde, war die Tatsache, dass die Marine nach 1919 an sämtlichen Rechts- und Besitztiteln in und um Kiel festhielt und allenfalls bestimmte, zeitweilig ungenutzte Flächen pachtweise für 20 Jahre an die Stadt vergab. Genau betrachtet, hatte die Stadt somit kaum Zeit und Luft, sich von der Marine zu emanzipieren, als ab 1935 die deutsche Wiederaufrüstung begann und damit ein Neustart bei der Marine einsetzte.

Schnell wurde damit auch wieder die Ambivalenz des beiderseitigen Verhältnisses spürbar. Doch hellte sich die allgemeine Stimmung in der Stadt durch die Aufrüstung, von der man ökonomisch profitierte, wieder auf. 1938 gab es infolge der neuen Rüstungsimpulse nur noch rund 700 Arbeitslose in der Stadt. Man glaubte daher mehrheitlich der nationalsozialistischen Prophezeiung einer »glücklichen Zukunft der Reichsmarinestadt Kiel im 3. Reich«. Und tatsächlich zeigte sich die Stadt ganz folgerichtig in vielfältiger Weise um ein gutes Verhältnis zur Marine bemüht. So räumte man ihr einen festen Platz in der städtischen Gedenkkultur ein, indem man z. B. 1936 nach fast siebenjähriger Bauzeit das 85 Meter hohe Marine-Ehrenmal in Laboe einweihte, dessen markante Silhouette seither die Einfahrt zur Förde dominiert. Zwei Jahre später erfolgte die Einweihung des U-Boot-Ehrenmals auf der Möltenorter Schanze. Bereits 1931 war den im Ersten Weltkrieg gefallenen Seesoldaten ein Erinnerungsmal des Künstlers Alwin Blaue (*1896; †1958) auf dem gegenüberliegenden Fördeufer errichtet worden. Die Kieler Universität wiederum verlieh dem ehemaligen Chef der Ostseestation und nunmehrigen Oberbefehlshaber der Deutschen Kriegsmarine, Erich Raeder (*1876; †1960), die Ehrendoktor-, die Stadt selbst 1934 die Ehrenbürgerwürde.

Tatsächlich profitierte Kiel ungemein stark vom Wiederaufrüstungsprogramm der Nationalsozialisten ab 1935: Die Bevölkerung nahm erneut zu, die Wirtschaft war dank der Marineaufträge im Aufwind befindlich. Die Konjunktur änderte freilich nichts an der einseitigen Ausrichtung der Kieler Wirtschaftsstruktur. Es verwundert angesichts dessen nicht, dass Kiel als der wichtigste deutsche Kriegshafen im Zweiten Weltkrieg auch ein besonders bevorzugtes Ziel der alliierten Bomber darstellte. Die Stadt verdankte der hier so stark konzentrierten Marine und Werftindustrie dann auch die Tatsache, dass 35 Prozent ihres Wohnungsbestandes bei Kriegsende völlig und weitere 40 Prozent nahezu irreparabel zerstört waren. Nur wenige deutsche Städte wiesen einen so hohen Zerstörungsgrad auf.

Die Frage stellte sich, ob nun, 1945, das Ende der Dauerehe zwischen Kiel und der Marine gekommen war. Die Briten wollten in jedem Fall ein Wiedererstarken einer deutschen Marine verhindern und folglich Kiel als einen künftigen Kriegshafen unbrauchbar machen. »Kiel wird nie wieder Kriegsmarinebasis sein«, meinte z. B. der Regional Economic Officer Colonel Helby am 18. Juni 1946. Der Kieler Oberbürgermeister dieser Jahre, Andreas Gayk (SPD), befürwortete solche Pläne. Er betonte, die wirtschaftliche Grundlage Kiels könne nunmehr nur eine echte Friedenswirtschaft sein.

Auch in weiten Teilen der Bevölkerung wurde eine Umstellung auf eine Friedenswirtschaft ohne Marine begrüßt und ein erneuter Aufbau Kiels zur Kriegsmarinestadt nahezu einhellig abgelehnt. Zu tief schmerzten die Wunden, die der Stadt mittelbar durch die Marine geschlagen worden waren. Doch schmerzte es die Stadt nicht minder, dass ca. 40 000 Arbeitsplätze durch die von den Briten vorgenommene Zerstörung und Sperrung des Kieler Ostufers verloren gingen. In den Deutschen Werken Kiel (DWK) in Gaarden hatten 1944 noch 12 900 Menschen gearbeitet, in der Germaniawerft zeitgleich 10 300 und bei der ELAC 4600. Weitere 4300 Arbeiter kamen aus den Deutschen Werken in Friedrichsort hinzu. 4000 Menschen hatten bei Hagenuk, 2000 bei Anschütz ihren Lebensunterhalt verdient usw. Jetzt wurden mit dem Ziel der Demontage und Entmilitarisierung die bisher noch unbeschädigten Fabrikgebäude systematisch zerstört – 152 von 264 – und von insgesamt noch nutzbaren 3700 Meter Kaimauern 2785 gesprengt. Die Sprengungen dauerten vom 28. Februar 1949 bis zum 5. Mai 1950. Verständlicherweise verliefen diese Maßnahmen, die so vielen Kielern die Arbeits- und damit Lebensgrundlage entzo-

Kiel und die Marine

gen, nicht konfliktfrei. Im September 1947 mussten z.B. 100 britische Soldaten und 120 deutsche Polizisten die Tochtergesellschaft der Deutschen Werke, Holmag mit Namen, besetzen, um einen vierwöchigen Ausstand der Arbeiter zu beenden.

Wie tief das Misstrauen der Briten gegenüber Kiel als Kriegshafen saß, zeigt die Tatsache, dass die Militärregierung noch am 10. Mai 1950 sämtliche Industrien für Stahlkonstruktionen am Kieler Ostufer untersagte, wo doch solche in den Westzonen sonst schon längst wieder produziert werden durften. Eine Folge davon war, dass die gewinnträchtige Kieler Tradition des Schiffsdieselmotorenbaus sehr lange zum Nachteil auch für die Stadtentwicklung unterbrochen blieb und erst im weiteren Verlauf der 1950er Jahre wiederaufgenommen werden konnte.

Die Haltung der Kieler gegenüber der Marine änderte sich zumindest teilweise unter dem Eindruck der wachsenden Spannungen im Kalten Krieg. Gayks Nachfolger im Amt des Oberbürgermeisters, Dr. Hans Müthling (*1901; †1976), erklärte in seiner Antrittsrede Mitte der 1950er Jahre: »Und ebenso ist klar, daß wir mit der Bundeshilfe auch die Stationierung von Marineeinheiten […] erstreben.« Die ökonomisch positiven Effekte einer solchen Stationierung rückten wieder in den Vordergrund, sodass sich auch die SPD-Fraktion im Rathaus kaum gegen eine Wiederbewaffnung stark machte.

Am 18. März 1956 kamen also die ersten drei Schnellboote der neuen Marine nach Kiel, und ab 1958 war hier das 3. Minensuchgeschwader stationiert, flankiert vom Marinefliegergeschwader 5 in Holtenau, wo es bis 2012 existierte, um dann nach Nordholz verlegt zu werden. Die Zeit großer Schlachtschiffe war zwar vorbei, doch fortan beherrschten U-Boote, Schnellboote und Minensucher das militärische Erscheinungsbild Kiels. Allerdings blieb das militärische Gepräge weitgehend auf den Bereich um den Tirpitzhafen konzentriert und dominierte nicht mehr, wie bisher, den gesamten Fördebereich. Kiel wurde zum wichtigsten Standort der bundesdeutschen Marine im Ostseebereich, was auch erklärt, warum hier in den 1980er Jahren, in einer Phase einer breit aufgestellten Friedensbewegung, auch und besonders eine Antikriegsstimmung in Konfrontation zur Marine aufkam. Vor allem die Anhänger der SPD und Grünen forderten für Kiel den Status einer atomwaffenfreien Zone ein. Ausdruck dieser Stimmung war die im Mai 1987 beschlossene Umwandlung der seit 1934 sogenannten Bismarckanlagen in einen Hiroshimapark zum Gedenken an den amerikanischen Atombombenabwurf auf die japanische Stadt. Neben den Kieler Hafen traten wegen seiner Nähe zur Grenze zum Warschauer Pakt, was ihn natürlich besonders gefährdete, aber bald auch andere Stützpunkte wie Olpenitz bei Kappeln.

Mit dem Fall des Eisernen Vorhangs und der Wiedervereinigung änderte sich die militärische Gefährdungslage Deutschlands im Ostseebereich grundlegend. Führte dies nach und nach zu einem spürbaren Abbau militärischer Kapazitäten, so ist die Zukunft des Marinestandorts mittlerweile gesichert. Angesichts einer wiederum veränderten Sicherheitslage im Ostseeraum und auf der Welt insgesamt ist sogar ein erneuter Ausbau im Blick. Somit hat das Resümee Michael Salewskis von 1992 immer noch volle Gültigkeit: »Sowenig Kiel je von der Marine losgekommen ist, sowenig kann die Marine je auf Kiel verzichten.«

Allerdings besteht heute ein markanter Unterschied etwa zur Zwischenkriegszeit der Weimarer Republik darin, dass die einseitige Ausrichtung Kiels auf die Marine im Sinne einer Monokultur längst nicht mehr gegeben ist. Zwar ging der größere Teil der kurzzeitig nach der industriellen Neuerschließung des Ostufers dort angesiedelten Firmen, die Möbel, Textilien, Marzipan, Marmelade, Spirituosen oder Registrierkassen erzeugt hatten, rasch wieder ein. Aber die MAK (Maschinenbau Kiel) fertigte in der Nachkriegszeit z.B. erfolgreich Spezialmaschinen für die Textilindustrie. Als zentrales Projekt einer maritimen Friedenswirtschaft florierte seit 1947 über 20 Jahre lang der Seefischmarkt, der 1700 Menschen einen Arbeitsplatz bot. In Tannenberg wurde durch die Firma Mimosa Fotopapier produziert, ein Firmenableger von Zeiss-Ikon fertigte in bedeutsamem Umfang im Bereich der Feinmechanik.

Auf dem Gebiet der Schiffsindustrie etablierten sich im Zeichen des Wirtschaftswunders der Nachkriegszeit auch wieder Werften in Kiel, wenn auch, im Vergleich zu früher, in verminderter Zahl: in Friedrichsort die nach dem Krieg aus Memel nach Kiel transferierte Lindenauwerft und am alten Ostuferstandort die Howaldtswerke. Erstere geriet 2008, nachdem im Vorjahr noch das beste Geschäftsjahr in der Firmengeschichte gefeiert worden und die Werft schuldenfrei war, in Liquiditätsprobleme und musste Insolvenz anmelden. 2013 ging die Lindenauwerft in einem größeren Werftenverbund auf. Die Howaldtswerke übernahmen 1955 die DWK und dehnten das Werftgelände wieder deutlich aus, sodass die Werft unter der Leitung des bekannt gewordenen »King« Adolf Westphal (*1901; †1971) in der Zeit zwischen 1958 und 1962 den Ruf der größten Werft Europas erlangte. Bedeutender Auftraggeber war z.B. der berühmte griechische Reeder Aristoteles Onassis (*1906; †1975), der hier seine Tanker und Jachten bauen ließ. 1968 wurde daraus das Unternehmen Howaldtswerke – Deutsche Werft AG (HDW). Danach kam es zu weiteren Besitz- und Namenswechseln. Ab 2005 wurde die Werft Teil von ThyssenKrupp Marine Systems. Damals gliederte man auch den Firmenbereich für Überwasseraktivitäten aus, der seit 2015 unter dem Namen German Naval Yards firmiert. Kiel ist damit bei aller Konkurrenz aus Fernost und trotz der allgemeinen Krise im Schiffbau immer noch einer der bedeutenden Werftstandorte in Deutschland, dessen Zukunft durch internationale Militäraufträge – derzeit aus Norwegen und eventuell Indien – und private Auftraggeber gesichert scheint und der nach wie vor für Superlative steht: 2017 stach die während ihrer Bauzeit »White Pearl« genannte Segeljacht »A«, die in Kiel seit 2012 im Auftrag des russischen Milliardärs Andrei Melnitschenko (*1972) gebaut worden war, in See. Mit einer Länge von 143 Metern und einer Masthöhe von über 90 Metern ist sie die größte Segeljacht der Welt – weitaus größer als das deutsche Marineschulschiff Gorch Fock.

Längst firmiert Kiel aber nicht mehr nur allein als Marine- und Werftstandort. Heutzutage arbeiten z. B. mehr Menschen in Kiel in der Informationstechnik als im Bereich der Werftindustrie. Kiel ist aber auch, um beim Thema Wasser und Meer zu bleiben, zu einem bedeutenden Fährhafen geworden. Seit den 1960er Jahren ist Kiel durch Fährverbindungen mit Oslo und Göteborg verbunden. Und lange Jahre verkehrten auch Fähren zwischen Kiel und einer Reihe dänischer Städte. Jährlich werden über eine Million Menschen, teils mit ihren Autos, auf den Fährlinien der Color Line nach Oslo, der Stena Line nach Göteborg sowie der DFDS Seaways nach Klaipeda oder von dort nach Kiel transportiert. Die dafür nötige Infrastruktur wurde 1992 durch den Ausbau des Bollhörnkais im Bereich der Innenförde und durch die Errichtung neuer Terminals auf dem Ost- (1997) bzw. Westufer (2010) geschaffen. Beide Gebäude prägen durch ihre auffallende Architektur die Silhouette der Hafencity. Um das Ostufer schneller vom Hauptbahnhof aus erreichen zu können, baute man 1997 als weitere technische und architektonische Attraktion die Hörnbrücke, eine dreigliedrige Faltbrücke für Fußgänger und Fahrradfahrer. Zum Linienverkehr der Fähren kam seit dem Fall des Eisernen Vorhangs das

Kreuzfahrtgeschäft als weiterer lukrativer Wirtschaftszweig hinzu. Zu dessen verbesserter Abwicklung wurde 2007 der alte Oslokai zum neuen Ostseekai ausgebaut, der heute über vier Liegeplätze verfügt. Über 350 000 Touristen im Jahr starten nun von hier aus mit ihrer Seereise in ferne Länder. Kiel ist deswegen ein so attraktiver und zukunftsfähiger Anlaufhafen, weil er wetterunabhängig ist, über Liegeplätze direkt neben dem Stadtzentrum verfügt, also insgesamt kurze Wege aufweist und gut an den weiteren Verkehr, ob nun mit der Bahn oder im Personenkraftverkehr, angebunden ist.

10. Kiel und seine braunen Schatten

Die Geschichte des Nationalsozialismus in Kiel begann mit der Gründung einer Parteigruppe im Juli 1923. Elf Männer waren damals daran beteiligt. Dieser ersten Gründung war allerdings nur eine kurze Dauer beschieden, denn noch im gleichen Jahr wurde die Nationalsozialistische Deutsche Arbeiterpartei (NSDAP) wegen des Hitlerputsches reichsweit und also auch in Kiel verboten. Hitler reagierte umgehend, organisierte die Partei zu einer Führerpartei um und gründete sie im Februar 1925 neu. Schon im März 1925 gründete sich dann eine neue Ortsgruppe in Kiel als Sammelbecken für antisemitische, völkisch ausgerichtete und nationalistische Ideen, und in der Folge wurde eine ganze Reihe von Parteigliederungen und -organisationen wie die Sturmabteilung (SA) (1925), Hitlerjugend (HJ) (1928) oder NS-Frauenschaft (1929/31) ins Leben gerufen. Die Mehrheit der Mitglieder und Anhänger war anfangs unter 30 Jahren alt. Erst zum Ende der 1920er Jahre kamen vermehrt Männer im mittleren Alter dazu. Selbständige, Beamte und höhere Angestellte – Gruppen, die sich im Zuge der Weltwirtschaftskrise besonders vom sozialen Abstieg bedroht fühlten, – dominierten in den Leitungsfunktionen, wohingegen lediglich vier Prozent der Spitzenstellen in der Partei von Arbeitern besetzt waren.

Seit 1931 wurde die Kieler NSDAP vom Berliner Studenten Reinhard Sunkel (*1900; †1945) geleitet. Sie war zunächst in sieben, hernach in 24 Ortsgruppen eingeteilt. Sunkel sorgte für ein militanteres Auftreten der Partei sowie von SA und Schutzstaffel (SS). Schlägereien mit den Parteiorganisationen der Sozialdemokraten oder Kommunisten – Reichsbanner bzw. Rotfrontkämpferbund – häuften sich. Auf Sunkel folgte als Kreisleiter im Oktober 1932 der gelernte Großhandelskaufmann Walter Behrens (*1889; †1977). Zu dieser Zeit bekannten sich bereits 2000 bis 3000 Kieler Einwohner zur Partei.

Erstmalig war die NSDAP mit zwei Abgeordneten 1929 im Kieler Rathaus vertreten. Bei der Reichstagswahl im Jahr 1930 wählten schon 22 Prozent der Wähler die Partei, was einem über dem Reichsdurchschnitt liegenden Stimmenanteil entsprach und für die Nationalsozialisten in Kiel den Durchbruch bedeutete. Überdurchschnittlich stark war die NSDAP in den Stadtvierteln mit einem hohen Anteil Selbstständiger gewählt worden, doch entschieden sich mehr und mehr Wähler aus allen Schichten für die Partei. Bei der Reichstagswahl vom Juli 1932 gaben dann 46 Prozent den Nationalsozialisten ihre Stimme. Im März 1933 entfielen wiederum 47 Prozent auf sie, während die SPD und die Kommunistische Partei Deutschlands (KPD) ihren Stimmenanteil von zusammen rund 40 Prozent trotz immer stärkerer Repressionen im Prinzip wahren konnten. Auch bei der Kommunalwahl vom 12. März 1933 erhielten sie noch 37 Prozent, die Nationalsozialisten hingegen 43 Prozent. Allerdings wäre es verfehlt, von einer geschlossenen Front gegen die Nationalsozialisten auszugehen. SPD und KPD waren zutiefst miteinander verfeindet. Die starke prozentuale Zunahme der Stimmenanteile zugunsten der NSDAP und ihre Wahrung auf vergleichsweise hohem Niveau beruhten vor allem auf dem Einbruch der Parteien des bürgerlichen Lagers.

Mit der Ernennung Adolf Hitlers (*1889; †1945) zum Reichskanzler am 30. Januar 1933 ergriffen die Nationalsozialisten gewaltsame Maßnahmen, um die Verhältnisse in Kiel zu ihren Gunsten zu ändern. So durchsuchten rund 600 Angehörige von SA, SS oder Stahlhelm, die nach dem Reichstagsbrand vom 27. Februar 1933 als Hilfspolizisten eingesetzt wurden, Wohnungen und Häuser von Sozialdemokraten, Kommunisten und Gewerkschaftlern und sorgten teilweise für deren Verhaftung. Am 11. März 1933 besetzten SS- und SA-Leute das Rathaus, nachdem am Vortag der Oberbürgermeister Emil Lueken (*1879; †1961), wiewohl 1932 noch für weitere zwölf Jahre wiedergewählt, vom zuständigen Regierungspräsidenten für abgesetzt erklärt worden war. Behrens übernahm kommissarisch die Geschäfte, die Stadträte der SPD wurden »beurlaubt«.

In der Nacht vom 11. auf den 12. März 1933, an dem die schon erwähnte Kommunalwahl stattfand, erschossen zwei Männer, die sich als Hilfspolizisten ausgaben und von denen einer eine SA-Uniform trug, den jüdischen Anwalt und SPD-Kommunalpolitiker Wilhelm Spiegel (*1876; †1933) in seinem Haus im Forstweg 42. Spiegel war im Jahr zuvor mit Adolf Hitler selbst aneinandergeraten, als er in seiner Funktion als Anwalt den Chefredakteur der sozialdemokratisch orientierten Schleswig-Holsteinischen Zeitung namens Kurt Wurbs (†1942) in einem Gerichtsverfahren gegen die NSDAP verteidigt hatte. Genannter Wurbs hatte in einem Bericht behauptet, Hitler bereite einen Bürgerkrieg vor, wogegen die NSDAP eine einstweilige Verfügung auf Unterlassung erwirkt hatte. Mit einer eidesstattlichen Erklärung hatte Hitler sodann die Aufrechterhaltung derselben erreicht. Daraufhin hatte Spiegel Hitler persönlich zur Hauptverhandlung nach Kiel geladen. An Hitlers statt war aber Ernst Röhm (*1887; †1934) erschienen, der den Bürgerkriegsverdacht von sich wies. Weil das Gericht Röhms Argumentation Glauben schenkte, hatte Spiegel den Prozess verloren. Musste er für sein Verhalten mit seinem Leben bezahlen? Zwar lehnte die NSDAP jedwede Verantwortung für diesen Mord ab, aber es war klar, dass die Täter aus ihrem Umfeld stammen mussten. Die Tat wurde nie gesühnt.

Der Mord an Spiegel sollte 1933 nicht die einzige nationalsozialistisch motivierte Bluttat bleiben. Am 1. April 1933 nämlich kam es im Rahmen des Boykotts jüdischer Geschäfte vor dem Möbelgeschäft Schumm in der Kehdenstraße zu einem Handgemenge zwischen dem Sohn des Firmeninhabers, dem Rechtsanwalt Friedrich Schumm (*1901; †1933), und zwei SS-Posten, wobei einer der beiden durch einen Schuss verletzt wurde. Wiewohl unklar blieb, wer den Schuss abgegeben hatte, stellte sich Schumm der Polizei. Im Polizeigefängnis in der Blumenstraße wurde er dann von einer aufgebrachten nationalsozialistischen Menge gelyncht, ohne dass dieses durch und durch rechtswidrige Verhalten irgendwelche Konsequenzen zeitigte. Auch die Erschießung des ehemaligen Polizeipräsidenten von Altona, Otto Eggerstedt (*1886; †1933), der zuvor in Kiel tätig gewesen war und der SPD angehörte, im Oktober desselben Jahres im Konzentrationslager (KZ) Esterwegen oder die Ermordung des KPD-Politikers Christian Heuck (*1892; †1934) im Februar 1934 im Gefängnis von Neumünster zeigen nur zu deutlich, dass die Nationalsozialisten vor Rechtsbruch und Terror nicht zurückschreckten und dass das nach außen getragene Bemühen um eine legale Machtübernahme nur Fassade war.

Infolge des Gesetzes zur Wiederherstellung des Berufsbeamtentums vom April 1933 mussten rund 300 Beamte, Angestellte oder Arbeiter der Stadtverwaltung aus politischen oder »rassischen« Gründen ihre Stelle bei der Stadt aufgeben, die dann Nationalsozialisten übernahmen. Vor allem Schlüsselpositionen in Polizei und Justiz waren bald fest in ihrer Hand. Noch im März 1933 waren die Sitze der KPD-Stadtverordneten ersatzlos gestrichen worden, im Juni waren diejenigen der SPD an der

Reihe. Vom 14. Juli an war die NSDAP die einzige reichsweit erlaubte Partei. Nur zu folgerichtig wurden die Stadtkollegien im Dezember 1933 in ihrer hergebrachten Form aufgelöst; die Stadträte wurden künftig nicht gewählt, sondern eingesetzt. Gemäß dem sogenannten Führerprinzip stand der ebenfalls von oben installierte Oberbürgermeister nun der Gemeinde als allein verantwortlicher Leiter vor. Beide, Oberbürgermeister und Stadträte, wurden vom Gauleiter kontrolliert. Neue Organe des NS-Polizei- und Justizapparats waren eine im Mai 1933 in Kiel eingerichtete Staatspolizeistelle, die später für ganz Schleswig-Holstein zuständig wurde, und ein in der Stadt seit 1937 sitzendes Sondergericht. Erstere war für die Verhaftung von Oppositionellen verantwortlich. Allein bis August 1933 wurden so rund 1500 Personen inhaftiert und in KZs geschafft. Letzteres verhängte während des Zweiten Weltkriegs 118 Todesurteile.

Der Schlag der Nationalsozialisten gegen demokratische Strukturen richtete sich im Frühjahr 1933 auch gegen die Gewerkschaften, deren Haus in der Legienstraße im März 1933 erst durchsucht und dann unter SA-Verwaltung gestellt wurde. Am 2. Mai 1933 folgten das reichsweite Verbot der Gewerkschaften und die gleichzeitige Verhaftung etlicher Gewerkschaftsfunktionäre. An die Stelle der Gewerkschaften sollte die am 10. Mai 1933 gegründete Deutsche Arbeitsfront (DAF) treten, in die alle Arbeitnehmer und Arbeitgeber zwangsweise eintreten mussten. Ähnlich nahmen die Nationalsozialisten auf die Jugendarbeit in ihrem Sinne Einfluss, die von nun an von der HJ und dem Bund Deutscher Mädel (BDM) dominiert wurde. Im Herbst 1933 gehörten rund 6000 Kieler Jugendliche der HJ an. Drei Jahre später waren es 70 bis 80 Prozent aller Schüler. Die anderen Jugendorganisationen hatten sich freiwillig oder unter Zwang aufgelöst.

Bis Ende 1935 war jeder politische Widerstand gegen die NS-Gewaltherrschaft zerschlagen. Dazu trug nicht zuletzt das engmaschige Netz der Parteiorganisationen bei, mit denen die Stadt und der Alltag der Menschen überzogen wurde und die das öffentliche Leben fest kontrollierten, ja selbst bis in das Privatleben der einzelnen Menschen Einblick erlangten. Sie und die damit verbundenen Schulungen, Aufmärsche, Feste oder sonstigen Treffen sorgten wohl mehr als die Beobachtung durch die Gestapo für die Absicherung des Regimes.

In besonderer Weise richteten sich Gewalt und Terror der Nationalsozialisten gegen die Angehörigen religiöser Minderheiten, wie die Zeugen Jehovas, und die jüdischen Mitbürger, von denen es in Kiel seinerzeit rund 800 gegeben hat. Die jüdischen Geschäfte wurden von den Nationalsozialisten schon 1933 boykottiert. 1935 erfolgte die »Arisierung« des seit 1929 bestehenden, bald größten Kieler Textilhauses namens Texta, das eine jüdische Geschäftsführung hatte. Es ging in den Besitz der Familie Weipert über, die es noch bis in die 1990er Jahre lang betrieb.

Einen ersten traurigen Höhepunkt stellten die Ereignisse der Reichspogromnacht, von den Nationalsozialisten als »Reichskristallnacht« verharmlost, vom 9. auf den 10. November 1938 dar. Von Joseph Goebbels (*1897; †1945) als Vergeltungsmaßnahme für das von dem polnischen Juden Herschel Grünspan (*1921; †1942/45) am 7. November 1938 verübte Attentat auf den deutschen Botschaftssekretär Ernst von Rath (*1909; †1938) propagiert, kam es dabei zu gewaltsamen Übergriffen gegen die jüdische Bevölkerung und ihren Besitz in allen Teilen des Reiches. Gegen drei Uhr morgens versammelten sich in Kiel SS-Männer und Parteiangehörige, anweisungsgemäß in Zivil, auf dem Neumarkt, der in Adolf-Hitler-Platz umbenannt worden war, und fuhren von dort auf Lastwagen mit Benzinkanistern zur Synagoge in der Goethestraße. Sie verschafften sich Zugang zum Gebäude, transportierten die wertvollen Kult- und Einrichtungsgegenstände ab, zertrümmerten und zerschlugen dann das Mobiliar und die Glasscheiben und legten zuletzt Feuer. Der anwesenden Feuerwehr war das Löschen des Brandes untersagt; sie hatte nur darauf zu achten, dass das Feuer nicht auf die umstehenden Häuser übergriff. Im Feuerwehrbericht wurde wider besseres Wissen vermerkt, dass das Feuer in der Synagoge durch »unbekannte Ursachen« ausgebrochen sei.

Zur selben Zeit wurden zahlreiche jüdische Privatwohnungen und elf Geschäfte demoliert sowie 58 Juden im Alter zwischen 17 und 72 Jahren verhaftet. Einige wurden nach ein paar Tagen wieder entlassen, die anderen blieben im Gefängnis, zehn kamen ins KZ. Am Morgen des 10. November wurden zudem Mordanschläge auf die zwei prominenten Kieler Juden Gustav Lask und Paul Leven verübt, die im Kieler Bürgertum gut vernetzt waren und über eine nationalkonservative Grundhaltung verfügten. Lask war Vorsitzender der Ortsgruppe des Reichsbundes Jüdischer Frontsoldaten. Beide wurden überfallen, misshandelt, angeschossen und dann sich selbst überlassen. Sie überlebten schwer verletzt und konnten schließlich emigrieren.

Das Pogrom ließ erahnen, zu welcher Gewalt die Nationalsozialisten gegenüber der jüdischen Mitbevölkerung bereit und fähig waren. Über 360 der Kieler Juden wurden denn auch Opfer des nationalsozialistischen Holocaust. Viele von ihnen wurden in das sogenannte Reichskommissariat Ostland verschleppt und dort umgebracht. Dieses Reichskommissariat, das im Wesentlichen die baltischen Staaten und Weißrussland umfasste, wurde im Zweiten Weltkrieg vom schleswig-holsteinischen Gauleiter und Oberpräsidenten Hinrich Lohse geleitet. Zahlreiche Mitarbeiter des hiesigen öffentlichen Dienstes ließen sich in seinem Gefolge auch dorthin abordnen, um eine schnelle, aussichtsreiche NS-Karriere zu machen. 500 000 Juden lebten vor dem Krieg in dieser Region; kaum 10 000 überlebten denselben.

Vor den Toren Kiels wurde in direkter Nachbarschaft zum Russee an der Rendsburger Landstraße im Juni 1944 durch deutsche Zivilarbeiter und Häftlinge eine Haftstätte der schleswig-holsteinischen Gestapo angelegt: das sogenannte Arbeitserziehungslager Nordmark. Etwa 5000 Menschen waren hier bis Kriegsende inhaftiert und in mehr als 20 ungeheizten Baracken unter unwürdigen hygienischen Bedingungen untergebracht. Knapp 600 von ihnen kamen jämmerlich ums Leben. Die Lagerhäftlinge, die zu zwei Dritteln Zwangsarbeiter aus der Sowjetunion und Polen waren, wurden im Bunkerbau, zur Trümmerräumung, zur Zwangsarbeit meist in der Industrie sowie zum weiteren Ausbau des Lagers eingesetzt. Insgesamt existierten für Zwangsarbeiter in Kiel und Umgebung über 100 Lager. Das Arbeitserziehungslager Nordmark wurde am 4. Mai 1945 von britischen Truppen befreit. Die Wachmannschaften waren zuvor geflohen. Die Briten nutzten das Lager dann zunächst zur Unterbringung sogenannter Displaced Persons – damit waren ausländische Zivilisten gemeint, die sich kriegsbedingt, vor allem wegen der Zwangsarbeit, in Deutschland befanden; für Kiel belief sich ihre Zahl auf schätzungsweise 25 000 Menschen. Schließlich dienten die Baracken ab Herbst 1948 Flüchtlingen als Behelfsunterkunft. Anfang der 1960er Jahre wurden sie schließlich abgerissen, und das Gelände wurde teilweise mit Sportanlagen und Gewerbeflächen überbaut.

Die Nationalsozialisten hatten in Kiel wie anderenorts ehrgeizige Pläne zur Veränderung des Stadtbildes, worüber im nächsten Kapitel noch mehr die Rede sein soll. Die Hauptstadt des Gaus Nordmark sollte mit einer Reihe monumentaler Neubauten und einer großzügigen Verkehrsführung dem Geist der Zeit entsprechend repräsentativ umgestaltet werden. Aus diesen Plänen wurde wegen des Zweiten Weltkriegs nichts. An dessen Ende sah Kiel bekanntlich ganz anders aus, als es sich selbst jeder Nationalsozialist je hätte träumen lassen. Vor dem Krieg hatte die dringende Erfordernis von Wohn-, Verwaltungs- und Kasernenbauten eine Realisierung der ins Auge gefassten Umgestaltung verhindert. Diese Bauten waren erforderlich, weil die Wiederaufrüstung für einen gewaltigen Zustrom an Militärs und zivilen Arbeitskräften mit deren Familien nach Kiel sorgte. Ende 1942 lebten über 300 000 Menschen in der Stadt, so viele wie nie zuvor. Als die Briten am 4. Mai 1945 Kiel erreichten, betrug die Bevölkerungszahl dann aber keine 150 000 Einwohner mehr. Das lag nicht zuletzt daran, dass 90 alliierte Luftangriffe seit 1940 weite Teile der Stadt von Grund auf zerstört hatten.

Insbesondere die Flächenbombardements ab 1943 wirkten sich verheerend aus, wobei die Altstadt, der Stadtteil Schreventeich und Bereiche des Ostufers besonders stark vom Bombenkrieg betroffen waren. Die 44 000 Spreng- und 500 000 Brandbomben der Alliierten hatten 75 Prozent der Wohnhäuser entweder total zerstört oder schwer beschädigt. Zu Kriegsende bedeckten fünf Millionen Kubikmeter Schutt die Stadt. 2640 zivile Opfer der Luftangriffe sind im offiziellen Amtsbuch aufgelistet. Die größte Katastrophe ereignete sich im sogenannten Moltkestollen, in dem am 3. April 1945 auf einen Schlag 230 Menschen ums Leben kamen. Keine Statistik gibt es über die Verluste der deutschen Militärangehörigen und Kriegsgefangenen. Auf der Seite der Alliierten kamen mehr als 200 Angehörige der Luftstreitkräfte über Kiel ums Leben.

Da Luftangriffe wegen der Rolle Kiels als Militärstandort und Rüstungsschwerpunkt erwartbar gewesen waren, standen

Jagdflieger, Flak und Fesselballons zur Abwehr feindlicher Flugzeuge bereit, um die nachts verdunkelte und seit 1942 bei Angriffen eingenebelte Stadt zu sichern. Zudem war seit Kriegsbeginn vorausschauend eine große Zahl von Hoch- und Tiefbunkern, Luftschutzstollen und Deckungsgräben zum Schutz der Bevölkerung angelegt worden, sodass die Zahl der zivilen Opfer im Vergleich zu anderen Städten verhältnismäßig niedrig blieb. Einige dieser Bunker ragen heute noch im Stadtbild auf. Viele Kinder wurden vorsorglich im Rahmen der sogenannten Kinderlandverschickung in sichere Regionen gebracht, ebenso mussten viele ausgebombte Kieler – 167 000 waren schließlich obdachlos – einen provisorischen Wohnsitz in anderen Teilen des Landes nehmen.

Im offiziellen Gedenkbuch der Stadt für die Kieler Bombenopfer sind im Unterschied zur genannten Amtsliste lediglich 2501 Menschen namentlich aufgeführt. Bei rund 50 Prozent der fehlenden Opfer lassen sich keine Gründe für ihre Nicht-Aufnahme ermitteln. Bei der anderen Hälfte handelte es sich großenteils um Ausländer, die im offiziellen Kieler Gedenken der 1950er Jahre keinen Platz fanden. Dies ist ein kleiner Fingerzeig darauf, dass nach 1945 das Erinnern an die nationalsozialistische Diktatur selektiv war und teilweise schwerfiel. Über vieles versuchte man den Schleier des Vergessens zu legen. Die schleppende und im Ergebnis mehr als dürftige Entnazifizierung der deutschen Bevölkerung trug dazu wesentlich bei: 500 Beamte, Angestellte und Arbeiter der Kieler Stadtverwaltung wurden zwar von den Briten bis Juli 1945 aus politischen Gründen entlassen. Aber den Oberbürgermeister und ehemaligen Kreisleiter Behrens ließ man als zunächst Minderbelasteten (Stufe III), dann sogar nur Mitläufer (Stufe IV) weitgehend unbehelligt davon kommen.

Dies bestätigt auch ein exemplarischer Blick auf die Kieler Stadtverordnetenversammlung der 1950er Jahre: Aus heutiger Sicht wies sie fragwürdige und für damals doch ganz typische Kontinuitäten auf. Erich Bade (*1895; †?) z. B., der für den Bund der Heimatvertriebenen und Entrechteten (BHE) und dann für die FDP von 1955 bis 1958 im Stadtrat saß, ist so ein Fall. Nach einer Kaufmannslehre nahm er am Ersten Weltkrieg teil und trat nach dessen Ende 1922 mit der Mitgliedsnummer 8879 in die NSDAP ein. Die Partei wurde, wie schon ausgeführt wurde, für kurze Zeit verboten, nach ihrer Neugründung erfolgte auch Bades Wiedereintritt, diesmal als Mitglied Nr. 3933. 1926 wurde er jedoch wegen »Geheimbündelei« aus der NSDAP ausgeschlossen. Erst nach zehn Jahren wurde diese Bestimmung aufgehoben, doch ruhte seine Mitgliedschaft wegen der Unvereinbarkeit von Partei und zeitgleicher Wehrmachtszugehörigkeit. Indes wünschte Bade nun ein Goldenes Parteiabzeichen als »Alter Kämpfer«, was er ausführlich schriftlich begründete. So habe er 1919 bei der »Aushebung« der Wohnung eines jüdischen Ministers mitgeholfen und sei er Gründer und erster Gauleiter des Deutschvölkischen Schutz- und Trutzbundes geworden. Auch habe er die Mordwaffe zum Attentat auf den Reichsaußenminister Walther Rathenau (*1867; †1922) finanziert und besorgt. Und schließlich habe er die erste SA-Gruppe in Mecklenburg ins Leben gerufen. Das ersehnte Abzeichen erhielt er trotzdem nicht. Im Entnazifizierungsverfahren nach dem Zweiten Weltkrieg verschwieg Bade dann wohlwissend sein vorher so gerühmtes Engagement zugunsten des Nationalsozialismus in weiten Teilen. Er sei lediglich im Mai/Juni 1925 Mitglied von NSDAP und SA gewesen – was schon deswegen eine fragwürdige Schönfärberei war, weil er 1944 zum Leiter der Propagandaabteilung in Laibach (Ljubljana) ernannt worden war. Da dennoch einige pikante Details aus seiner

NS-Vergangenheit herauskamen, wurde er wegen Fragebogenfälschung zu einem halben Jahr Haft verurteilt. Mit der Begründung, dass Bade den Nationalsozialismus durch seine Tätigkeit gefördert habe und politisch und charakterlich zu den minderwertigen Elementen in der deutschen Bevölkerung gehöre, wurde er dann im Entnazifizierungsverfahren in Stufe III als minderbelastet eingeordnet. 1950 milderte man das Urteil mit einer Einstufung in die vierte Gruppe der Mitläufer ab.

Der zwischen 1955 und 1959 für die CDU im Stadtrat sitzende Otto Winkelmann (*1894; †1977) war von 1930 bis 1937 Stadtpolizeichef von Görlitz gewesen. 1937 wechselte er ins Hauptamt der Ordnungspolizei im Reichsinnenministerium. Ab 1938 wurde er unter der Nr. 308 238 als SS-Mitglied geführt. Daneben nahm er eine ganze Reihe von Mitgliedschaften in NS-Untergliederungen wahr. Als SS- und Polizeigruppenführer diente er 1944 in Ungarn und wurde im Dezember 1944 für fünf Tage als General der Waffen-SS Kommandeur von Budapest. Als solcher war er nachweislich an der Judendeportation aus Ungarn aktiv beteiligt. Im Entnazifizierungsverfahren wurde er zuerst 1949 in die Stufe IV (Mitläufer) eingereiht, dann 1950 auf III (Minderbelasteter) hochgestuft, um zuletzt gegen Jahresende 1950 wieder in der Stufe IV zu landen. Er habe, so seine Verlautbarung, nichts mit der SS zu tun gehabt. Indes war er im Eichmann-Prozess als Zeuge des Angeklagten im Gespräch. Doch kam es nicht zur Vernehmung, weil er in Israel seine eigene Verhaftung befürchten musste. Bei der Wahl in den Stadtrat stellte er sich den Kieler Wählerinnen und Wählern lediglich als ehemaliger »General der Polizei« vor, was gewiss weniger als die halbe Wahrheit war.

Die SPD vertrat ab 1959 Johannes Wagner (*1902; †1985) im Kieler Stadtrat. Nachweislich war er während der NS-Diktatur SA-Sturmführer sowie Mitglied der DAF, der Nationalsozialistischen Volkswohlfahrt (NSV) und weiterer Parteiuntergliederungen. Nach dem Zweiten Weltkrieg habe er allerdings erst von seiner DAF-Mitgliedschaft erfahren, erklärte er in seinem Entnazifizierungsverfahren. Auch sei er durch seinen Jagdschein automatisch Mitglied der Deutschen Jägerschaft gewesen.

Am bekanntesten und gleichzeitig auch am umstrittensten ist sicher das Beispiel von Wilhelm Sievers, der von 1951 bis 1958 Ratsmitglied für die CDU war und zwischen 1955 und 1959 das ehrenvolle Amt des Stadtpräsidenten versah. Der gebürtige Kieler hatte am Ersten Weltkrieg als Kriegsfreiwilliger teilgenommen und sich danach an der Niederschlagung des Spartakusaufstands und am Kapp-Putsch aktiv beteiligt. Er gehörte dem berüchtigten Freikorps Löwenfeld als Mitglied an. 1922 und dann nochmals 1925 war er in die NSDAP eingetreten. 1927 wurde er Bürgermeister von Visselhövede in der Lüneburger Heide, vier Jahre später übernahm er das Bürgermeisteramt von Eckernförde. Hier ereignete sich am 10. Juli 1932 der sogenannte Eckernförder Blutsonntag, bei dem es zu Zusammenstößen zwischen SA-Schlägern und linksgerichteten Arbeitern kam, wobei Landarbeiter ermordet wurden, die der SPD nahestanden. Nur durch Warnschüsse des sozialdemokratisch gesinnten Oberwachtmeisters Karl Faden wurde Schlimmeres verhütet. Kurz nach Hitlers Machtübernahme wurde der als Gegner der NSDAP diffamierte Faden dann wegen vermeintlicher Disziplinlosigkeit und Unzuverlässigkeit vom Dienst suspendiert, wofür Sievers mitverantwortlich war. Damals und auch danach gehörte Sievers offensichtlich zum »harten Kern« der NSDAP in Schleswig-Holstein. So versuchte er, Einfluss auf die Kieler Verhältnisse zu gewinnen, als der gewählte Oberbürgermeister Lueken seinen Platz räumen musste. Doch wurde Sievers im Mai 1933 kommissarischer Landrat des Kreises Eckernförde und im September 1933 Oberbürgermeister von Flensburg. Wachsende Spannungen mit Gauleiter Lohse führten freilich im Januar 1936 zu seiner Abberufung. Rund zwei Jahre später wurde er dann Oberbürgermeister von Brandenburg/Havel.

Das Urteil in seinem Entnazifizierungsverfahren belief sich 1947 auf 13 Monate Haft wegen Mitgliedschaft in SS und Sicherheitsdienst. Allerdings wurde ihm die bisher schon abgesessene Haft im Internierungslager in Staumühle bei Paderborn angerechnet, sodass er im Juni 1947 auf freien Fuß kam. In die Kieler Kommunalpolitik schaltete er sich dann, wie gesagt, zu Beginn der 1950er Jahre aktiv ein. Ratsversammlung und Magistrat erklärten aufgrund der um die Stadt erworbenen Verdienste in ihrem Kondolenzschreiben vom 1. Juli 1966, dass »Dr. Sievers […] als aufrechter Demokrat und ein um Kiel verdienter Bürger in Erinnerung bleiben« werde. Die in jüngerer Vergangenheit aufgekommene Diskussion um Sievers' NS-Vergangenheit führte schließlich zum Beginn des Jahres 2013 dazu, dass sein offizielles Öl-Porträt in der Rathaus-Galerie abgehängt wurde. Die Geister scheiden sich über die Frage, ob diese Lösung der richtige Umgang mit der »braunen« Vergangenheit Kiels sein kann. Sie macht gleichzeitig deutlich, wie nötig es in Kiel nach wie vor ist, sich der Herausforderung des Erinnerns zu stellen, will man dem Vergessen entgegenwirken.

Ihren Beitrag zum Erinnern an die NS-Zeit und ihre Opfer leistet eine ganze Reihe von Denkmälern in Kiel. An zentraler Stelle steht dabei die Ehrenhalle der Stadt Kiel für die Gefallenen beider Weltkriege, für die Bombenopfer und Opfer des Nationalsozialismus, die sich im Erdgeschoss des Rathauses an der Haupttreppe zum ersten Stockwerk befindet. Zunächst war diese Erinnerungsstätte bloß als Mahnmal für die Kieler gedacht, die sich 1953 immer noch in Kriegsgefangenschaft befanden. Diese Initiative wurde aber zur Idee einer Gedenkstätte für die rund 20 000 Kieler Toten weiterentwickelt, wie sie der damalige Oberbürgermeister Andreas Gayk forderte. Am 16. Dezember 1954 fasste die Ratsversammlung schließlich den Beschluss, eine derartige Ehrenhalle einzurichten. Sie wurde nach nur kurzer Bauzeit zur Kieler Woche des Jahres 1955 eingeweiht. Ein Sgraffito-Wandbild des Kieler Malers Werner Lange (*1888; †1955) befindet sich auf der dem Eingang gegenüberliegenden Wand und zeigt künstlerisch anspruchsvoll zur nachhaltigen Mahnung eine Pietà. Auf bronzenen Pulten beiderseits der Halle, über denen jeweils Lorbeerkränze hängen, liegen sechs in Leder gebundene Gedenkbücher aus, worin die Gefallenen der beiden Weltkriege, die Bombenopfer, die Vermissten und nicht Heimgekehrten sowie die Opfer der NS-Gewaltherrschaft namentlich aufgeführt sind. Auf Anregung des Russeer Pastors Klaus Niejahr wird seit 1990 auch der über 500 Opfer des Arbeitserziehungslagers Nordmark gedacht.

Ansonsten finden sich die Denkmäler und Gedenkorte über das gesamte Stadtgebiet verteilt an den unterschiedlichsten Plätzen und Orten. Ein erster Gedenkstein erinnert z. B. seit 1971 an das schon genannte Arbeitserziehungslager am Russee. Ihm folgte 1985 ein zweiter Stein. An das bereits erwähnte Judenpogrom 1938 und die dabei zerstörte jüdische Synagoge erinnert hingegen eine Gedenktafel samt Mahnmal in der Goethestraße/Ecke Humboldtstraße. Einige Mahnmäler sind aber auch im Lauf der Zeit aus dem Stadtbild verschwunden. So standen die Ruinen des U-Boot-Bunkers »Kilian« bis 2001 an der Schwentinemündung. Dieser war unter anderem von Zwangsarbeitern und KZ-Häftlingen zur Ausrüstung und Instandsetzung, auch zum Schutz und Neubau von U-Booten 1942/43 errichtet worden. Anfang April 1945 war er bei einem alliierten Luftangriff schwer beschädigt worden, weiteren Schaden fügten Sprengungen nach dem Krieg zu. Um die Ruine entwickelte sich eine lebhaft geführte Diskussion, ob sich der Bunker als Antikriegsdenkmal zur Erinnerung an die Rolle Kiels in der Marine- und Reichsgeschichte eigne. Das Landesamt für Denkmalpflege stellte die Bunkerruine dann 1988 als Kulturdenkmal von besonderer Bedeutung unter Denkmalschutz. Der Versuch der Stadt, die Eintragung ins Denkmalbuch gerichtlich aufheben zu lassen, scheiterte zunächst 1991. Aber im Jahr 2001 konnte »Kilian« im Zuge der Erweiterung des Ostuferhafens doch noch zu Füllmaterial verschreddert werden. Der nunmehr im Flandernbunker in Kiel-Wik ansässige Verein »Mahnmal Kilian« führt das Anliegen eines Antikriegsdenkmals durch eine vielfältige Ausstellungs- und Aktionstätigkeit fort und hält dabei die Erinnerung an »Kilian« durch seinen eigenen Namen wach.

Renate Dopheide zog Mitte der 1990er Jahre eine gemischte Bilanz zur Kieler Erinnerungsarbeit bezüglich der NS-Diktatur. Rund 100 Stätten seien der Erinnerung gewidmet. Die meisten dieser Stätten würden an die deutschen Toten des Zweiten Weltkriegs erinnern. Damals umgekommene Opfer wie Täter würden unspezifisch in einen Topf geworfen. Gerade die Mahnmale aus den 1950er und 1960er Jahren würden die genauen Hintergründe für das tausendfache Sterben durch unklare bzw. an den christlichen Opfergedanken erinnernde Formulierungen wie »Sie fielen für uns« verwischen. Meist seien sie Orte der Trauer und des Gedenkens, nicht aber der inhaltlichen Mahnung oder gar Auseinandersetzung. Nur ein paar Denkmäler würden an die Opfer unter den deutschen Flüchtlingen erinnern, auch die Opfer im Widerstand oder ermordete KPD-Mitglieder seien grundsätzlich unterrepräsentiert. An das traurige Schicksal der Kieler Juden erinnere die Synagogenskulptur, aber ganze Opfergruppen des Rassenwahns blieben ausgespart.

Seit dieser kritischen Bilanz hat sich noch einiges in positiver Hinsicht in Kiel getan. So wurden Denkmäler um Begleittexte zur inhaltlichen Auseinandersetzung ergänzt. Seit 2003 besteht z. B. auf Initiative des Arbeitskreises zur Erforschung des Nationalsozialismus in Schleswig-Holstein (AKENS) der Gedenkort Arbeitserziehungslager Nordmark mit einem weiteren Gedenkstein und einer erklärenden Schautafel. Schon 1997 wurde im Hiroshima-Park auch ein Granitstein zum Gedenken an die während der NS-Diktatur verfolgten Sinti und Roma aufgestellt. Und nach einer intensiven öffentlichen Debatte wird seit 2007 im Rahmen der seit 2006 auch in Kiel durchgeführten Stolpersteinaktion endlich auch weiterer Opfergruppen wie politisch, religiös oder »rassisch« Verfolgter gedacht. Zuvor hatten sich insbesondere Gewerkschaften und der AKENS für diese Einbeziehung stark gemacht und sich gegen eine allzu einseitige Fokussierung allein auf die jüdischen Opfer des NS-Terrors ausgesprochen. Mit dem AKENS und den Gewerkschaften, ebenso dem Verein Mahnmal Kilian e. V. sind schon wichtige Säulen der Erinnerungsarbeit gegen das Verdrängen und Vergessen der NS-Gewalt angesprochen. Ihre Bemühungen werden in vielfältiger Weise durch die örtlichen Parteien, auch Privatinitiativen, die Bürgerstiftung, das Stadtmuseum und das Stadtarchiv und andere mehr unterstützt. Seit dem Januar 2017 ist die hauptamtliche Stelle eines »Projektmanagers Erinnerungskultur« mit einem Experten besetzt, der sich künftig um die Bündelung und nachhaltige Fortschreibung dieser wichtigen Erinnerungsarbeit bemühen soll, damit sich keine neuen braunen Schatten über die Stadt Kiel legen.

11. Kiel als Herausforderung moderner Stadtplanung

Es gab durchaus einige städtebauliche Akzente in der Altstadt Kiels in vormoderner Zeit. Die schon erwähnten Persianischen Häuser aus der Mitte des 17. Jahrhunderts stellten einen solchen Akzent dar, weil es sich bei ihnen nicht um die Errichtung nur eines Hauses, sondern einer ganzen Häuserzeile handelte. Die ebenfalls bereits erwähnte großräumige Erschließung des Damperhofviertels um die Mitte des 19. Jahrhunderts gehört gleichfalls in diese Kategorie. Doch dies alles bedeutete nichts gegenüber den planerischen Herausforderungen seit der zweiten Hälfte des 19. Jahrhunderts. Wie schon im neunten Kapitel dieses Buches deutlich geworden ist, nahm das Wachstum Kiels ab 1865, als die preußische Marinestation von Danzig hierher verlegt wurde, erst langsam und dann immer schneller gewaltige und so gewiss ungeahnte Ausmaße an, sodass die Stadt an die Grenzen ihrer Möglichkeiten stieß und aus den Fugen zu geraten drohte. Diese Entwicklung erhöhte einerseits den Wunsch nach oder mehr noch die Notwendigkeit zu einer umfassenden und konsequenten Eingemeindungspolitik gegenüber den Umlandgemeinden. Andererseits wurden dringend Bebauungspläne erforderlich, um eine Optimierung bzw. überhaupt erst einmal Ordnung der Bebauung neuer Flächen herbeizuführen.

Bei der Eingemeindungspolitik spielte neben der Suche nach neuen Flächen stets auch der Wettbewerb um die Neuansiedlung von Gewerbetreibenden eine wichtige Rolle, gepaart mit einem immer stärkeren Druck zur Vereinheitlichung der Steuer- und Abgabenpolitik. Die Stadt Kiel musste im 19. Jahrhundert, wie heute, immer mehr Zentralaufgaben für ihre ländliche Umgebung übernehmen. Eine naheliegende Folge hieraus war, dass dies den Anspruch verstärkte, die betreffenden ländlichen Gegenden einzugemeinden. Die 1869 eingeführte Preußische Städteordnung diente hierbei als formal-rechtliche Voraussetzung, denn sie erlaubte Eingemeindungen im Bedarfsfall. Seit jenem Jahr zeigte sich der Kieler Magistrat auch verstärkt an Eingemeindungen interessiert, und aufs Ganze gesehen betrieb dieser in der Tat eine umsichtige und vorausschauende Eingemeindungspolitik. Die kleinen Gemeinden versuchten natürlich, aus den Kieler Eingemeindungszielen möglichst viele Vorteile für sich und ihre Einwohner herauszuschlagen. Da der städtische Magistrat diesen Wünschen nicht ohne Weiteres entsprechen konnte, kam es fallweise zu langwierigen und schwierigen Verhandlungen in dieser Frage.

Der erste Schritt in die angestrebte Richtung wurde bereits 1869 mit der Eingemeindung Brunswiks getan. Zahlreiche Kieler Bürger lebten auf dessen Gemarkung, die durch eine seinerzeit noch ausgedehnte Feldflur erst einmal genügend Raum für die gewünschte Stadterweiterung zu bieten schien. In der Folgezeit entwickelte sich der neue Stadtteil zu einem bevorzugten Wohnviertel mit zahlreichen Geschäften, Kasernenanlagen und Universitätsbauten, umso mehr als 1872/73 der Schlosskomplex und das fiskalische Gehege in Düsternbrook und Düvelsbek mit der Forstbaumschule ebenfalls an Kiel fielen, was die Lücke zwischen dem alten Kiel und Brunswik vollends schloss. Bis 1888 wurden über 600 neue Häuser in Brunswik errichtet.

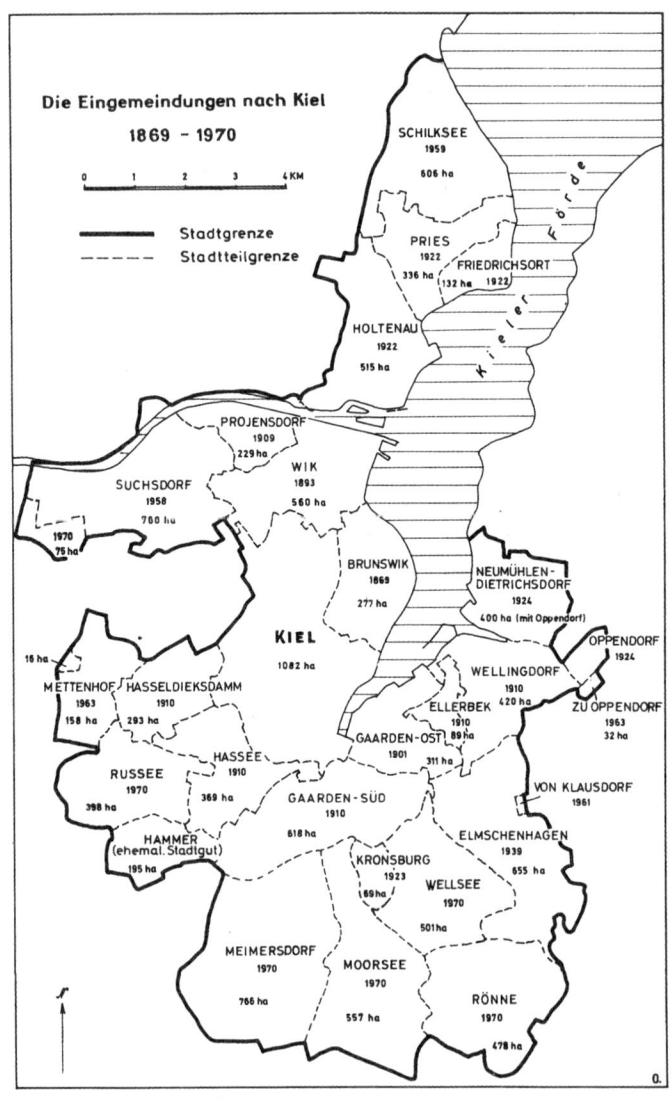

Als nächstes folgte die benachbarte Gemeinde Wik, die sich nun selbst mit der Bitte um Eingemeindung an die Stadt wandte, da sie den großen finanziellen Belastungen durch den damaligen Bau des Nord-Ostsee-Kanals nicht gewachsen war. 1893 wurde diese Eingemeindung Wiks dann realisiert und entfachte bei den Städtern bald neue Hafenpläne im Bereich der Kanaleinfahrt. Die 1909 vollzogene Eingemeindung des Gutes Projensdorf verstärkte die Präsenz Kiels am Kanal noch mehr. Ähnlich wie die Gemeinde Wik durch den Kanalbau überlastet gewesen war, zeigten sich bald auch die kleinen Gemeinden Gaarden, Ellerbek und Wellingdorf dem buchstäblichen Ansturm der Industrialisierung in Form der auf ihrer Flur angesiedelten gewaltigen Werftbetriebe nicht länger gewachsen. Das hatte im Fall der größten, der Kaiserlichen Werft, seinen Grund nicht zuletzt darin, dass diese als Reichsbetrieb, wie beschrieben, keine Kommunalsteuern zu entrichten hatte. Bald tat sich so eine gewaltige Schere zwischen den Steuereinnahmen der kleinen Gemeinden und deren kommunalen Aufgaben auf. Denn sie hatten die Infrastruktur für einen reibungslosen Werftenbetrieb vorzuhalten. Dies führte zu Beginn des 20. Jahrhunderts zu einer größeren Eingemeindungswelle, indem sich 1901 das zum Kreis Plön gehörende Dorf Gaarden Kiel anschloss und 1910 dann das im Kreis Bordesholm gelegene Gaarden samt Ellerbek und Wellingdorf nach Kiel eingemeindet wurden. So wurde nun erstmalig eine übergreifende Kommunalplanung am West- wie am Ostufer der Förde möglich. Hinzu kamen 1910 als weitere neue Stadtteile auch noch Hassee und Hasseldiecksdamm. In diesem Bereich stellte, anders als am Ostufer, noch Landwirtschaft und Gartenbau die Haupterwerbsquelle dar. Und im Gegensatz zum Stadtinnern, wo mehrgeschossige Miethäuser dominant waren, herrschte hier eine Einzelhausbebauung vor, was als gewisser Ausgleich für die beginnende städtische Verdichtung im Stadtkern dienen konnte.

Während der Kaiserzeit war somit durch die aufgezählten Eingemeindungen das Stadtgebiet um 2330 Hektar und mehr als 38 000 Einwohner angewachsen. Für ein weiteres Wachstum in den bisherigen Dimensionen bedeutete dies eine optimale Voraussetzung. Denn es war jetzt anscheinend genügend Platz für neue Wohngebiete, Hafenanlagen, Verkehrseinrichtungen sowie überhaupt für ein übergreifendes Straßen- und Wegenetz vorhanden. Die abrupten Veränderungen der Wachstumsbedingungen infolge des verlorenen Ersten Weltkriegs ließen indes weitere großflächige Eingemeindungen, wie es sie seit 1869 gegeben hatte, zunächst als unnötig erscheinen. Wenn überhaupt, benötigte die Stadt jetzt angesichts des wirtschaftlichen und bevölkerungsmäßigen Abwärtstrends keine neuen Siedlungs-, sondern Wirtschaftsflächen mit Potential, um endlich eine vielfältigere und weniger krisenanfällige Industriestruktur zu schaffen. Überhaupt wandelte sich die Eingemeindungsstrategie jetzt weg von der bloßen Wachstums- zur Strukturpolitik: Man wollte die Einwohnerzahl, das prognostizierte Wachstum und das vorhandene Stadtgebiet in ein vernünftiges Verhältnis zueinander bringen. Als drückend musste die Stadt dabei freilich die nach wie vor mangelnde Verfügungsmasse über Kai- und Hafenanlagen betrachten. Neue Hafenflächen schienen der Schlüssel zum ökonomischen Wachstum unabhängig von Werften und Marine zu sein. An der Hörn und im Bereich des heutigen Bootshafens waren die Kapazitäten bereits voll ausgenutzt, das weitere Ostufer war durch die Werften verbaut, das Westufer war topografisch durch das in Düsternbrook vorhandene Steilufer zur Ausdehnung des Hafenbereichs teilweise ungeeignet oder von Marineeinrichtungen in Beschlag genommen.

Diese Sachlage ließ jetzt das Dörfchen Holtenau ins Visier der Stadtoberen geraten. Holtenau befand sich direkt an der nördlichen Seite der Kanalmündung und verfügte über ausreichende Uferflächen, auf denen sich die Kieler Hafenpläne mühelos realisieren ließen. So begann Kiel 1920 mit dem zuständigen Kreis Eckernförde wegen einer möglichen Eingemeindung zu verhandeln. Der Kreis Eckernförde wiederum war nicht zur bedingungslosen Freigabe Holtenaus mit seinen damals 3800 Einwohnern an die Stadt Kiel bereit. Er wollte seine Zustimmung nur unter der Bedingung geben, dass gleichzeitig auch die Landgemeinde Pries, wo seinerzeit 4000 Menschen lebten, und der fiskalische Gutsbezirk Friedrichsort, der 1800 Personen eine Heimat bot, dem Kieler Stadtgebiet zugeschlagen würden. Der Hintergrund dieser Forderung bestand darin, dass Pries und Friedrichsort in jener Zeit große wirtschaftliche Probleme hatten, weil die Torpedowerkstatt als bisheriger Hauptarbeitgeber vor Ort mit ca. 6000 Arbeitern während des Krieges fortan als solcher ausschied. Für den Kreis Eckernförde bedeutete diese Situation mit den damit verbundenen hohen Arbeitslosenzahlen eine große Belastung, derer er sich nun taktisch geschickt unter Verzicht auf das Sahnestück Holtenau zu entledigen suchte. Und tatsächlich ging Kiel, das eigentlich nicht an Pries und Friedrichsort interessiert war, auf diesen Handel ein, um so an die ersehnten Uferflächen zu gelangen. Zum 1. Oktober 1922 wurden die Verträge zur Eingemeindung geschlossen, wobei Holtenau einige Sonderrechte für sich heraushandelte, etwa was die Versendung von Vertretern zur Stadtverordnetenversammlung, den geltenden Schlachthofzwang oder den Straßenbau anbelangte. Jetzt hatte Kiel endlich das Potential zu einem neuen städtischen Hafen- und Gewerbegebiet in seiner Hand, zumal zugleich größere Flächen des Marinekohlhofes an der Mündung des Kanals von der Marine für die Einrichtung eines Freihafens gepachtet wurden.

Kurze Zeit später erfolgte im Dezember 1923 auf eigenes Ersuchen auch die Eingemeindung Kronsburgs. Weit schwieriger gestalteten sich demgegenüber die Verhandlungen um Neumühlen-Dietrichsdorf, dessen Einwohner lange Zeit mehrheitlich keinen Nutzen in einer Eingemeindung nach Kiel sehen wollten. Kiel wiederum schielte nach dem damit im Gespräch befindlichen Unterlauf der Schwentine und empfand es als überaus lukrativ, über die wirtschaftlichen und steuerlichen Rahmenbedingungen der Howaldtswerke, die dort seit 1875 ansässig waren, mitreden zu können. Erste Schritte zur Eingemeindung waren 1907/09 und dann nochmals 1920/22 gescheitert. Die Inflationskrise des Jahres 1923 und der zu erwartende Finanzbedarf wegen anstehender kommunaler Investitionen mischten die Karten aber neu, sodass auf Initiative Neumühlen-Dietrichsdorfs erneut Verhandlungen aufgenommen wurden. 1924 gelangten sie zum erfolgreichen Abschluss.

Als sodann 1927 die Auflösung der bis dahin verwaltungsmäßig eigenständigen Gutsbezirke vorgenommen wurde, stieg Kiels Appetit nach dem Umland immens an. So plante es die Eingemeindung des Gebiets von Bülk über Knoop und Rathmannsdorf im Nordwesten weiter über Quarnbek im Südwesten sowie Raisdorf im Süden bis nach Mönkeberg im Osten. Die ehrgeizige Planung konnte jedoch wegen der zögerlichen Haltung der preußischen Staatsregierung, die dies zu genehmigen gehabt hätte, und der dann einsetzenden Weltwirtschaftskrise nicht realisiert werden. Auch die 1929 bereits weit gediehenen Verhandlungen mit Elmschenhagen scheiterten im ersten Anlauf am Widerspruch der Provinzial- wie auch der preußischen Staatsregierung.

Für bald zehn Jahre setzte darauf eine Pause ein. Dies änderte sich erst, als das neue Aufrüstungsprogramm der Nationalsozialisten ein solches Maß an Wachstum generiert hatte, dass sich die Stadt aussichtsreich um weitere Eingemeindungen bemühen konnte. Zustatten kam es Kiel dabei, dass die NS-Machthaber im Interesse am bevölkerungsmäßigen und wirtschaftlichen Aufschwung grundsätzlich zur Veränderung kommunaler Grenzen auch im größeren Umfang bereit waren, wie das Großhamburg-Gesetz des Jahres 1937 eindrücklich unter Beweis gestellt hatte. Das holsteinische Altona wurde seinerzeit zu Hamburg geschlagen, das seit 1226 reichsfreie Lübeck dagegen wechselte in schleswig-holsteinische Obhut über. 1938 wurden daher die Eingemeindungspläne hinsichtlich Elmschenhagens wieder aufgenommen, weil man den Ort zur Wohnsiedlung für die Angehörigen der wachsenden Kriegsmarine auszubauen gedachte. Die Eingemeindung nach Kiel gemeinsam mit der zugehörigen Villensiedlung Kroog wurde denn auch tatsächlich am 1. April 1939 vollzogen, was das Stadtgebiet auf einen Schlag um nochmals 655 Hektar vergrößerte. Weitere Eingemeindungen unter NS-Regie verhinderte der kurz darauf ausbrechende Zweite Weltkrieg.

Das Kiel der Nachkriegszeit verspürte erneut einen erheblichen Eingemeindungsbedarf, da es allenthalben an weiteren Wohn- und Gewerbeflächen fehlte. Die verbliebenen Umlandgemeinden zeigten indes wenig Interesse daran, zumal Kiel wie etwa im Falle der Gemeindeenklave Kronshagen, in der damals fast 7000 Menschen wohnten, nicht einmal vor rüden Drohungen zurückschreckte. Doch an dem für Kiel in vielerlei Hinsicht lukrativen Kronshagen biss sich die Stadt mit ihren Bemühungen dauerhaft die Zähne aus, ganz anders als bei Suchsdorf und Schilksee, die 1958 und 1959 neue Kieler Stadtteile wurden. Diese Gemeinden verfügten über genügend Flächen, um Bauland z. B. für Flüchtlinge und Heimatvertriebene zur Verfügung zu stellen. Die Menschen, die hier ein Zuhause fanden, wurden wie die Bewohner der anderen außenliegenden Stadtteile und Umlandgemeinden zu den vielen Pendlern, von denen im sechsten Kapitel die Rede war und die heutzutage die Stadt vor große Verkehrsprobleme stellen.

Anfang der 1960er Jahre fehlten laut Statistik in Kiel aber immer noch 12 000 Wohnungen. Um der großen Wohnungsnot abzuhelfen, erwarb das Wohnungsbauunternehmen »Neue Heimat« 1960 in größerem Umfang landwirtschaftliches Gelände auf der Melsdorfer Gemarkung und bot es der Stadt Kiel zu Wohnungsbauzwecken an. Dies waren die Anfänge des ab 1963 als Hochhaussiedlung auf der grünen Wiese ins Leben gerufenen Stadtteils Mettenhof, der mit seinen 233 Hektar neu bebauter Fläche den Wohnungsmangel wesentlich minderte. Mettenhofs Silhouette wird seit 1968 vom sogenannten Weißen Riesen dominiert, einem über 100 Meter hohen Hochhaus mit 22 bewohnten Stockwerken, das zugleich das höchste Wohngebäude Kiels ist. Auf dem zugrundeliegenden Konzept der Gartenstadt und der Nachbarschaftsidee mit den damit verbundenen großzügigen Grünflächen und speziellen Verkehrsführungen gingen die Planer seinerzeit von einem für 25 000 Einwohner ausgelegten Stadtteil aus. Heute wohnen rund 20 000 Einwohner in Mettenhof. Umgangssprachlich wird der Stadtteil, auch seines Images wegen, gern »Mettentown« genannt. In der Tat hat das Konzept der Gartenstadt in der hiesigen Umsetzung und vor allem seiner Entwicklung auch einige Nachteile mit sich gebracht. Beklagt wird nicht nur die vergleichsweise periphere Lage, die die Verortung »im Grünen« mit sich bringt, sondern und vor allem die Anonymität in den zahlreichen Hochhausblocks mit einem damit einhergehenden Hang zur Vernachlässigung etwa der öffentlichen Grünanlagen oder Wegebereiche an und in den Hochhäusern.

Das bislang letzte große Kapitel in der Kieler Eingemeindungsgeschichte wurde durch das Zweite Gesetz zur Neuordnung von Gemeinde- und Kreisgrenzen vom 23. Dezember 1969 aufgeschlagen, in dessen Folge am 26. April 1970 die Gemeinden Russee mit Teilen der Gemeinde Ottendorf, Meimersdorf, Moorsee, Wellsee und Rönne auf einen Schlag eingemeindet wurden. Für die genannten Gemeinden stand die Lösung ihrer Wasserversorgungs- und Abwasserentsorgungsprobleme im Vordergrund. In Russee hatten sich freilich fast 90 Prozent der Bewohner gegen die Eingemeindung ausgesprochen – ohne Erfolg. Der mit der Eingemeindung verbundene Gewinn großer Gewerbe- und Baulandreserven im Süden der Stadt kam einem neuerlichen Wendepunkt in der Geschichte der Stadt Kiel gleich, weil sich seine Fläche schwerpunktmäßig nun endgültig von der Förde ins nahe Hinterland verlagerte und hier große Entwicklungsmöglichkeiten offenstanden. In der Tat befinden sich in einigen der gerade genannten Gemeinden heutzutage z.B. beliebte Neubau- und wichtige, expandierende Gewerbegebiete. Der Handels- und Industriepark Wellsee ist mit 160 Hektar Fläche sogar zum Gewerbeschwerpunkt Kiels geworden. Die Frage, ob in Meimersdorf gleichzeitig ein Windpark angesiedelt werden kann und darf, spaltet nach wie vor die Gemüter.

Die immer stärkere flächenmäßige Ausdehnung Kiels seit der zweiten Hälfte des 19. Jahrhunderts bedingte indes nicht nur eine Stadterweiterung nach außen, wie sie die Eingemeindungspolitik gewährleistete, sondern auch eine nach innen gerichtete Stadtplanung, um übergreifende Verkehrsverbindungen zu schaffen, die Versorgung mit Wasser und dann auch Elektrizität sicherzustellen und vor allem auch die Stadt als ein organisches, soziales Ganzes zu entwickeln. Schaut man auf den gesamten Wachstumsverlauf Kiels, so wird ein bestimmtes Muster erkennbar: Neue Wohngebiete wurden vom alten Stadtzentrum ausgehend entlang größerer Hauptstraßen erschlossen, so z. B. über das Sophienblatt und die Ringstraße im Südwesten, den Knooper Weg und die Holtenauer Straße im Nordwesten. Nach und nach verdichteten sich die neuen Bereiche durch die Anlage dazwischen liegender Querstraßen.

Ansätze zur Planung gab es in Kiel bereits 1847. Hatte es sich bisher lediglich um einen planlosen Ausbau der Stadt aus dem alten Stadtkern heraus gehandelt, wurde damals bei der Erschließung des Damperhofviertels erstmalig eine übergreifende Planung vorgenommen. Neue Dimensionen legte demgegenüber der Stadterweiterungsplan von 1869 an den Tag, auch Martens-Plan nach dem seit 1865 im Amt befindlichen Stadtbaumeister Gustav Ludolf Martens (*1818; †1872) genannt. Martens sah die Anlage einer Ringstraße vor, die einen festen Rahmen für die sich ausdehnende Stadt abgeben und vom Sophienblatt über die heutige Ringstraße weiter zur Sternstraße und Wilhelminenstraße verlaufen sollte. Somit ergab sich ein halbkreisförmiges Stadtgebiet mit fächerartigen Ausfallstraßen, die wiederum durch Zwischenstraßen miteinander verbunden waren. Der Martens-Plan konnte angesichts des immer schnelleren Wachstums allerdings nicht verhindern, dass außerhalb des Planungsgebiets Straßen und Häuser auf privatem Grund ohne Rücksicht auf seine übergeordneten, ästhetischen Prinzipien angelegt wurden.

Die Notwendigkeit zur Planung blieb, je ungezügelter das Wachstum Kiels offensichtlich wurde. Dem suchte die Stadt 1883 durch einen weiteren, nach dem Bauinspektor Friedrich Wilhelm Schweitzer (*1825; †1906) betitelten Plan zu begegnen, der ein schachbrettartiges Straßensystem zwischen Niemannsweg und Kakabellenweg (heute Westring) im nördlichen Anschluss an Brunswik entwarf, ohne irgendwelche Rücksicht auf die Gegebenheiten des Geländes zu nehmen. Ab 1890 wurde dieser Plan für die Bebauung der Flächen bis zum Kanal verbindlich gemacht, wogegen sich 1895 unter Führung des Geheimen Sanitätsrats Gustav Adolf Neuber (*1850; †1932), der sonst eher durch seinen Streit mit dem Medizinprofessor und Kieler Ehrenbürger Friedrich von Esmarch (*1823; †1908) um den richtigen Weg der Wundinfektion bekannt ist, erheblicher Widerstand in der Bevölkerung regte. Eine stärkere Berücksichtigung der Geländebeschaffenheit wurde verlangt. Das Schweitzersche Schachbrett sei öde und langweilig und lasse künstlerisch-ästhetische Grundsätze vermissen, lautete der kulturkritische Töne enthaltende Vorwurf. Gleichzeitig zeigte diese Kritik am Schweitzer-Plan die neuen Dimensionen der Stadtplanung, die nun zugleich funktional, ästhetisch, hygienisch und sozial zu sein hatte.

Der Kritik begegneten die Verantwortlichen, indem sie den Geheimen Baurat Josef Stübben (*1845; †1936) aus Köln 1896 mit der Anfertigung eines einheitlichen, umfassenden Bebauungsplans beauftragten. Sein Stübben-Plan von 1901 bezog dann in der Tat das ganze damalige Stadtgebiet mit ein und versuchte, das Schweitzersche Schachbrett abzumildern sowie einen stärkeren Geländebezug herzustellen. Zudem sah er die Anlage von Grünflächen und großzügigen Ringstraßen sowie eine Differenzierung der Straßenbreiten nach Bedeutung und Verkehrsfunktion vor. Aus der bloßen Ordnung der Stadtfläche wurde eine soziale Ordnung der Wohngebiete weiterentwickelt. Die breiten Ringstraßen erhielten insofern eine entsprechende Wohnbebauung. Parallel wurden zwischen 1899 und 1907 in Kiel erste Regelungen getroffen, um die soziale Entwicklung gewisser Stadtgebiete stärker zu steuern. Insgesamt gab es in

Kiel seinerzeit nur wenige klar definierte Wohngebiete. Eher kann man von Gebieten mit einer sozialen Staffelung sprechen. Gleichwohl sind Schwerpunkte erkennbar: Die Altstadt, Vorstadt und Brunswik bildeten den Innenstadt- und Geschäftsbereich, im Westen und Norden dominierte das bürgerliche Element, wohingegen der Osten, Süden und Südwesten eher proletarisch geprägt waren. Der Stübben-Plan gab dann die Basis für die weitere Stadtplanung bis nach dem Ersten Weltkrieg ab. Sein Ringstraßensystem ist im Bereich Westring/Mühlenweg noch heute im Stadtbild auszumachen.

Der Stübben-Plan hatte bei alledem noch ganz den Geist der repräsentativ-bürgerlichen Großstadtarchitektur des späten 19. Jahrhunderts geatmet und entsprach damit nicht mehr den städteplanerischen Anforderungen der Zwischenkriegszeit, die mit der Veränderung der wirtschaftlichen Situation zu rechtkommen und eine neue Auffassung vom Städtebau widerspiegeln musste: Nun ging es vermehrt um soziales Bauen und Wohnen. Um den Gemeinschaftsgeist innerhalb einer Stadtgemeinde zusätzlich zu stärken, sollten großzügige Grünflächen als Erholungsgebiete mit Sportarealen und Versammlungsplätzen ausgewiesen werden. Der von 1921 bis zu seinem Tod 1930 als Kiels technischer Stadtrat fungierende Architekt Willy Hahn (*1887; †1930) entwarf zu diesem Zweck 1922 einen neuen Stadtentwicklungsplan, der durch eine klare Definition von Bauzonen gekennzeichnet war. Innerhalb dieser Zonen hatte die Bebauung nach seiner Vorstellung einer zuvor festgelegten Aufgabenstellung zu entsprechen. Konkret sollte sich an die alte Hochbauzone mit ihren Mietshauskasernen rings um die Förde eine mit weiten Flächen und vielen Grünanlagen, auch Sportplätzen, Parks usw. versehene Flachbauzone anschließen, auf die wiederum eine breite Grüngürtelzone aus Wald und Wiesen mit Kleingartengebieten, Friedhöfen usw. zu folgen hatte. Durch die Zonen sollten nach allen Seiten radial die Ausfallstraßen des alten Stübben-Plans verlaufen und dementsprechend verlängert werden. Tatsächlich wurde der Bauplan in den Jahren zwischen 1924 bis 1929 schwerpunktmäßig umgesetzt. Kiel wurde schließlich von einem – in wesentlichen Teilen schon älteren – ca. 14 Kilometer langen und rund eineinhalb Kilometer breiten Pachtgartengürtel umgeben. Fast jede zweite Familie besaß einen solchen Pachtgarten zur Selbstversorgung mit frischem Obst und Gemüse und zur Erholung. Die so kreierte Kieler Stadtlandschaft bestand im Prinzip bis in die 1960er Jahre hinein in nahezu reiner Form und wurde erst anschließend durch neuere Planungen überformt und an vielen Stellen beseitigt. Lange noch weiter bestehende Überbleibsel wie eine größere Kleingartenanlage am Westring müssen nach einem Bürgerentscheid aus dem Jahr 2014 der Baggerschaufel weichen und einem großen Möbelunternehmen aus Bad Segeberg Platz machen.

Hatte der Stübben-Plan noch eine weitgehende Durchmischung von Wohn- und Gewerberaum vorgesehen, setzte Hahn nunmehr auf eine strenge Funktionsteilung und sah daher auch eine spezielle Industriezone vor, die das Werftengelände zwischen Neumühlen-Dietrichsdorf und Gaarden umschloss sowie weitere Gewerbegebiete in Hassee und am Eichhof, zudem ein neues Industriegebiet an der Kanalmündung im Norden. Die Bereiche des Wohnens und der Erholung sollten von denen der Wirtschaft und des Arbeitens deutlich getrennt sein.

Der fortschrittliche Plan Willy Hahns hinterließ zwei größere Problemzonen. Der Kleine Kiel war von der Mitte des 19. Jahrhunderts an eingedeicht worden und hatte bis in die 1880er Jahre weitgehend seine heutige Uferlinie erhalten. Das daran angrenzende Gelände konnte infolgedessen trockengelegt und zur Stadterweiterung genutzt werden. Nachdem der Plan, dort neue Universitätsgebäude zu errichten, verworfen worden war, entschloss man sich, hier ein neues repräsentatives Stadtzentrum zu erbauen, den sogenannten Neumarkt. Doch trotz seiner großzügigen Platzanlage mit dem mondänen Rathaus von 1911 und dem nicht minder repräsentativen, zwischen 1905 und 1907 errichteten Stadttheater sowie dem ebenfalls stattlichen Gebäude der Kieler Vereinsbank von 1908 bildete dieser Bereich wie überhaupt das Gebiet um den Kleinen Kiel weiterhin eine wenig belebte Ecke der Stadt. Noch heute kämpft die Stadt im Prinzip dagegen an – teilweise durchaus mit Erfolg, wie der seit 2016 hier veranstaltete Weihnachtsmarkt als wirklich großer Publikumsmagnet zeigte. Auch der hier zu jeder Kieler Woche veranstaltete Internationale Markt oder der an dieser Stelle in den Sommermonaten regelmäßig stattfindende Flohmarkt hauchen dem Rathausplatz immer wieder etwas Leben ein. Der zweite problematische Punkt war zunächst das Fehlen einer repräsentativen Hauptstraße zwischen Ziegelteich und neuem Bahnhof. Überhaupt nahm Hahn die Innenstadtbebauung als gegebene Größe hin und konzentrierte sich mehr auf den Übergang zwischen unmittelbarem Stadtgebiet und dem Land.

Hahns Vorgaben blieben in der Zeit zwischen 1933 und 1945 im Prinzip bestehen bzw. wurden um die Planung von zwei bis drei Ringstraßen um die ganze Förde modifiziert. Als nötig wurden zudem nun auch großzügige Aufmarschplätze für Massenveranstaltungen erachtet. Als ein solcher Platz diente der SA und anderen Parteigliederungen bis dahin der 24 Hektar große Spiel- und Sportplatz, der bereits 1907 eingeweiht und zum Modell für gleiche Anlagen in ganz Deutschland geworden war. Nach den hier abgehaltenen Nordmarktreffen erhielt das Areal in der NS-Zeit den bis heute bestehenden Namen Nordmarksportfeld. Außerdem sollte der Neumarkt mit neuen Gebäuden ein noch monumentaleres Erscheinungsbild bekommen. Aus alldem wurde freilich nichts. Im November 1933 beschloss man die Ausschreibung eines Ideenwettbewerbs zur Neugestaltung des Schlossbezirks und umliegenden Altstadtbereichs. Unter Rückgriff auf schon 1920 verfolgte Pläne sollte das seit der Revolution von 1918 im Prinzip verwaiste Schloss zu einem Kulturzentrum Schleswig-Holsteins mit Raum für Museen, Sammlungen, Galerien und kulturellen Ämtern umgebaut werden. Auch in diesem Fall wurden allerdings nur wenige Anregungen aus dem Wettbewerb wirklich realisiert. So erfolgte 1936 im Zuge der Vorbereitungen auf die Olympischen Segelwettkämpfe der Abriss einiger desolater Häuser im Bereich Seegarten, unter anderem des 1889 eröffneten gleichnamigen Gartenrestaurants, und stattdessen die Anlage eines gepflasterten Platzes mit Schiffsanlegemöglichkeit. Aus dem letzteren sollte 1962 der Fähranleger Oslokai hervorgehen. Dadurch wurde zumindest eine stärkere Öffnung der Altstadt zur Förde hin erzielt. Als weitere Baumaßnahme wurde bis 1936 die schon 1900/01 vom Düsternbrooker Weg angefangene und 1920 weitergeführte, seit 1933 nach dem Reichspräsidenten Paul von Hindenburg benannte Uferpromenade von der Koesterallee bis zur Höhe der Feldstraße befestigt. Nach heftigen Debatten um die richtige Namensgebung wurde dieses Hindenburgufer dann Anfang 2014 der seit 1972 sogenannten Kiellinie zugeschlagen. Das größte städtebauliche Vorhaben vor dem Zweiten Weltkrieg bildete schließlich der Neubau der Gartenstadt Elmschenhagen im Zusammenhang mit der bereits erwähnten Eingemeindung von 1939. Als Auftraggeber fungierte die Kriegsmarine.

Eine grundlegende, so aber nicht von den Nationalsozialisten vorausgeplante Umgestaltung der Stadtlandschaft brachte erst der Zweite Weltkrieg mit seinen schwerwiegenden Zerstörungen durch die Bombentreffer der Alliierten mit sich. Unter dem Zwang, möglichst schnell vor allem wieder Wohnraum zu schaffen und die allernötigsten Infrastrukturen wiederherzustellen, war nun billiges und zweckmäßiges Bauen angesagt. Kiel wurde dadurch zur Stadt der Kastenbauten. Die nahezu vollständige Neugestaltung des Stadtinneren, die schon im zweiten Kapitel berührt wurde, sorgte seinerzeit vor allem bei der Fachwelt für Aufsehen. Dabei ging ihre Verwirklichung zumindest zum Teil auf Pläne zurück, die Stadtbaudirektor Jensen schon in den 1930er und 1940er Jahren gesponnen hatte.

Jensen gilt als der Vater der Neuplanung Kiels nach dem Zweiten Weltkrieg, wobei sein Hang zu den vielen Betonkonstruktionen auch für Unmut unter der Bevölkerung sorgte. Sie hatte mit der zweckmäßigen, asketisch sparsam ausgeführten Architektur durchaus ihre Probleme. Die Beseitigung zerstörter alter Bausubstanz schuf gemeinsam mit der Zusammenlegung von Grundstücken die Gelegenheit zu großzügigen innovativen Planungen und einem modernen, zukunftsorientierten Städtebau, wie ihn die ebenfalls bereits erwähnte »Klagemauer« oder die Andreas-Gayk-Straße widerspiegeln. Sie waren geleitet von der Vision einer von Grün umrahmten, durchsonnten und nicht zuletzt von modernen, breit angelegten Verkehrsadern durchzogenen Stadt der Zukunft. Sie waren Ausdruck von uneingeschränktem Zukunftsglauben und einem gewissen Pathos der Wiederaufbauzeit.

Größere städtebauliche Akzente setzten sodann – neben der großzügigen Anlage Mettenhofs in der Mitte der 1960er Jahre – ab 1968 die Baumaßnahmen im Umfeld der Olympischen Segelwettkämpfe von 1972, von denen im folgenden Kapitel näher die Rede ist, und als zeitgenössische Maßnahme zur Stadtsanierung der gläserne Neubau der Einkaufspassage

Sophienhof im Jahr 1988. Diesem waren zu Anfang der 1980er Jahre Proteste und die Besetzung der hier zuvor vorhandenen Altbauten, teils 1906 im Jugendstil errichtet, durch ca. 50 Studierende, Schüler und Auszubildende der »Initiative Schöner Wohnen« vorausgegangen. 1982 hatten auch Denkmalpfleger und Kunsthistoriker in einer Resolution gefordert, in Kiel der Vergangenheit eine Zukunft zu geben, was die Kieler SPD und Grünen unterstützten. Dennoch wurden im Juli 1983 die letzten alten Häuser im Bereich zwischen Sophienblatt, Sophieneck und altem Sophienhof unter großem Polizeiaufgebot abgerissen. Nur die Ornamente des Sophienhofs wurden gerettet und beim Neubau wiederverwendet.

In jüngster Zeit wurden die Umgestaltung des Bereichs zwischen Hauptbahnhof und Kaistraße mit der Anlage eines neuen Parkhauses auf einem ebenfalls neu hergestellten Zentralen Omnibusbahnhof (ZOB), der Abriss des ehemaligen Karstadtareals in der Altstadt und seine vollständige Neubebauung, die Errichtung mehrerer moderner Wohnhäuser im Areal Alte Feuerwache sowie die Umgestaltung des Schlossquartiers einschließlich Überbauung der Eggerstedtstraße mit neuen Wohn- und Geschäftshäusern in Angriff genommen. Ab Herbst 2017 wird die offene Wasserverbindung zwischen Bootshafen und dem Kleinen Kiel in Form des Kleinen-Kiel-Kanals wiederhergestellt. Sein endgültiger Name steht noch nicht fest. Die Leser der »Kieler Nachrichten« stimmten mehrheitlich für den Namen »Holsten-Fleet«. Er soll die Innenstadt ästhetisch aufwerten und für Einkaufskunden und Touristen ansprechender machen.

12. Kiel als Stadt der Sport- und Volksfeste

Kiel ist heutzutage nicht allein wegen des hier ansässigen Schiffbaus und des wichtigen Marinestützpunktes überregional bekannt oder weil es in der Vergangenheit gleich mehrere geschichtsträchtige Skandale gab. Es verfügt auch über einen hohen Bekanntheitsgrad, weil der Name der Stadt mit wichtigen Sportereignissen und vor allem mit der Kieler Woche in Verbindung steht. Bei letzterer handelt es sich alljährlich um das drittgrößte Volksfest in Deutschland mit ca. drei Millionen Besuchern nach dem Münchener Oktoberfest und dem Cannstatter Wasen.

Beim Stichwort Sportereignis ist sogleich an Handball und den THW zu denken, welche Abkürzung in Kiel nicht (nur) für das Technische Hilfswerk steht, sondern viel stärker mit dem Turnverein Hassee-Winterbek assoziiert wird. Diesen Namen trägt der 1904 gegründete Turnverein seit 1920. Seit 1924 verfügt der Verein über eine Handballsparte, zunächst noch als Feldhandball gespielt. Daneben wird heutzutage auch Leichtathletik, Schwimmen, Tischtennis, Badminton, Tennis sowie Kung-Fu angeboten. In der Nachkriegszeit gewann die erste Handballmannschaft der Männer 1948 erstmalig den deutschen Meistertitel, was sich schon 1950 wiederholte. Es folgten 20 Deutsche-Meister-Titel seit 1957 für die wegen der

Vereinsfarben Schwarz und Weiß auch »Zebras« genannten Handballer. Zudem war der THW zehnmal deutscher Pokal- und dreimal Champions-League-Sieger. 2007 und 2012 gelang sogar das »Triple«, also der Gewinn gleich aller drei Titel in derselben Spielzeit. Nicht zuletzt deswegen und wegen der damit einhergehenden allgemeinen Beliebtheit erkannte die Stadtpolitik den Wert des THW für das Stadtmarketing und öffnet seiner Handballmannschaft als positivem Aushängeschild Kiels gern auch den Rathausbalkon für Titelfeiern. Um der zunehmenden Professionalisierung im Handballsport gerecht zu werden, war die Erste Männermannschaft dabei schon 1992 aus dem Verein herausgelöst und eine THW Kiel Handball-Bundesliga GmbH gegründet worden, wobei der Mutterverein weiterhin als Gesellschafter fungiert.

Mehr als 10 000 Zuschauer können die Spiele des THW in der zu den Spielen stets nahezu ausverkauften Sparkassen-Arena mitverfolgen, wie die Spielstätte seit 2008 nach dem Verkauf der Namensrechte an die Sparkassen-Finanzgruppe heißt. Das Eigentümerkonsortium aus »Kieler Nachrichten«, Provinzial und CITTI hatte sie 2000/2001 umfassend modernisiert und zu einer der größten Veranstaltungshallen in Deutschland ausgebaut. Bis 2007 lautete ihr Name Ostseehalle. Sie war nach Plänen des Architekten Wilhelm Neveling (*1908; †1978) als Ersatz für die im Zweiten Weltkrieg zerstörte Nord-Ostsee-Halle als Mehrzweckhalle am Kuhberg, wo zuvor das sogenannte Gängeviertel gelegen hatte, errichtet und am 17. Juni 1951 offiziell eingeweiht worden und diente seither – bis heute – nicht nur als ausgesprochen wandelbarer Austragungsort sportlicher Veranstaltungen, sondern stand und steht auch für Ausstellungen, Messen, Konzerte und anderes mehr zur Verfügung.

Doch darf bei aller Prominenz des Handballsports auch nicht die glanzvolle Geschichte anderer Sportarten vergessen werden.

Die Kieler Sportvereinigung Holstein von 1900 e.V., kurz Holstein Kiel oder auch nur »die Störche« genannt, gewann z.B. 1912 die deutsche Fußballmeisterschaft und holte auch zweimal, 1910 und 1930, den Vizemeistertitel nach Kiel. Gerade 2017 gelang der ersten Fußballmannschaft der Herren nach 36 Jahren der lang ersehnte Wiederaufstieg in die Zweite Bundesliga, der schon 2015 zum Greifen nah erschien. Die Hoffnungen sind nun groß, dass es sich nicht nur um ein saisonales Zwischenspiel handeln wird. Seit 1911 finden die Heimspiele im ab 1965 sogenannten Holstein-Stadion statt. Zuvor hieß die Spielstätte Holstein-Platz. Wegen ihres Alters handelt es sich um eine der ältesten und traditionsreichsten Spielorte im deutschen Fußball überhaupt. Weitaus jünger ist die Tradition des American Football, der von den Kiel Baltic Hurricanes seit dem Ende der 1980er Jahre in der Stadt gespielt wird. 2010 wurde das Team zum ersten Mal Deutscher Meister, 2014 sogar Europameister.

Im sportlichen Rampenlicht stand Kiel insbesondere auch als Austragungsort der Segelwettkämpfe während der Olympischen Sommerspiele der Jahre 1936 und 1972. Noch vor der Machtübernahme durch die Nationalsozialisten hatte das Olympische Komitee im Jahr 1931 die Austragung der Olympischen Sommerspiele fünf Jahre später an Deutschland vergeben. 1934 hatten sich die Verantwortlichen dann für Kiel entschieden, um dort die Segelregatten auszutragen, worauf man noch im selben Jahr Unterkünfte für die Athleten und einen neuen Olympiahafen anlegte. Die NS-Führung wollte das sportliche Großereignis für seine Selbstdarstellung nutzen und für das Weltpublikum als ein vollendetes Friedensfest inszenieren, weswegen alles, was auf antisemitische Hetze hinweisen konnte, fein säuberlich aus dem Stadtbild entfernt wurde. Ausländische Gäste sollten möglichst nicht verschreckt werden. Die Kriegsmarine stellte mit der »Undine« und der »Najade« zwei Besucherschiffe zur Verfügung und gab sich ebenfalls betont friedlich. Auf einer nachgebauten Hansekogge fand am 3. August die Eröffnungsfeier mit Olympischem Feuer statt. Adolf Hitler besuchte die Wettkämpfe am 10. August und wurde Zeuge gleich zweier deutscher Segelsiege. Die Presse berichtete darüber wie bei allen deutschen Sporterfolgen in ausführlicher Weise, während die Medaillengewinne anderer Nationen nur Randnotizen wert waren. Aus sportlicher Sicht wurde bei diesen Olympischen Spielen freilich einiges erreicht: Allein 15 Weltrekorde wurden damals insgesamt aufgestellt, und auch rund 50 Olympische Bestleistungen sind eine stolze Erfolgsbilanz. 61 Boote mit Seglern aus 26 Ländern wetteiferten in vier Klassen auf der Innenförde um den Sieg. Bei den Regatten schnitten die deutschen Segler mit jeweils einer goldenen, einer silbernen und einer bronzenen Medaille am besten ab. Aufs Ganze gesehen errangen deutsche Sportler damals sogar 33 Goldmedaillen, sodass Deutschland beste Nation in der Mannschaftswertung wurde. Ein solcher Triumph blieb seither unwiederholt. 50 000 Menschen waren bei der Kieler Schlussfeier auf dem Festplatz vor Bellevue dabei. Während die Medaillensieger nach Berlin zur Siegerehrung fuhren, ging in Kiel das Feiern gleich mit der Kieler Woche weiter. Und die »Juden unerwünscht«-Schilder wurden jetzt wieder aufgestellt.

Gegen die Konkurrenz von Lübeck-Travemünde konnte sich Kiel – trotz eines gewissen Negativ-Images wegen der NS-Spiele 1936 – auch als Austragungsort für die Segelwettbewerbe der 20. Olympischen Sommerspiele 1972 durchsetzen, die hauptsächlich in München stattfanden. Kiel überzeugte wegen seiner langjährigen Erfahrung als Veranstaltungsort hochkarätiger Wettkämpfe, nicht zuletzt auch im Rahmen der Kieler Woche, und weil der Kostenrahmen geringer als im Fall Lübecks zu bleiben versprach. Für Kiel sprach außerdem die größere

Windzuverlässigkeit der Förde gegenüber der Travemünder Bucht. Da damals der Eiserne Vorhang vor den Toren Lübecks verlief, hatte die Bundesmarine zu guter Letzt Bedenken geäußert, eine stärkere militärische Präsenz zur Unterstützung der Spiele in Travemünde könne zu Irritationen seitens des Warschauer Paktes führen.

So erhielt Kiel den Zuschlag und ging sogleich daran, in Schilksee den Hafen, der erst in den 1960er Jahren ausgebaut worden war, noch einmal um das Doppelte zu vergrößern und zugleich ab Oktober 1969 bis 1972 auf dem Gelände eines ehemaligen Marinedepots nach Plänen von Hinrich Storch (*1933) und Walter Ehlers (*1936) ein großzügiges, betongesättigtes Olympiazentrum mit einem rund 465 Meter langen Mehrzweckgebäude als dessen Kern zu errichten. Charakteristisch wurden die über drei Geschosse terrassierten Appartements. Hinzu kamen ein weiterer Appartementbau, zwei Hochhäuser und eine angeschlossene Bungalowsiedlung. Von Anfang an war eine nacholympische Nutzung der Gesamtanlage, die 2010 grundlegend saniert worden ist, in die Planungen miteinbezogen. Bis heute steht das Olympiazentrum jedenfalls stellvertretend für Kiels Rolle im Segelsport.

In der finanziell aufwendigen Errichtung der Anlage wie in der zeitgleichen Einrichtung eines Autobahnanschlusses, im ebenso stattfindenden Ausbau der innerstädtischen Verkehrswege mit Zentralem Omnibusbahnhof sowie im Neubau von Holtenauer Hochbrücke und Fördestraße, zudem in der Neugestaltung des Rathausplatzes, des jetzt mit Pavillons versehenen Alten Markts, dem Anbau eines auffallenden Kubus an das Stadttheater und zu guter Letzt in der Anlage der Kiellinie spiegeln sich die Ziele der damaligen Stadtoberen um den Oberbürgermeister Günther Bantzer (*1921) wider, die Olympischen Segelwettkämpfe nun nicht allein sportlich für Kiel nutzbar zu machen, sondern der etwas abseits gelegenen Landeshauptstadt mit Olympia-Fördermitteln zum nachhaltigen Aufbau einer großstädtischen Infrastruktur zu verhelfen und sie insgesamt für Touristen und Besucher attraktiver zu gestalten. 1974 kam noch eine Gondelbahn zwischen dem Kaufhaus »Weipert« und einem Parkhaus als besondere Attraktion hinzu – Kiel hatte damit die nördlichste Gondelbahn Deutschlands! Je 15 Personen konnten in den beiden Gondeln, die in Reminiszenz an die Olympischen Spiele »Kiel« und »München« hießen, mitfahren und gratis in 70 Sekunden in einer Höhe von 18 Metern eine Strecke von 147 Metern zurücklegen. Manchmal wartete eine 50 Meter lange Menschenschlange auf die Mitfahrgelegenheit, deren Betrieb 1988 aufhörte. 1991 wurde die Bahn abgebaut.

Auf lange Sicht profitierte die Stadt tatsächlich ungemein von diesen Maßnahmen. Doch diese waren natürlich allesamt sehr kostspielig: Ohne Straßenbaukosten belief sich das Volumen der seinerzeitigen Investitionen auf stolze 82 Millionen DM. Da Kiel den Konkurrenten Lübeck-Travemünde gerade auch deswegen ausgestochen hatte, weil es auf die vorhandene Infrastruktur und daher voraussichtlich geringe Investitionskosten verwiesen hatte, waren Kritik und Spott der überregionalen Presse nun umso größer. Von der »großen Kieler Selbstdarstellung« war die Rede. Und der »Spiegel« warf Bantzer vor, sich unlauter aus dem Olympia-Geldtopf bedient und damit den Umbau des Stadttheaters und des Rathausplatzes finanziert zu haben.

Immerhin fanden die Wettkämpfe dann tatsächlich unter großer Beteiligung der Bevölkerung statt. Die Schulkinder bekamen eigens einen Tag lang schulfrei. Die Polizisten patrouillierten in Zivil, Soldaten kochten für die Sportler und Zuschauer – Deutschland wollte sich durch und durch von seiner freundlichen, heiteren Seite zeigen. Deswegen wurde auch, anders als 1936, insgesamt auf große Inszenierungen verzichtet. Obschon das Olympische Komitee ausdrücklich keine zweite Kieler Woche am Rande der Spiele gewünscht hatte, gab es gleichwohl ein beachtliches Begleitprogramm wie eine große Windjammerparade mit 70 Großseglern und eine Ausstellung zum Thema »Mensch und Meer«, deren Werbeplakat kein Geringerer als der spanische Künstler Salvador Dalí (*1904; †1989) entworfen hatte. Die Ausstellung blieb eher spärlich besucht, aber handsignierte Drucke des Plakats fanden zum Preis von 800 DM einen reißenden Absatz. Bei alledem blieb der Eindruck, dass die Sportereignisse in Kiel etwas ab vom Schuss der Münchener Wettkämpfe stattfanden. »Der Oslo-Kai ist nur Tor zum Norden, wo die Welt dem Ende zugeht«, raunzte wiederum der »Spiegel«, traf damit aber einen wunden Punkt. Obwohl 40 000 Zuschauer zur Entzündung des Olympischen Feuers in Kiel erschienen, wurde dieselbe nicht im Fernsehen übertragen. Am 8. September erlosch die Flamme wieder. Ein Feuer brennt allerdings auf dem Rathausplatz in einer eigenen gläsernen Vorrichtung, wenn irgendwo auf der Welt Olympische Spiele stattfinden.

2024 hätte die olympische Flamme wieder in Kiel entfacht werden sollen, wäre es nach dem Wunsch der Stadtoberen und der Mehrheit der Kieler Bevölkerung gegangen. Gemeinsam mit Hamburg wollte man sich um die Austragung der betreffenden Sommerspiele bewerben. In Hamburg stimmte aber Ende November 2015, nachdem sich Befürworter und Gegner einen heftigen Wahlkampf geliefert hatten, anders als in Kiel eine Mehrheit gegen die Bewerbung, sodass die Kieler Hoffnungen schnell zerstoben. Nun hat Kiel die Ausrichtung der Special Olympics für Sportler mit geistiger Behinderung im Mai 2018 im Blick. Die Gesamtkosten werden voraussichtlich 1,8 Millionen Euro betragen, wovon Stadt und Land 500 000 Euro zu tragen hätten.

Zur überregionalen Bekanntheit Kiels trägt mit Sicherheit am stärksten, da jedes Jahr stattfindend, die Kieler Woche bei. Die erste Kieler Woche dauerte dabei erst einmal nur einen Kieler Tag lang und fand am 23. Juli 1882 mit »Tausende(n) von Schaulustigen […] aus allen Schichten« statt. Sie verfolgten eine Segelregatta, an der 20 Mannschaften aus Deutschland und dem Ausland teilnahmen. Auch die kaiserliche Familie war zugegen. Der Erfolg führte zur Wiederholung, wobei sich bald auch Segler aus anderen Ländern wie Frankreich, Österreich, Russland oder den USA als Wettbewerber einstellten. 1888 gab es schon 50, vier Jahre später 100 Anmeldungen zu den Wettkämpfen. Ab 1895 nahmen regelmäßig 450 bis 500 Boote daran teil. Der große Zuspruch führte dazu, dass die Dauer auf mehrere Tage und die Wettkämpfe auf mehrere Segelklassen ausgedehnt wurden. Seit 1894 lautete der offizielle Name der Veranstaltung in Analogie zur britischen »Week of Cowes« nunmehr »Kieler Woche«.

Die Kieler Woche war dabei von Anfang an nicht nur ein wichtiges Segelsportereignis, sondern bildete wegen der Präsenz und regen Anteilnahme des Kaiserhauses – 1889 war erstmalig Kaiser Wilhelm II. dabei – sowie anderer hochgestellter Persönlichkeiten aus Adel und Bürgertum eine wichtige Festperiode innerhalb der Kieler Sommersaison mit internationaler Ausstrahlung. Denn es fanden sich auch Staatsoberhäupter oder andere wichtige Staatsmänner zur Kieler Woche ein, so z.B. 1892 Zar Alexander III. (*1845; †1894), 1897 König Leopold II. von Belgien (*1835; †1909) oder 1904 König Eduard VII. von Großbritannien (*1841; †1910). So wurde zur Kieler Woche auch immer Diplomatie betrieben, und die Kaiserliche Marine nutzte die Aufmerksamkeit der Weltöffentlichkeit, um unter rauchenden Schornsteinen ihre Größe und Kriegstüchtigkeit zur Schau zu stellen. Die Ermordung des österreich-ungarischen Thronfolgers Franz Ferdinand (*1863; †1914) am 28. Juni 1914 in Sarajewo führte zum abrupten Abbruch der laufenden Segelwettkämpfe. Der Abschiedsgruß des anwesenden britischen Flottenverbands »Friends for now and friends forever«, blieb nur ein frommer Wunsch. Etwas mehr als einen Monat später befand sich Deutschland mit Großbritannien im Kriegszustand.

Nach der kriegsbedingten Pause war gleich für 1919 wieder eine Kieler Woche vorgesehen, die jetzt, da die Rolle von deutscher Marine und Seefahrt in Frage gestellt war, nicht mehr vom Kaiserlichen Yacht-Club und der Marine organisiert und vor allem breiter und nicht mehr allein auf den Wassersport ausgerichtet sein sollte. Segeln war ein Sport der Oberschichten. Nun sollte auch die arbeitende Bevölkerung stärker aktiv einbezogen und die Kieler Woche zur Sportwoche mit Volksfestcharakter umgebaut werden. Auch Sport- und Turnvereine sollten sich daher daran beteiligen. Der Kaiserliche Yacht-Club zog sich aber wegen der zugleich bekannt gewordenen harten Versailler Friedensbedingungen von der Austragung der Wettkämpfe zurück, sodass die geplante Festwoche doch ausfiel. In den beiden folgenden Jahren fand dann die Kieler Woche nahezu ohne ausländische Beteiligung in nur kleinem Rahmen statt – Zeichen der damaligen internationalen Isolation Deutschlands.

Durch eine sportliche Neuausrichtung der Wettkämpfe weg von größeren Schonern hin zu kleineren Segelbooten sowie durch eine Ausweitung des Begleitprogramms gelang der Kieler Woche allerdings nach der Inflationszeit der Wiederaufstieg. 1930 waren wieder über 100 Segler, darunter etliche aus Skandinavien, England und den Niederlanden, zur Teilnahme angemeldet. 1932 konnte das 50-jährige Jubiläum der Kieler Woche festlich begangen werden. Doch noch immer galt die

Veranstaltung in weiten Teilen der Bevölkerung als elitär und keinesfalls für jedermann gedacht. Sie wurde mit der kaiserlichen Vergangenheit und der damit einhergehenden strikten Klassengesellschaft in Verbindung gebracht, und tatsächlich waren die Segler und allen voran der Yacht-Club um Kontinuität bemüht. Um demgegenüber breitere Bevölkerungsgruppen anzusprechen, veranstaltete die Stadt Kiel bis 1927 eine gesonderte Herbstwoche mit großem Kulturprogramm.

Die Nationalsozialisten griffen die ältere Tradition auf, indem der militärisch durchorganisierte Segelwettkampf erneut ganz und gar in den Vordergrund gerückt wurde. Welche Rolle die Parteiführung der Veranstaltung beimaß, wird daran ersichtlich, dass die Kieler Woche ab 1934 direkt von Berlin aus mit großem propagandistischem Aufwand organisiert wurde. Kiel sollte zum seglerischen Nürnberg Deutschlands werden, wie der damalige Oberbürgermeister Behrens im selben Jahr verkündete. Der Zuspruch blieb nicht aus. 540 Teilnehmer aus 14 Nationen meldeten sich zur Kieler Woche des Jahres 1934 an, und Deutschland konnte sich erneut als Gastgeber eines international renommierten Segelsportereignisses präsentieren. 100 000 Besucher erschienen zum Eröffnungsfeuerwerk, das die NS-Gemeinschaft »Kraft durch Freude« vorbereitet hatte. Zwar nahm die Zahl der ausländischen Wettbewerber in den Folgejahren dann kontinuierlich ab, doch blieb die Kieler Woche bis zum Kriegsausbruch ein stramm durchorganisiertes Großereignis.

Trotz der tiefgreifenden Kriegszerstörungen und allseits drängenden großen Not fand bereits vom 31. August bis zum 4. September 1945 wieder eine Kieler Woche statt, die diesmal allerdings von der britischen Besatzungsmacht organisiert und durchgeführt wurde. Die deutsche Bevölkerung blieb damals und auch im Folgejahr von der Teilnahme an dieser »Kiel Week«

ausgeschlossen. In Anlehnung an die Herbstwochen der 1920er Jahre organisierte demgegenüber die Stadt auf Anregung ihres Oberbürgermeisters Andreas Gayk 1947 eine eigene Septemberwoche unter dem Motto »Kiel im Aufbau«. Deren Schwerpunkte bildeten die Bereiche Kultur, Wissenschaft, Politik und Volksfest. Die dahinter stehende Idee war, die Kieler Bevölkerung mit diesem breiten Programm aus der geistigen Isolation der NS-Zeit herauszuführen. Neben der Stadt engagierten sich die Kirche, die Universität, die Gewerkschaften und wiederum die Sportvereine. Viele Besucher vermissten aber die traditionellen Segelwettkämpfe. Gleich zwei Kieler Wochen gab es sodann 1948. Die erste veranstaltete der Kieler Yacht-Club im Juni mit den üblichen Segelregatten und 90 dazu gemeldeten Booten, wohingegen die zweite unter politisch-kulturellem Vorzeichen von der Stadt im Herbst mit Gästen aus England und Skandinavien organisiert wurde. Sie stand diesmal unter dem programmatischen Motto »Kiel stellt sich um.« Die Kieler Woche, die bisher immer mit der »Kriegshafenstadt« Kiel in Verbindung gebracht worden war, sollte demzufolge künftig »die Tür zu anderen Nationen aufstoßen, damit ein neuer frischer Wind weht«, erklärte Gayk.

Der große Erfolg beider Veranstaltungen veranlasste Stadt wie Segelvereine dazu, 1949 eine gemeinsame Kieler Woche als Zeichen der Friedensbemühungen und Schauplatz gemeinsamen, fairen Sports zu organisieren, sodass dieses Jahr als der eigentliche Neuanfang der Kieler Woche nach dem Krieg zu gelten hat. 1949 waren schon wieder Repräsentanten aus Argentinien, Spanien, Frankreich, Norwegen, England und den Niederlanden dabei. 50 000 Zuschauer kamen zum Motorradrennen, sogar 80 000 zum Feuerwerk. Bescheidene Dimensionen hatte demgegenüber noch der Segelsport. Wie Gayk diesem eher skeptisch gegenüberstand, verhielten sich anfangs auch die Segler zum zunehmenden Volksfestcharakter der Kieler Woche mehr als reserviert. »Über die Kieler Woche hat kein anderer zu bestimmen als wir Segler«, betonte der seinerzeitige Vorsitzende des Kieler Yacht-Clubs. Doch freundeten sie sich nach und nach immer mehr mit dieser Idee an, solange die Rolle des Segelsports auf der Woche gewahrt blieb und im Lauf der Zeit sogar wieder zunahm. Die Kieler Woche etablierte sich so als »Fest des Sports, der Kultur und Volksfreude«.

1954 gab es mit dem US-Zerstörer »Glennon« wieder den ersten ausländischen Flottenbesuch. Drei Jahre darauf wurde das 75-jährige Jubiläum der Kieler Woche mit US-amerikanischen, britischen und französischen Flotteneinheiten gefeiert. Auch die Bundesmarine war nun dabei sowie rund 300 Segeljachten aus 13 Nationen. Politische Prominenz aus Bonn wie der Bundespräsident Theodor Heuß (*1884; †1963) und aus dem Ausland war von nun an immer wieder zu Gast. Die Bundesregierung in Bonn förderte die Kieler Woche dabei auch deswegen mit stattlichen finanziellen Mitteln, um den Alleinstellungscharakter der westdeutschen Segelmetropole zu unterstreichen. Dies geschah im Kontext des Kalten Krieges nicht zuletzt vor dem Hintergrund, dass die Deutsche Demokratische Republik (DDR) in den 1960er Jahren in Rostock eine eigene Ostsee-Woche als bis 1975 fortgesetztes Gegenstück zur Kieler Woche einzurichten versuchte. Seit 1973 nahmen gleichwohl Teams aus dem Ostblock, aus der DDR, Polen und der Union der sozialistischen Sowjetrepubliken (UdSSR) an der Kieler Woche teil.

Die Kieler Woche wurde so und durch das kulturelle Begleitprogramm der 1960er und 1970er Jahre, das tschechoslowakische, ungarische, jugoslawische, sowjetische und rumänische Künstlerarbeiten präsentierte, zu einem Baustein der Verständigung über den Eisernen Vorhang hinweg und löste damit den 1947 von Gayk formulierten Auftrag ein, einen Beitrag zum

Frieden zwischen den Völkern zu leisten. Auch heute noch ist die Kieler Woche diesem Gedanken verschrieben.

Seit den 1960er Jahren ist der Volksfestcharakter noch weiter ausgebaut worden; die Kieler Woche wurde zur Massenveranstaltung. International renommierte Sänger geben nunmehr jedes Jahr in großer Zahl gut besuchte, größtenteils kostenlose Konzerte. Ausstellungen ziehen wie die Sportereignisse viele Zuschauer an. Eine aus der 1974 ins Leben gerufenen Spiellinie an der Kiellinie weiterentwickelte Spielwiese auf der Krusenkoppel wirkt als Magnet für die Kleinen. Kiel ging im Übrigen schon viel früher zukunftsweisende pädagogische Wege, indem Andreas Gayk gemeinsam mit Kurt Löwenstein (*1885; †1939) unter dem Motto »Die Staatsgewalt geht vom Kinde aus« in Seekamp 1927 die »Kinderrepublik Seekamp«, ein Zeltlager mit 2300 Arbeiterkindern, ausgerufen hatte. Ganz ähnlich dazu findet heute wieder als Projekt des AWO-Bürgerzentrums »Räucherei« in Gaarden eine »Kinderstadt Sprottenhausen« statt. Der Soundcheck zum Start, Feuerwerke, Heißluftballonevents, Regattabegleitfahrten, nicht zuletzt die große Windjammerparade am zweiten Samstagvormittag gehören jeweils fest zum Programm der nach eigenen Worten größten Segelveranstaltung der Welt dazu. Die Stadt versucht dabei jedes Jahr aufs Neue das Gleichgewicht zwischen Kultur, Sport und Kommerz zu wahren und die Kieler Woche zum Treffpunkt auch für Wirtschaft, Kunst und Politik, ob zu Land oder zur See, zu machen. Seit 1952 existiert der mittlerweile renommierte Kulturpreis der Stadt Kiel, der stets zur Kieler Woche, seit 2001 im jährlichen Wechsel mit dem Wissenschaftspreis, an verdiente Künstler bzw. Wissenschaftler vergeben wird. Erster Preisträger war der Maler Emil Nolde (*1867; †1956).

Die Kieler Woche ist so zum Markenzeichen der Stadt, Schleswig-Holsteins und Deutschlands geworden und wirkt völkerverbindend, genauso wie es auch die etlichen Städtepartnerschaften der Stadt Kiel tun. Jedes Jahr schicken die betreffenden Städte einen Abgesandten zur Kieler Woche. Die Städtepartnerschaften erklären sich vielfach vor dem Hintergrund historischer Bezüge und Beziehungen. Anfang der 1960er Jahre, als die Zeichen auf Aussöhnung mit den alten Kriegsgegnern standen, wurde deren erste 1964 mit der französischen Stadt Brest geschlossen, wozu 1967 die englische Stadt Coventry trat. Vorläufer dieser Städtepartnerstadt war die schon im April 1947 gegründete Gesellschaft der Freunde Coventrys. Im gleichen Jahr kam die Stadt Vaasa in Finnland dazu. In den 1980er und 1990er Jahren folgten mit Gdingen (Polen, 1985), Tallinn (Estland, 1986), Stralsund (DDR, 1987), Kaliningrad und Sowjetsk (ehemals Königsberg und Tilsit, Russland 1992) Städte aus dem Bereich des Warschauer Paktes und seiner Nachfolgestaaten. Diese Städtepartnerschaften bauen die wichtige Verständigungs- und Brückenfunktion Kiels im Ostseeraum nachhaltig aus. 2012 wurde sodann ein Schwesterstadtvertrag mit Antakya in der Türkei geschlossen und 2013 mit Moshi-Rural in Tansania eine Partnerschaft vereinbart. Weitere Partnerschaften mit Aarhus (Dänemark), San Francisco (USA) sowie Qingdao (China) sind derzeit im Gespräch. Die Kieler Woche bereichern Vertreter der verschiedenen Partnerstädte jedes Jahr als internationale Gäste; die bunten Präsente, die sie aus ihrer Heimat mitbringen, werden im Rathaus aufbewahrt. Die Kieler Woche ist damit längst nicht mehr nur ein überaus buntes Fest der Stadt Kiel, sondern des ganzen Landes, was in diesem Sinne nicht Schleswig-Holstein, sondern Deutschland meint und recht eigentlich viele europäische Nachbarn und internationale Freunde miteinbezieht.

Ein kurzes Resümee

Kiel und seine lange 775-jährige Geschichte. Nach dem in diesem Buch Gesagten ergeben sich zahlreiche Aspekte, die die Stadt in Vergangenheit und auch noch Gegenwart markant von anderen Städten in nah und fern unterscheiden und doch auch wieder mit manchen von ihnen vergleichbar machen. Kiel ist erst spät und in einem langen, wechselvollen Prozess zur Hauptstadt in Deutschlands Norden geworden. Das trennt Kiel sicher von München, Stuttgart oder gar Berlin, nicht aber unbedingt von Mainz und Düsseldorf. Kiel war nicht allein eine Residenzstadt, sondern es war zugleich eine Stadt des Adels und der Hanse. Residenzstädte in Deutschland sind an einer Hand nicht abzuzählen. Gleichzeitige Hansestädte gibt es bereits weniger – Braunschweig oder Wismar können hier genannt werden. Mit zeitgleichen Universitätsstädten wird der Vergleich noch schwieriger, wenn auch nicht unmöglich, wenn man an Rostock oder Greifswald denkt. Aber Städte, die dann noch als Zentrum des Landesadels fungierten, kommen sonst nicht vor. Das hängt mit der starken Stellung der Ritterschaft in Schleswig-Holstein zusammen. Was heute Frankfurt am Main für den deutschen und auch europäischen Finanzmarkt ist, diese Rolle hatte in der frühen Neuzeit zumindest für Nordeuropa die Stadt Kiel mit ihrem berühmten Umschlag inne. Dies ist sicher ein richtiges Alleinstellungsmerkmal. Kiel war daneben schon sehr früh ein Dienstleistungszentrum, wozu es sich heute wieder entwickelt hat. Im Kaiserreich war Kiel dagegen die Stadt der Arbeiter schlechthin – so wohl nur mit einigen Städten im Ruhrgebiet vergleichbar. Diese Sonderrolle verdankte Kiel der Marine, der es – ähnlich wie Wilhelmshaven – überhaupt viel verdankt, im positiven wie im negativen Sinn. Kaum eine Stadt in Deutschland wuchs zum Beginn des 20. Jahrhunderts so rasch und umfänglich wie Kiel. Kaum eine Stadt war gleichzeitig so stark in Bewegung, weil derart viele Menschen nach Kiel kamen und von hier wieder fortgingen und innerhalb Kiels von einer Wohnung in die nächste zogen. Pendler prägten früh die Szenerie. Neue Straßenzüge entstanden, alte wurden abgerissen. Das Stadtbild Kiels wurde so schon vergleichsweise früh austauschbar, in Teilen gar gesichtslos. Kiel nahm die Entwicklung zur anonymen Großstadt vorweg, die heute für alle größeren Städte kennzeichnend ist. Und Kiel kämpfte deswegen auch besonders früh mit dem Problem fehlender Identifikation der Einwohnerschaft mit ihrer Stadt, worunter heute alle Großstädte leiden.

Im Kleinen liefert die Geschichte Kiels viele Superlative: Die erste Fußgängerzone und die nördlichste Gondelbahn Deutschlands, das größte Segelereignis weltweit, eine der ältesten Fußballspielstätten Deutschlands, überhaupt zweimaliger Austragungsort von Olympiawettkämpfen, die größte Werft Europas und und und. Doch gab es hier mehr Skandale als anderswo? Vergaß man hier die »braunen« Schatten der NS-Zeit bereitwilliger als in anderen Städten? Baute man hier mit mehr Beton als sonst? Und reißt man in Kiel alte Bausubstanz unbedenklicher ab als im Rest der Welt? Manche vorschnelle Antwort darauf bedient wohl eher landläufige Klischees, als dass sie die Realität trifft. Und manche überzeugende Antwort auf solche und ähnliche Fragen muss auch erst noch gefunden werden,

Ein kurzes Resümee

weil es nach wie vor an fundiertem Wissen hierzu mangelt. Kiel ist eine Stadt mit einer sehr facettenreichen Geschichte, was es schwer macht, Kiel nur einen Stempel aufzuprägen: Kiel ist sicher eine Sailing City. Aber sie ist genauso gut eine Universitätsstadt und sie bleibt eine Stadt der Marine und Werftindustrie. Kiel ist eine Stadt, die es verdient, dass sich ihre Bewohnerinnen und Bewohner mit ihrer langen, wechselvollen Geschichte befassen und kritisch auseinandersetzen, und eine Stadt, mit der sie sich, alle Höhen und Tiefen ihrer Geschichte inbegriffen, als Wohnort und Lebensraum identifizieren können. Und Kiel ist vor dem Hintergrund seiner Geschichte, die viele Wende-, Höhe- und Tiefpunkte kannte, in jedem Fall eine Stadt mit Zukunft!

Anhang

Zeittafel

12. Jh.	Erste Spuren einer präurbanen Siedlung auf der Halbinsel an der Kieler Förde
1242	Verleihung des lübischen Stadtrechts als »erste Gründung«
1261	Belagerung der Stadt durch Herzog Albrecht I. von Braunschweig; Kiel wird bis 1316 Hauptsitz der Kieler Linie des Schauenburger Grafenhauses
1283	Kiel erhält Zugang zum Heringsmarkt in Schonen und wird Mitglied der Hanse
1460	Kieler Tapfere Verbesserung
1469	Verpfändung Kiels an Lübeck (bis 1496); Erstbeleg des Kieler Umschlags
1500	Um diese Zeit wird der Friedrichsbau des Kieler Schlosses errichtet
1518	Kiel ist nicht mehr Mitglied der Hanse
1530	Bis 1676 fallen über 30 Menschen in Kiel der Hexenverfolgung zum Opfer
1544	Kiel kommt im Rahmen einer Landesteilung zum herzoglich-gottorfischen Teil
1558-68	Erweiterungsbau des Schlosses
1575	Besiedelung der Vorstadt außerhalb der Altstadtinsel
1627	Besetzung Kiels im Dreißigjährigen Krieg durch die Truppen Wallensteins
1665	Gründung der Kieler Universität durch Herzog Christian Albrecht
1694-1704	Das Kieler Schloss wird Sitz der Herzoginwitwe Friedericke Amalie

1702–1720	Asmus Bremer ist Bürgermeister und verfasst seine tragisch-curiose Chronik der Stadt
1721–1773	Kiel ist Hauptstadt des Miniaturstaats Holstein-Gottorf
1727	Geburt Carl Peter Ulrichs, des späteren Zaren Peter III. von Russland, im Kieler Schloss
1763	Umbau des Kieler Schlosses
1768	Neubau des Universitätsgebäudes in der Kattenstraße
1773	Kiel wird Teil des dänischen Gesamtstaates
1788	Einrichtung einer Forstbaumschule im Gehege Düvelsbek
1790	Sprotten machen Kiel bekannt
1793	Gründung der Gesellschaft freiwilliger Armenfreunde
1796	Gründung der Kieler Spar- und Leihkasse
1800	Gründung der Gesellschaft »Harmonie«
1814	Kieler Frieden
1815	Erstausgabe der »Kieler Blätter«
1822	Einrichtung der Seebadeanstalt in Düsternbrook
1832	Bau der ersten Kunststraße nach Altona
1834	Kiel wird Sitz des Oberappellationsgerichts
1838	Gründung der Maschinenfabrik und Eisengießerei Schweffel & Howaldt
1844	Erste Eisenbahnverbindung zwischen Kiel und Altona; Gründung des Kieler Männerturnvereins
1847	Neuerschließung des Dampferhofviertels
1848	Ausrufung der Provisorischen Regierung im Rathaus und Zusammentritt einer konstituierenden Landesversammlung im Kieler Schloss; Werner Siemens entwickelt Seeminen zum Schutz des Kieler Hafens
1850	Bau des ersten U-Bootes »Brandtaucher« von Wilhelm Bauer; es leben ca. 16 000 Menschen in Kiel
1852	Wilhelm Ahlmann gründet das erste Kieler Privatbankhaus; die ortsansässigen Juden erhalten das Recht zur Anlage eines eigenen Friedhofs
1855/56	Öffentliche Beleuchtung durch 320 Gasleuchten
1862	Gründung des Ersten Kieler Ruderclubs
1864	Gründung der Kieler Zeitung
1865	Verlegung der preußischen Marinestation von Danzig nach Kiel

	am 24. 3. als »zweite Gründung« der Stadt; Kiel wird am 21. 9. zwischen Preußen und Österreich geteilt
1867	Am 24. 1. findet im Kieler Schloss die offizielle Inbesitznahme Schleswig-Holsteins durch Preußen statt; am 4. 10. wird die jüdische Gemeinde offiziell anerkannt
1869	Eingemeindung Brunswiks; Martens-Plan
1871	Kiel wird Reichskriegshafen
1875	Gründung der Gesellschaft für Kieler Stadtgeschichte
1876	Die Universität erhält ein neues Hauptgebäude im Schlossgarten
1882	Beginn der regelmäßigen Segelregatten, seit 1894 als »Kieler Woche« bezeichnet; Bau der Pauluskirche
1883	Schweitzer-Plan
1884	Bau der Universitätsbibliothek
1888	Die Marine erhält an der Förde ein neues Akademiegebäude (heute Schleswig-Holsteinisches Landeshaus); Prinz Heinrich bezieht mit eigener Hofhaltung das Kieler Schloss
1889	Wilhelm Bleyle fertigt den Kieler Anzug
1891	Gründung des Kaiserlichen (Kieler) Yacht-Clubs
1893	Eingemeindung Wiks
1895	Einweihung des Kaiser-Wilhelm-Kanals
1896	Straßenbahnwesen wird auf Strom umgestellt
1901	Stübben-Plan; Eingemeindung von Gaarden-Ost; Gründung eines Arbeiterbauvereins
1903	Einweihung der Ansgarkirche
1904	Einweihung der St. Jürgenkirche; Kiel verliert den Wiker Hafenprozess gegen die Marine; Gründung des Turnvereins Hassee-Winterbek (THW, seit 1920 mit diesem Namen)
1905	Der schleswig-holsteinische Provinziallandtag tagt in der Aula der CAU, ab 1919 dann im Sitzungssaal des Kieler Rathauses
1907	Einweihung des Stadttheaters und des Nordmarksportfelds; Fertigstellung der Petrus-Kirche in der Wik
1909	Eingemeindung Projensdorfs; Fertigstellung der römisch-katholischen Kirche St. Heinrich
1910	Eingemeindung von Gaarden-Süd, Ellerbek, Wellingdorf sowie Hassee und Hasseldieksdamm

1911	Ende des Kieler Umschlags in seiner traditionellen Form; Einweihung des neuen Rathauses am Neumarkt; Bau des Holstein-Platzes
1912	Holstein Kiel wird Deutscher Fußballmeister
1914	Anlage des Kieler Flugplatzes
1914–1918	Erster Weltkrieg; über 225 000 Menschen leben in Kiel
1917	Zum 1. Mai wechselt der schleswig-holsteinische Oberpräsident von Schleswig nach Kiel; ab Januar 1923 residiert er im Rantzaubau des Kieler Schlosses
1918	Matrosenaufstand und Einrichtung von Arbeiter- und Soldatenräten; Beginn der Novemberrevolution
1920	Kapp-Putsch mit über 60 Toten in Kiel
1920/21	Erste Nordische Messe und Woche für Kunst und Wissenschaft (bis 1927 als Herbstwochen fortgesetzt)
1922	Stadtentwicklungsplan von Willy Hahn; Eingemeindung von Holtenau, Friedrichsort und Pries
1923	Carl Zuckmayer und Curt Elwenspoek provozieren den »Eunuchen«-Skandal; Eingemeindung von Kronsburg
1924	Eingemeindung von Neumühlen-Dietrichsdorf
1927	Grundsteinlegung des Marine-Ehrenmals in Laboe; »Kinderrepublik Seekamp«
1933	Übernahme des Rathauses durch die NSDAP am 11. 3.; Ermordung von Wilhelm Spiegel; am 10. 5. wird von Kieler Studierenden eine Bücherverbrennung auf dem Wilhelmplatz inszeniert
1936	Segelwettkämpfe der XI. Olympischen Spiele in der Innenförde; Einweihung des Marine-Ehrenmals
1938	Die Kieler Synagoge wird am 9. 11. niedergebrannt
1939	Eingemeindung von Elmschenhagen und Kroog
1939–1945	Zweiter Weltkrieg, schwere Zerstörung der Stadt durch 90 Luftangriffe
1942	Die Kieler Bevölkerung erreicht mit 306 000 Menschen ihren Höchststand
1944	Errichtung des Arbeitserziehungslagers Nordmark
1945	Es leben nur noch 143 000 Menschen in Kiel; am 3. 4. kommen 230 Menschen im Moltkestollen ums Leben; Übergabe Kiels an

	die britische Besatzungsmacht am 4. 5.; Neueröffnung der Universität am 27. 11.; »dritte Gründung« Kiels
1946	Verordnung Nr. 46 der britischen Militärregierung: Kiel wird Landeshauptstadt von Schleswig-Holstein
1947	Einrichtung des Seefischmarkts; Gründung der Gesellschaft der Freunde Coventrys; Septemberwoche »Kiel im Aufbau«
1948	Erste Kieler Woche nach dem Krieg; der THW gewinnt erstmalig den deutschen Meistertitel im Herrenhandball
1949	Kieler Erklärung zum Schutz der dänischen Minderheit; die »Klagemauer« in der Holtenauer Straße wird gebaut
1951	Am 17. 6. wird die Ostseehalle eingeweiht
1955	Einweihung der Ehrenhalle der Stadt Kiel für die Gefallenen der beiden Weltkriege, die Bombenopfer sowie die Opfer des Nationalsozialismus
1956	Eröffnung der ersten Fußgängerzone Deutschlands in der Holstenstraße
1957	Einweihung des Wandreliefs »Bürger bauen eine Stadt« im Kieler Rathaus
1958	Eingemeindung Suchsdorfs
1959	Eingemeindung Schilksees
1961/62	Aufnahme des Fährverkehrs nach Oslo und Bau des Oslokais; die Howaldtswerke gelten als größte Werft Europas
1965	Bau des neuen Stadtteils Mettenhof sowie eines neuen Campusgeländes für die Universität am Westring
1967	Fährverbindung nach Göteborg, Fusion der Howaldtswerft mit den Deutschen Werken (HDW)
1968	»Weißer Riese« in Mettenhof als höchstes Gebäude Kiels erbaut
1969–1972	wird das Olympiazentrum in Kiel-Schilksee gebaut; außerdem erhält Kiel einen Autobahnanschluss, eine neue Holtenauer Hochbrücke, die Förderstraße und im Stadtinnern einen neuen ZOB sowie einen neugestalteten Alten Markt und Rathausplatz; Kiel wird Sitz einer Fachhochschule für angewandte Wissenschaften
1970	Ida Hinz wird erste Stadtpräsidentin Deutschlands; Eingemeindung von Russee, Meimersdorf, Moorsee, Wellsee, Rönne

1972	Segelwettkämpfe der XX. Olympischen Sommerspiele in Kiel-Schilksee
1974	Inbetriebnahme einer Gondelbahn in der Innenstadt
1975	Neuer Kieler Umschlag
1982	Aufstellung des Revolutionsdenkmals im Ratsdienergarten
1985	Aus für die Kieler Straßenbahn
1987	Umbenennung der Bismarckanlagen in Hiroshimapark; Barschel-Pfeiffer-Affäre
1988	Bau des Einkaufszentrums Sophienhof
1991	Ausbau des Ostuferhafens
1993	Nach der Schubladenaffäre wird Heide Simonis die erste Ministerpräsidentin des Landes Schleswig-Holstein
1994	Kiel wird Klimaschutzstadt
1997	Neues Terminal für die Fähren nach Oslo auf dem Ostufer und Einweihung der Drei-Feld-Zug-Klappbrücke
2001	Einweihung der neuen Universitätsbibliothek »Manche Leuchten […]« in der Leibnizstraße; Abriss der Ruinen des Bunkers »Kilian«
2003–2009	Kiel bekommt mit Angelika Volquartz die erste weibliche Oberbürgermeisterin
2005	Die Wiederwahl der Ministerpräsidentin Heide Simonis scheitert am 17. 3. am sogenannten »Heidemörder«; Start der Muthesius Kunsthochschule
2006	Beginn der Stolpersteinaktion in Kiel; der Linienflugverkehr von und nach Kiel-Holtenau wird eingestellt
2007	Einweihung des neuen Kreuzfahrtterminals am Ostseekai; der THW holt das »Triple« (nochmals 2012)
2008	Auszeichnung als »Ort der Vielfalt«««; aus der Ostseehalle wird die Sparkassen-Arena;
2010	Die Kiel Baltic Hurricanes werden Deutscher Meister im American Football
2013	Am 28. 10. tritt die Oberbürgermeisterin Susanne Gaschke zurück
2014	Umbenennung des Hindenburgufers in Kiellinie; die Landeszentralbank gibt den Standort Kiel auf
2015	Festjahr zum 350-jährigen Jubiläum der Christian-Albrechts-

	Universität; Kiel ist im Ranking der fahrradfreundlichsten Städte ab 200 000 Einwohnern an 6. Stelle
2017	Die Segeljacht »A« (»White Pearl«) sticht in See; die »Störche« steigen in die 2. Fußballbundesliga auf; Baubeginn des sog. Kleinen-Kiel-Kanals

Literatur, Quellen, Internetressourcen

250 Jahre Zar Peter III. von Rußland zugleich Herzog von Holstein-Gottorf. 1762–2012. Der Kieler Prinz auf dem Zarenthron. Eine Ausstellung des »Kieler Zarenvereins«. Begleitheft, Kiel 2012.

Ahlers, Jens/Kuessner, Wolfgang: Kiel vor 100 Jahren. Ansichten einer Großstadt. Ausstellungskatalog, Kiel 2010.

Alberts, Klaus: Im Glanz wilhelminischer Seemacht-Träume. Kiel in der Zeit des Deutschen Kaiserreichs. Eine historische Collage, hrsg. in Zusammenarbeit mit der Klaus-Groth-Gesellschaft (Zeit + Geschichte 42), Heide 2016.

Albrecht, Uwe: Ein vergessener Wettbewerb: Die vorpreußischen Planungen für ein neues Kollegiengebäude der Kieler Universität aus Anlaß des 200. Gründungsjubiläums 1865, in: Nordelbingen 61 (1992), S. 111–143.

Andreßen, Rüdiger (Hrsg.): Das Kieler Schloss. Residenz im Herzen der Stadt, Kiel 2017.

Auge, Oliver (Hrsg.): Christian-Albrechts-Universität zu Kiel. 350 Jahre Wirken in Stadt, Land und Welt, Kiel/Hamburg 2015.

Ders.: Der Kieler Frieden vom 14. Januar 1814 und seine Folgen, in: Sturm über Schleswig-Holstein. Der Krieg von 1813/14 in Schleswig-Holstein und Hamburg, hrsg. von Carsten Walczok und William Boehart, Neumünster/Hamburg 2013, S. 140–159.

Ders.: Kiel als Stadt der Marine: Symbiose oder Mesalliance?, in: Die Kieler Garnisonskirchen. Kirchenbau um 1900 zwischen Historismus und Moderne, hrsg. von Klaus Gereon Beuckers und Katharina Priewe (Sonderveröffentlichungen der Gesellschaft für Kieler Stadtgeschichte 83), Kiel 2017, S. 11–20.

Ders.: Mord, Gefangennahme, Erpressung. Andere Spielregeln der Politik im schleswig-holsteinischen Mittelalter?, in: ZSHG 136 (2011), S. 9–38.

Ders.: Problemfall Matrosenaufstand. Kiels Schwierigkeiten im Umgang mit einem Schlüsseldatum seiner und der deutschen Geschichte, in: Demokratische Geschichte 25 (2014), S. 307–328.

Baentsch, Wolfram: Der Doppelmord an Uwe Barschel. Die Fakten und Hintergründe, 3., durchges. Aufl., München 2007.

Beuckers, Klaus Gereon/ Priewe, Katharina (Hrsg.): Die Kieler Garnisonskirchen. Kirchenbau um 1900 zwischen Historismus und Moderne (Sonderveröffentlichungen der Gesellschaft für Kieler Stadtgeschichte 83), Kiel 2017.

Bohn, Robert/Oddey, Markus: U-Bootbunker »Kilian«. Kieler Hafen und Rüstung im Nationalsozialismus (IZRG – Schriftenreihe 8; Sonderveröffentlichungen der Gesellschaft für Kieler Stadtgeschichte 44), Bielefeld 2003.

Boysen, Carl: Österreich und Preußen teilen sich den Besitz der Stadt Kiel, in: Mitteilungen der Gesellschaft für Kieler Stadtgeschichte 38 (1935), S. 157–159.

Burchardt, Rainer/Knobbe, Werner: Björn Engholm. Die Geschichte einer gescheiterten Hoffnung, Stuttgart 1993.

Chronicon Kiliense tragicum-curiosum: 1432–1717. Die Chronik des Asmus Bremer, Bürgermeisters von Kiel, hrsg. von Moritz Stern (Mitteilungen der Gesellschaft für Kieler Stadtgeschichte 18/19), Kiel 1916.

Colmorgen, Eckhard: Vom administrativen Umgang mit Erinnerung. Die Umsetzung des Projekts »Stolpersteine« in Kiel, in: Informationen zur Schleswig-Holsteinischen Zeitgeschichte 49 (2007), S. 110–116.

Corneließen, Christoph/Mish, Carsten (Hrsg.): Wissenschaft an der Grenze. Die Universität Kiel im Nationalsozialismus (Mitteilungen der Gesellschaft für Kieler Stadtgeschichte 86), 2. Aufl., Essen 2010.

Danielsen, Wilhelm: Hundert Jahre Kieler Theater, 1841–1944, Kiel 1961.

Dopheide, Renate: Gedenkstätten zur Erinnerung an die Opfer des Nationalsozialismus in Kiel und Umgebung, in: Mitteilungen der Gesellschaft für Kieler Stadtgeschichte 77, Heft 4 (1993), S. 141–208.

Ehlert, Walter: Gaardener Handel und Wandel in Geschichte und Geschichten (Sonderveröffentlichungen der Gesellschaft für Kieler Stadtgeschichte 80), Husum 2016.

Eick, Stefan: Die Kanzlei und das Urkundenwesen der Grafen von Holstein-Schaumburg zwischen 1189 und 1290 unter besonderer Berücksichtigung materieller, prosopographischer und verwaltungspraktischer Aspekte (Kanzlei und Verwaltung 1), Kiel 2008.

Feiler, Anke: Die Entwicklung Kiels von der frühen Stadt zur mittelalterlichen Stadt. Auswertung der archäologischen Ausgrabungen (1989 bis 1991) in der Altstadt von Kiel (Studien zur Mittelalterarchäologie in Schleswig-Holstein 1; Universitätsforschungen zur prähistorischen Archäologie 29), Bonn 1996.

Freche, Julian: Die Eingemeindungen in die Stadt Kiel (1869–1970). Gründe, Probleme und Kontroversen (Kieler Werkstücke, Reihe A: Beiträge zur schleswig-holsteinischen und skandinavischen Geschichte 38), Frankfurt a. M. u. a. 2014.

Friedland, Klaus: Die Schleswig-Holsteinische Flottille 1848 bis 1851, in: Die erste deutsche Flotte, 1848–1853, hrsg. von Walther Hubatsch (Schriftenreihe Deutsche-Marine-Akademie 1), Herford u.a. 1981.

Geckeler, Christa (Hrsg.): Erinnerungen an Kiel zur Kaiserzeit 1871–1918 (Sonderveröffentlichungen der Gesellschaft für Kieler Stadtgeschichte 65), Husum 2011.

Goldberg, Bettina: Abseits der Metropolen. Die jüdische Minderheit in Schleswig-Holstein (Quellen und Studien zur Geschichte der jüdischen Bevölkerung Schleswig-Holsteins), Neumünster 2011.

Grieser, Helmut: Wiederaufstieg aus Trümmern (1945 bis in die Gegenwart), in: Geschichte der Stadt Kiel, hrsg. von Jürgen Jensen und Peter Wulf, Neumünster 1991, S. 401–456.

Hädicke, Elli: Kiel. Eine stadtgeographische Untersuchung (Mitteilungen der Gesellschaft für Kieler Stadtgeschichte 36), Kiel 1931.

Hansen, Reimer: Der »Umschlag« – ein spätmittelalterlich-frühneuzeitlicher Jahrmarkt im südlichen Ostseeraum, in: Ein gefüllter Willkomm. Festschrift für Knut Schulz zum 65. Geburtstag, hrsg. von Franz J. Felten, Stefanie Irrgang und Kurt Wesoly, Aachen 2002, S. 549–577.

Hill, Thomas: Im Schatten der Hanse und des Welthandels. Schleswig-Holstein als Transitland in Mittelalter und früher Neuzeit, in: Am Rand der Hanse, hrsg. von Klaus Krüger, Andreas Ranft und Stephan Selzer (Hansische Studien 22), Trier 2012, S. 71–87.

Ders.: Kleine Städte in der Hanse. Das Beispiel Kiels (1250–1400), in: »ene vruntlike tohopesate«. Beiträge zur Geschichte Pommerns, des Ostseeraums und der Hanse. Festschrift für Horst Wernicke zum 65. Geburtstag, hrsg. von Sonja Birli u.a. (Schriftenreihe der David-Mevius-Gesellschaft 12), Hamburg 2016, S. 247–264.

https://www.kiel.de/kultur/stadtarchiv/erinnerungstage. (letzter Zugriff am: 13. 04. 2017, 19.00h)

Istel, Werner/Rost, Alexander: Die Kieler Woche. Das größte Segelfest der Welt seit 1882, Hamburg 1996.

Jensen, Jürgen: Der Kieler Umschlag, in: Geschichte der Stadt Kiel, hrsg. von dems. und Peter Wulf, Neumünster 1991, S. 59–64.

Ders.: Die Kieler Woche, Deutschland und die Welt, in: Geschichte der Stadt Kiel, hrsg. von dems. und Peter Wulf, Neumünster 1991, S. 457–475.

Ders.: Kiel und die Novemberrevolution 1918. Ein Überblick, in: Revolution und Revolutionsforschung. Beiträge aus dem Kieler Initiativkreis 1918/19, hrsg. von Rolf Fischer (Sonderveröffentlichungen der Gesellschaft für Kieler Stadtgeschichte 67), Kiel 2011, S. 71–76.

Ders./Rickers, Karl (Hrsg.): Andreas Gayk und seine Zeit 1893–1954. Erinnerungen an den Kieler Oberbürgermeister (Mitteilungen der Gesellschaft für Kieler Stadtgeschichte 61), Neumünster 1974.

Ders./Wulf, Peter (Hrsg.): Geschichte der Stadt Kiel, Neumünster 1991.

Jessen, Chr.: Kiel als Mitglied der deutschen Hanse, in: ZSHG 12 (1882), S. 131–161.

Jordan, Karl: Die Stellung Kiels in der schleswig-holsteinischen Geschichte, in: Mitteilungen der Gesellschaft für Kieler Stadtgeschichte 58, Heft 1/2 (1968), S. 3–13.

Junghölter, Manuela: Kiel. Kleine Stadtgeschichte, Regensburg 2016.

Jürgensen, Kurt: Kiel – von der gottorfschen Residenz zur Landeshauptstadt, in: 750 Jahre Kiel. Beiträge zur Geschichte und Gegenwart der Stadt. Vortragszyklus der Schleswig-Holsteinischen Universitäts-Gesellschaft, hrsg. von Brigitte Schauenburg, Kiel 1992, S. 49–83.

Karpf, Eva-Maria: Der Warleberger Hof. Die Geschichte eines Kieler Baudenkmals, hrsg. von Doris Tillmann, Kiel 2016.

Klußmann, Jan: Zwangsarbeit in der Kriegsmarinestadt Kiel 1939–1945 (Mitteilungen der Gesellschaft für Kieler Stadtgeschichte 81), Bielefeld 2004.

Krüger, Kersten/Künne, Andreas: Kiel im Gottorfer Staat (1544 bis 1773), in: Geschichte der Stadt Kiel, hrsg. von Jürgen Jensen und Peter Wulf, Neumünster 1991, S. 65–136.

Lehmann, Hartmut: Das Hauptstadtproblem in Schleswig-Holstein seit dem 16. Jahrhundert. Bemerkungen zum Typ eines Landes mit mehreren Hauptstädten und starken Außenzentren, in: Stadt und Land in der Geschichte des Ostseeraums. Wilhelm Koppe zum 65. Geburtstag überreicht von Freunden und Schülern, hrsg. von Klaus Friedland, Lübeck 1973, S. 94–103.

Meisner, Lisa: Die Luftangriffe auf Kiel und ihre Opfer im Zeitraum von 1940–1945, basierend auf dem Dokument 55177 »Todesopfer durch Luftangriffe«, unv. Bachelorarbeit, Kiel 2016.

Mueller, Michael/Müller, Leo/Lambrecht, Rudolf u. a.: Der Fall Barschel. Ein tödliches Doppelspiel, Berlin 2007.

Munimus, Bettina: Heide Simonis, in: Zwischen Macht und Schicksal. Acht Herrscherinnen des Nordens aus acht Jahrhunderten (1200–2000) / Mellem magt og skæbne. Otte herskinder i norden fra otte århundreder (1200–2000), hrsg. von Oliver Auge, Lars N. Henningsen, Frank Lubowitz und Broder Schwensen (Große Schriftenreihe der Gesellschaft für Flensburger Stadtgeschichte 78), Handewitt 2013, S. 154–168.

Neumann, Jens Martin: »Das Schloss aus Ruinen wieder zu erwecken«. Friederike Amalie von Gottorf und ihr Witwensitz zu Kiel, in: Mitteilungen der Gesellschaft für Kieler Stadtgeschichte 87, Heft 1 (2013), S. 1–30.

Nickel, Gunther: »Geht ihr denn hin und schwängert eure Weiber«. Zur Wiederentdeckung von Carl Zuckmayers Komödie »Der Eunuch«, in: Jahrbuch zur Kultur und Literatur der Weimarer Republik 3 (1997), S. 101–117.

Oddey, Markus/Riis, Thomas (Hrsg.): Zukunft aus Trümmern. Wiederaufbau und Städtebau in Schleswig-Holstein nach dem Zweiten Weltkrieg, Kiel 2000.

Ostersehlte, Christian: Schiffbau in Kiel. Kleine Werftengeschichte von den Anfängen bis zur Gegenwart (Sonderveröffentlichungen der Gesellschaft für Kieler Stadtgeschichte 74), Husum 2014.

Paravicini, Werner (Hrsg.) in Zusammenarbeit mit Uwe Albrecht und Annette Henning: Begegnungen mit Kiel. Gabe der Christian-Albrechts-Universität zur 750-Jahr-Feier der Stadt, Neumünster 1992.

Peters, Gwendolyn: Strafrechts- und Kriminalitätsgeschichte in Kiel im ausgehenden Mittelalter anhand des Varbuchs (1465–1546) (Kieler Werkstücke, Reihe A: Beiträge zur schleswig-holsteinischen und skandinavischen

Geschichte 45; Sonderveröffentlichungen der Gesellschaft für Kieler Stadtgeschichte 82), Frankfurt a. M. 2017.

Piotrowski, Swantje: Die wirtschaftliche Situation der Kieler Professoren zwischen landesherrlicher Macht und universitärer Autonomie (1665–1773), in: Gelehrte Köpfe an der Förde. Kieler Professorinnen und Professoren in Wissenschaft und Gesellschaft seit der Universitätsgründung 1665, hrsg. von Oliver Auge und Swantje Piotrowski (Sonderveröffentlichungen der Gesellschaft für Kieler Stadtgeschichte 73), Kiel 2014, S. 31–54.

Pomsel, Edwin: Das Ende der Hansemitgliedschaft Kiels, in: Mitteilungen der Gesellschaft für Kieler Stadtgeschichte 45 (1948–52), S. 11 f.

Rackwitz, Martin: Kriegszeiten in Kiel. Alltag und Politik an der Heimatfront 1914/18 (Sonderveröffentlichungen der Gesellschaft für Kieler Stadtgeschichte 72), Kiel 2013.

Ders.: Märzrevolution in Kiel 1848. Erhebung gegen Dänemark und Aufbruch zur Demokratie (Sonderveröffentlichungen der Gesellschaft für Kieler Stadtgeschichte 68), Heide 2011.

Riegler, Claudius Helmut: Emigration und Arbeitswanderung aus Schweden nach Norddeutschland 1868–1914 (Studien zur Wirtschafts- und Sozialgeschichte Schleswig-Holsteins 8), Neumünster 1985.

Salewski, Michael: Kiel und die Marine, in: Geschichte der Stadt Kiel, hrsg. von Jürgen Jensen und Peter Wulf, Neumünster 1991, S. 273–283.

Ders.: Mesalliance? Die Marine und Kiel, in: 750 Jahre Kiel: Beiträge zur Geschichte und Gegenwart der Stadt. Vortragszyklus der Schleswig-Holsteinischen Universitäts-Gesellschaft, hrsg. von Brigitte Schauenburg, Kiel 1992, S. 85–101.

Sieck, Annerose: Kiel. Eine kleine Stadtgeschichte, Erfurt 2005.

Sievers, Kai Detlev: Kieler Berufe im Wandel. 1869/1909 (Sonderveröffentlichungen der Gesellschaft für Kieler Stadtgeschichte 71), Husum 2013.

Stellmacher, Lena: Die Erinnerung an die Kieler Bombenopfer. Entstehungsgeschichte des Kieler Gedenkbuches für die Opfer des Bombenkrieges mit einer analytischen Betrachtung der Differenzen zum Dokument 55177 »Todesopfer durch Luftangriffe«, unv. Bachelorarbeit, Kiel 2016.

Stolz, Gerd: Die Schleswig-Holsteinische Marine 1848–1852, 2., verb. Aufl., Heide 1987.

Stoy, Vera: Kiel auf dem Weg zur Großstadt. Die städtebauliche Entwicklung bis zum Ende des 19. Jahrhunderts (Bau + Kunst. Schleswig-Holsteinische Schriften zur Kunstgeschichte 6; Sonderveröffentlichungen der Gesellschaft für Kieler Stadtgeschichte 43), Kiel 2003.

Tillmann, Doris: Prinz Heinrich und das Kieler Schloss, in: Prinz Heinrich von Preußen. Großadmiral. Kaiserbruder. Technikpionier, hrsg. von Rainer Hering und Christina Schmidt (Zeit + Geschichte 23; Veröffentlichungen des Landesarchivs Schleswig-Holstein 105), Neumünster 2013, S. 159–179.

Dies./Johannes Rosenplänter (Hrsg.) unter Mitwirkung von Hans-F. Rothert und Nils Hansen: Kiel Lexikon, 2. Aufl., Neumünster 2011.

Uhlig, Ralph (Hrsg.): Vertriebene Wissenschaftler der Christian-Albrechts-Universität zu Kiel (CAU) nach 1933. Zur Geschichte der CAU im Nationalsozialismus. Eine Dokumentation (Kieler Werkstücke, Reihe A: Beiträge zur schleswig-holsteinischen und skandinavischen Geschichte 2), Frankfurt a. M. u. a. 1991.

Walther, Helmut G.: Von der Holstenstadt der Schauenburger zur Landesstadt des holsteinischen Adels (1242 bis 1544), in: Geschichte der Stadt Kiel, hrsg. von Jürgen Jensen und Peter Wulf, Neumünster 1991, S. 13–58.

Winter, Nina: Die dunklen Schatten der Vergangenheit. Die Kieler Ratsversammlung 1946–1966, unv. Masterarbeit, Kiel 2014.

Wulf, Peter: Die Stadt auf der Suche nach ihrer neuen Bestimmung (1918–1933), in: Geschichte der Stadt Kiel, hrsg. von Jürgen Jensen und Peter Wulf, Neumünster 1991, S. 303–358.

Ders: Die Stadt in der nationalsozialistischen Zeit (1933 bis 1945), in: Geschichte der Stadt Kiel, hrsg. von Jürgen Jensen und Peter Wulf, Neumünster 1991, S. 359–400.

Ders: Kiel wird Großstadt (1867–1918), in: Geschichte der Stadt Kiel, hrsg. von Jürgen Jensen und Peter Wulf, Neumünster 1991, S. 207–271.

Ders.: Kleine Schleswig-Holsteinische Bankengeschichte (Zeit + Geschichte 19), Neumünster 2010.

Zankel, Sönke (Hrsg.): Skandale in Schleswig-Holstein. Beiträge zum Geschichtswettbewerb des Bundespräsidenten, Kiel 2012.

Abbildungsverzeichnis

Abb. auf S. 43: Archäologisches Landesamt Schleswig-Holstein
Abb. auf S. 203: Stadtarchiv Kiel

Orts-, Personen- und Stichwortverzeichnis

Erstellt von Lisa Kragh.
Zur besseren Orientierung ist der Index nach Orten, Personen und Stichworten gegliedert. Innerhalb des Ortsverzeichnisses sind Zentralorte, Plätze und Straßen der Stadt Kiel unter dem Eintrag ›Kiel‹ zu finden. Die Stadtteile dagegen, die erst im Laufe der Zeit nach Kiel eingemeindet wurden, verfügen über eigene Haupteinträge.

Ortsverzeichnis

Aarhus 233
Altona 48, 81, 96, 110, 112, 118, 209, 240
Anklam 64
Antakya 233
Antwerpen 79
Berlin 35f., 60f., 101, 109, 129, 143, 153, 175, 185, 223, 229, 234
Bonn 37, 150, 176, 231
Bordesholm 20, 65f., 119, 122, 205
Bornhöved 30
Brandenburg (Havel) 198
Braunschweig 234
Brest 233
Brunswik 57, 97, 105, 110, 113, 130, 163, 167, 203, 212f., 241

Budapest 196
Bülk 39, 65, 208
Coventry 233, 243
Dänemark 21, 30, 37, 58, 68, 79, 104, 132, 233
Danzig 38, 46, 159, 161, 165, 202, 240
Demmin 64
Dietrichsdorf (*siehe auch* Neumühlen-Dietrichsdorf) 47f., 171
Duisburg 49
Düsseldorf 142, 234
Düsternbrook 22, 26, 47, 97f., 114, 126, 130f., 167, 169, 203, 206, 240
Düvelsbek 126, 203, 240
Eckernförde 30, 86, 197, 207

Ellerbek 30, 47f., 99, 161, 170, 205, 241
Elmschenhagen 208f., 217, 242
Falsterbo 64
Flandern 44f., 88, 104
Flensburg 16, 21, 24, 48, 94, 168, 170, 198
Frankfurt am Main 76f., 160, 176, 234
Friedrichsort 22, 33, 46, 117, 160, 179, 182, 207, 242
Friedrichstadt 18
Gaarden 22, 47f., 99, 113, 117, 162, 169ff., 179, 205, 215, 232, 241
Gdingen 233
Genf 149
Görlitz 196
Göteborg 183, 243
Gotland 66
Göttingen 119
Gottorf 20f., 56, 58, 80, 90, 92, 119, 123, 239f.
Gottorf, Schloss 23f., 29
Greifswald 64, 66, 130, 234
Großbritannien 30, 227f.
Hamburg 16f., 22, 29, 40, 58, 64, 66, 81, 83, 88, 101, 103, 105f., 124, 150, 176, 209, 226
Hassee 113, 205, 215, 220, 241
Hasseldieksdamm 113, 205, 241
Heidelberg 119
Heikendorf 47
Helgoland 30
Helsingborg 66
Hemmelmark, Gut 62, 73
Holland 45, 88

Holtenau 163, 176, 180, 206f., 242, 244
Husum 94
Indien 183
Iserlohn 145
Israel 149, 196
Italien 109, 117
Itzehoe 17f., 68, 83, 103, 126
Jasmund (Rügen) 46
Kaliningrad 176, 233
Kappeln 181
Kehdingen 44, 104
Kiel
−Adolf-Hitler-Platz (*siehe auch* Rathausplatz) 190
−Alter Markt 19, 22, 224, 243
−Altstadt 40f., 45, 49, 74, 77, 89, 96, 104, 107, 117, 121, 166f., 193, 202, 213, 217, 219, 239
−Andreas-Gayk-Straße 51, 218
−Ansgarkirche 61, 241
−Badeanstalt 22, 167, 240
−Bismarckanlagen 181, 244
−Blomsches Freihaus (Im Text: Blomesches Freihaus) 73
−Blücherplatz 99, 114
−Blumenstraße 188
−Bootshafen 206, 219
−Brunswiker Straße 99, 167
−Buchwaldtscher Hof 96
−Damenstraße 153f.
−Damperhofviertel 107, 167, 202, 212, 240
−Dänische Straße 73f., 104
−Dänisches Tor 41
−Dreiecksplatz 52

- Düsternbrooker Weg 28, 128, 217
- Eggerstedtstraße 219
- Ehrenhalle 198 f., 243
- Eichhof 36, 215
- Erasmi-Kloster 93
- Exerzierhaus 22
- Exerzierplatz 22, 35, 113
- Faulstraße 41
- Feldstraße 35, 167, 217
- Fischerstraße 41 f.
- Flämische Straße 21, 41, 44, 62, 97, 104
- Flämisches Tor 41
- Flugplatz 176 f., 242
- Fördestraße 224, 243
- Forstbaumschule 126, 169, 203, 240
- Franziskanerkloster 40, 44, 53, 69 ff., 93, 121
- Friedhof, jüdischer 110, 240
- Friedrichsbau 56, 239
- Gablenzbrücke 23
- Gablenzstraße 23
- Garnisonskirche (*siehe auch* Pauluskirche) 168 f.
- Gayk-Wäldchen 50
- Gerhardstraße 50
- Goethestraße 191, 199
- Gutenbergstraße 99
- Hafen, Kieler 22, 64, 67, 160, 162 f., 181, 207, 240
- Hamburger Chaussee 22
- Handelshafen 162, 164 f., 175
- Haßstraße 41, 74
- Hauptbahnhof 51, 114, 183, 219
- Heiliggeisthospital 65
- Heiliggeistkirche 168
- Heiliggeistkloster 93
- Hindenburgufer 217, 244
- Hiroshimapark 181, 244
- Holstein-Platz 222, 242
- Holstein-Stadion 222
- Holsten-Fleet 219
- Holstenstraße 22, 42, 51, 82, 89, 97, 107, 243
- Holstentor 41, 67, 93
- Holtenauer Hochbrücke 61, 76, 224, 243
- Holtenauer Straße 52, 99, 212, 243
- Hörnbrücke 183
- Humboldtstraße 199
- Kaistraße 219
- Kakabellenweg 212
- Kattenstraße 22, 124, 240
- Kattentor 41
- Kaufmannskirche 42
- Kehdenstraße 44, 104, 188
- Kiellinie 217, 224, 232, 244
- Kilia-Brunnen 60
- Kilian (Bunker) 199 f., 244
- Klagemauer 52, 218, 243
- Kleiner Kiel 28, 41, 215 f., 219, 232, 245
- Klinke 22, 172
- Knooper Weg 22, 107, 212
- Koesterallee 217
- Königsweg 51
- Krusenkoppel 232
- Kuhberg 89, 107, 221
- Kuhbergviertel 96, 107, 167
- Kunsthalle 136
- Küterkloster 93

- Kütertor 41, 93, 121
- Landeshaus 28, 167f., 241
- Legienstraße 189
- Levensauer Hochbrücke 62
- Lorentzendamm 21
- Mercatorhochhaus 76
- Moltkestollen 193, 242
- Moschee 117
- Mühlenweg 214
- Neumarkt (*siehe auch* Rathausplatz) 190, 215f., 242
- Niemannsweg 85, 98f., 126, 168, 212
- Nikolaikirche 32, 57, 74, 80, 96, 122, 138, 141
- Nordmarksportfeld 216, 241
- Olshausenstraße 130, 137, 139
- Ostseehalle (*siehe auch* Sparkassenarena) 221, 243f.
- Papenstraße 42
- Pauluskirche 168, 241
- Persianische Häuser 19, 202
- Petrus-Kirche 169f., 241
- Pfaffenstraße 44
- Rantzaubau 27, 56, 242
- Rathaus 25, 50f., 61, 138, 144, 169, 177, 180, 186f., 198, 216, 221, 233, 240–243
- Rathausplatz 85, 216, 224ff., 243
- Ratsdienergarten 36, 244
- Revolutionsdenkmal 36, 244
- Ringstraße 212
- Ritterstraße 44
- Schloss 19f., 22f., 25, 27, 35, 56–63, 73, 96, 122, 124, 203, 217, 219, 239–242
- Schlossgarten 20, 129, 241
- Schlosskapelle 58
- Schlossstraße 22
- Schmoler Hof 73, 96
- Schreventeich 22, 193
- Schuhmacherstraße 97, 121
- Schuhmachertor 41, 93
- Seegarten 217
- Sophienblatt 22f., 93, 212, 219
- Sophienhof 218f., 244
- Sparkassen-Arena 221, 244
- St. Annen-Kloster 93
- St. Heinrich 169f., 241
- St. Jürgenkirche 51, 61, 241
- St. Jürgenkloster 93
- Stadtarchiv 201
- Stadtmuseum 74, 201
- Stadttheater 216, 224f., 241
- Sternstraße 212
- Stinkviertel 99
- Stresemannplatz 96
- Südfriedhof 113
- Synagoge 191, 199f., 242
- Vorstadt 22, 89, 97, 105, 107, 166, 213, 239
- Wall 154
- Warleberger Hof 73f., 96
- Wasserallee 22
- Werftstraße 23
- Westring 130, 212, 214f., 243
- Wilhelminenstraße 212
- Wilhelmplatz 33, 133f., 242
- Zentraler Omnibusbahnhof (ZOB) 219, 224, 243
- Ziegelteich 96, 216
  Klaipeda 183

Knoop 156, 208
Köln 66, 176, 213
Kopenhagen 37, 176
Kronsburg 113, 208, 242
Kronshagen 209
Laboe 22, 47, 178, 242
Laibach (Ljubljana) 195
Lübeck 16 ff., 42, 44, 55, 63–68, 70, 77, 103, 105, 112, 209, 223 ff., 239
Mainz 234
Manhattan 76
Marburg 119
Mecklenburg 29, 195
Meimersdorf 211, 243
Memel 182
Mettenhof 76, 210, 218, 243
Möltenort 47, 178
Mönkeberg 47, 208
Moorsee 211, 243
Moshi-Rural 233
München 142, 153, 176, 220, 223, 226, 234
Neumühlen 47
Neumühlen-Dietrichsdorf 208, 215, 242
Neumünster 65, 104, 188
Norwegen 30, 183, 230
Nowgorod 64
Nürnberg 229
Oldesloe 68, 72
Oslo 183 f., 217, 226, 243 f.
Ottendorf 211
Persien 18
Plön 86, 205
Polen 109, 117, 192, 231, 233
Preetz 83, 162

Pries 207, 242
Projensdorf 205, 241
Qingdao 233
Quarnbek 208
Raisdorf 208
Rathmannsdorf 208
Ratzeburger Dom 135
Rendsburg 24, 32, 68, 76, 79, 94, 192
Riga 176
Ripen 29
Rönne 117, 211, 243
Roskilde 45, 88
Rostock 64, 66, 106, 231, 234
Russee 192, 199, 211, 243
Russland 20, 58, 64, 109, 227, 233, 240
San Francisco 233
Sandkrug 47
Sarajewo 228
Schilksee 209, 224, 243 f.
Schleswig 16, 23–29, 31 f., 59, 62, 83, 88, 119, 135, 242
–Dom 20
–Prinzenpalais 29
Schonen 64, 239
Schrevenborn 47
Segeberg 54 f., 126, 215
Sonderburg 46
Sowjetsk 233
Sowjetunion 192
St. Petersburg 20, 56 f.
Staumühle (Paderborn) 198
Stettin 64
Stormarn 16, 40, 104
Stralsund 64, 66, 233

Stuttgart 234
Suchsdorf 209, 243
Tallinn 233
Tannenberg 182
Tübingen 84, 119, 135
Türkei 115, 233
Uetersen 83
Ungarn 196
Vaasa 233
Visby 66

Visselhövede (Lüneburger Heide) 197
Wellingdorf 47, 99, 113, 137, 205, 241
Wellsee 211, 243
Wik 22, 47, 65, 113, 162 ff., 166–169, 173, 200, 205, 241
Wilhelmshaven 34, 48, 174, 235
Wismar 45, 64, 66, 88, 234
Zwolle 68

Personenverzeichnis

Adolf I., Herzog 56, 119
Adolf IV., Graf 38, 40, 44, 54
Adolf VII., Graf 55, 65 f.
Adolf von Holstein-Kiel, Grafensohn 54
Ahlefeldt, Adelsgeschlecht 69 f.
Ahlmann, Ludwig 81, 84 f.
Ahlmann, Wilhelm 83–86, 240
Ahlmann, Wilhelm junior 85
Ainger, Colonel 28
Albig, Torsten 143
Albrecht I. von Braunschweig, Herzog 41, 239
Alder, Kurt 132
Anna Petrowna, Herzogin 20, 56 f.
Anna von Mecklenburg-Schwerin, Gräfin 258
Arlt, Elisabeth 139
Artelt, Karl 35
Bade, Erich 195
Baggesen, Jens 125
Bantzer, Günther 224 f.

Barschel, Uwe 147–150
Bartels, Hans-Peter 143
Bauer, Wilhelm 240
Baumgarten, Otto 133
Behrens, Walter 186 f., 194, 229
Beuckers, Klaus Gereon 138
Bleyle, Wilhelm 173, 241
Blome, Adelsgeschlecht 73
Breitner, Andreas 144
Bremer, Asmus 106, 155, 157, 240
Breuste, Hans-Jürgen 36
Brockdorff, Adelsgeschlecht 69, 72
Brüggemann, Otto 18
Buchwaldt, Adelsgeschlecht 69 f., 72 f.
Bülow, Friedrich von 26
Carl Friedrich, Herzog 20, 56 f.
Carl Peter Ulrich *siehe* Peter III. 20, 57, 240
Carstens, Werner 39
Carstensen, Peter Harry 147

Christian Albrecht, Herzog 120, 239
Christian I. 29, 68, 70
Christian IV. 119
Christoph von Holstein-Kiel 54
Dahlmann, Friedrich Christoph 31, 126
Dahm, Georg 135
Dalí, Salvador 226
Detmar 54
Dewitz, Kurt von 25
Diels, Otto 132
Dönitz, Karl 148
Dopheide, Renate 200
Droysen, Johann Gustav 126
Eduard VII. 227
Eggerstedt, Otto 188
Ehlers, Walter 224
Eick, Stefan 40
Elisabeth I. 20, 57
Elwenspoek, Curt 151, 242
Engholm, Björn 148 ff.
Erich V. Klipping 64
Erich VI. Menved 55
Esmarch, Friedrich von 213
Faden, Karl 197
Falck, Niels Nikolaus 31, 126
Feiler(-Kramer), Anke 40 f.
Ferdinand III. 120
Forchhammer, Peter Wilhelm 129
Franz Ferdinand, Erzherzog 228
Freud, Sigmund 134
Friederike Amalie, Herzogin 19, 56, 239
Friedrich I., Herzog 55 f., 70
Friedrich III., Herzog 18, 73, 119 f.
Fuß, Paul 61
Gablenz, Ludwig Freiherr von 23
Garbe, Gustav 35 f.
Gärtner, Horst 150 f.
Gaschke, Susanne 142–146, 244
Gayk, Andreas 50, 179 f., 199, 230 ff.
Gerhard I., Graf 54
Gerhard III., Graf 54 f., 65
Geyer, Albert 59
Gide, André 139
Goebbels, Joseph 190
Goeders, Martin 74
Gramm, Caeso 121
Gripp, Karl 136
Gropius, Martin 129 f.
Grünholtz, Detlef zu 156
Grünspan, Herschel 190
Hahn, Willy 214 ff., 242
Harms, Bernhard 128
Hegewisch, Franz Hermann 31
Heuck, Christian 188
Heuß, Theodor 231
Hill, Thomas 17, 64, 103
Hindenburg, Paul von 152, 217
Hinz, Ida 243
Hitler, Adolf 185 ff., 223
Howaldt, August 160
Howaldt, Georg 160
Huber, Ernst Rudolf 135
Hukfeldes, Cathrin Elisabeth 157
Irene von Hessen 59, 62
Jachmann, Eduard von 46, 161
Jansen, Günther 149 f.
Jensen, Herbert Friedrich 52, 218
Jensen, Jürgen 9

Johann der Ältere, Herzog 119
Johann I., Graf 38, 40, 44, 54
Johann II., Graf 54f., 65
Johann III., Graf 55, 65
Kästner, Erich 134
Katharina II. 21, 57, 124
Kelling, Otto 145f.
Knabians, Mary Rosina 156
Knapp, Otto 85
Krupp, Friedrich Alfred 99
Lange, Werner 199
Larenz, Karl 135
Lask, Gustav 191
Leopold II. 227
Leven, Paul 191
Lohmann, Joachim 147
Lohse, Hinrich 27, 191, 198
Löwenstein, Kurt 232
Lübke, Heinrich 138
Ludendorff, Erich 152
Ludolf, Mönch 54
Lueken, Emil 187, 197
Lukas, Roland 52
Lutzenberger, Georg 39
Malzahn, Kurt 52
Manteuffel, Edwin von 23
Martens, Gustav Ludolf 129, 212
Martensen, Christopher 73
Marx, Karl 134
Melnitschenko, Andrei 183
Merian, Matthäus 78, 80
Meyerhof, Otto 132
Moltke, Friedrich von 27
Moltke, Helmuth von 46
Müthling, Hans 28, 180
Neuber, Gustav Adolf 213

Neveling, Wilhelm 221
Nicolaus Split, Ritter 65, 105
Niejahr, Klaus 199
Niemann, August Christian Heinrich 126
Niemeyer, Theodor 128
Nixon, Richard 149
Nolde, Emil 232
Noske, Gustav 35
Oldesloe, Hans Pentz von 72
Olshausen, Theodor 32
Onassis, Aristoteles 182
Paderborn, Wilhelm von 156
Pelli, Dominicus 56
Peter III. 20, 240
Pfeiffer, Reiner 148ff.
Pogwisch, Adelsgeschlecht 70, 72
Pogwisch, Anna 74
Prinz Heinrich von Preußen 35, 59
Quincke, Heinrich Irenaeus 27
Radbruch, Gustav 132
Rantzau, Adelsgeschlecht 72
Rantzau, Christian 122
Rantzau, Hans 70
Rantzau, Ove 156
Rantzau, Schack 70
Rantzau, Tönnies 71
Rantzau zum Klamp, Andreas 156
Rantzau zu Bothkamp und Hemmelmark, Otto von 72f., 156
Rath, Ernst von 190
Rathenau, Walther 195
Remarque, Erich 134
Reventlow, Hartwich 54
Ritterbusch, Paul 135
Rodenberg, Carl 39

Röhm, Ernst 187
Rühsen, Georg 148
Rumohr, Adelsgeschlecht 73
Rumohr, Henning Bendix von 74
Saldern, Caspar von 124
Salewski, Michael 46, 48, 181
Saltzmann, Carl 59
Saxe, Bernd 68
Schauenburger (*siehe auch* Adolf IV., Adolf VII., Adolf von-Holstein-Kiel, Christoph von Holstein-Kiel, Gerhard I., Gerhard III., Johann I., Johann II., Johann III.) 17, 19, 54f., 65, 103, 239
Scheel, Otto 133, 135
Scheel-Plessen, Carl Freiherr von 23
Schmieden, Heino 129f.
Schücking, Walther 133
Schumm, Friedrich 188
Schweitzer, Friedrich Wilhelm 212
Seckendorff, Freiherr Albert von 60
Siemens, Werner 160, 240
Sievers, Wilhelm 51, 197f.
Simonis, Heide 146f., 244
Skalweit, August 133
Sonnin, Ernst Georg 58, 124
Sophia von Pommern, Herzogin 55
Souchon, Wilhelm 34f.
Spiegel, Wilhelm 187f., 242
Stern, Moritz 156
Storch, Hinrich 224
Stübben, Josef 213

Sunkel, Reinhard 185f.
Taratynov, Alexander 20
Terenz (Publius Terentius Afer) 152
Thaulow, Gustav Ferdinand 129
Thienen auf Warleberg, Henning von 73
Tirpitz, Alfred von 170
Tovar, Hans-Werner 145
Tucholsky, Kurt 134
Uthoff, Detlev 143ff.
Visch, Johann 66
Volquartz, Angelika 244
Wagner, Johannes 196
Waitz, Georg 126
Waldemar II. 17
Waldemar V., Herzog 39, 65
Walkman, Peter 157
Wallenstein (Albrecht Wenzel Eusebius von Waldstein) 239
Wallraff, Günter 151
Walther, Helmut G. 39ff., 64
Wehberg, Frauke 155
Weinhandl, Ferdinand 133
Weisbecker, Ludwig 138
Westphal, King Adolf 182
Wilhelm I. 23, 46, 129, 161
Wilhelm II. 24, 59, 227
Wilmowsky, Adolf Wilhelm Kurt von 25
Wilson, Woodrow 34
Winkelmann, Otto 196
Wische, Claus von der 156
Wulf, Peter 173
Wurbs, Kurt 187
Zuckmayer, Carl 152f., 242

Stichwortverzeichnis

Adel 45, 53, 67–75, 78 ff., 89, 96, 105, 119, 122, 227, 234

Angestellte 98, 100, 102, 140, 185, 188, 194

Arbeiterbauverein 99, 241

Arbeiterschaft 33 f., 98 f., 101 f., 171

Arbeitserziehungslager *siehe* Nordmark

Arbeitskreis zur Erforschung des Nationalsozialismus in Schleswig-Holstein (AKENS) 201

Aufklärung 31, 94

Ausstand *siehe* Streik

Baltic Hurricanes, Kiel 222, 244

Barschel-Pfeiffer-Affäre 148 ff.

Bau- und Sparverein, Kieler 99

Beamte 27, 99 f., 125, 127, 134, 185, 188, 194

Bettler *siehe* Armenwesen

Bombenopfer 194, 198 f., 243

Bonn-Kopenhagener Erklärungen 37

Bücherverbrennung 133 f., 242

Bund Deutscher Mädel (BDM) 189

Bürgerrecht 45, 87, 111

Bürgertum 30, 98, 100, 119, 152, 191, 227

Christian-Albrechts-Universität (CAU) 25, 31, 125, 127 ff., 131, 134 f., 140 f., 143, 150, 155, 244

–Aula 25, 133 f., 241

–Professorenschaft 91, 133, 150

–Studierende 9, 123, 128, 131–134, 136 ff., 140, 218, 242

–Universitätsangehörige 31, 91, 120, 126, 133 f., 140

–Universitätsbibliothek 58, 130, 137, 139, 241, 244

–Universitätsgebäude 123 f., 215, 240

–Universitätskirche 137

–Universitätsklinikum 25, 167, 177

Christlich Demokratische Union Deutschlands (CDU) 144, 146 f., 149, 196 f.

Echolot 136, 160

Eider-Kanal (*siehe auch* Nord-Ostsee-Kanal) 161

Eingemeindung 163, 166, 171, 176, 203, 205–211, 217, 241 ff.

Eisenbahn 26, 46, 81, 96, 109, 161, 240

Entnazifizierung 194–198

Eunuchen-Skandal 151 ff., 242

Fachhochschule 140, 243

Fährverkehr 243

Flüchtlinge 51, 114, 192, 200, 209

Football, American 222, 244

Freie Demokratische Partei (FDP) 146, 149, 195

Freie Turnerschaft an der Kieler Förde 36, 99

Frieden von Templin 55

Fürstenschule 119, 122

Fußball 222, 235, 242

Gartenstadt 210, 217

Gastarbeiter 115

Gasteiner Konvention 21

Geistlichkeit 69

Germaniawerft *siehe* Werft
Gesamtstaat, dänischer 21, 240
Gesellschaft der Freunde Coventrys 233, 243
Gesellschaft freiwilliger Armenfreunde 83, 94, 126, 240
Gesellschaft für Kieler Stadtgeschichte 9, 241
Gestapo 190, 192
Gewerkschaft 33, 35, 138, 187, 189, 201, 230
Golfklub Kitzeberg 61
Gondelbahn 225, 235, 244
Gorch Fock 183
Grünen, Die (Partei) 146–149, 177, 181, 219
Grüngürtel 113, 214
Handball 220 f., 243
Handel 17 ff., 77, 82, 84, 88, 92, 94, 97, 100 f., 104, 108, 207
–Einzelhandel 82, 97
–Fernhandel 18 f., 41, 44, 64, 88, 90
–Ostseehandel 64, 67
Handwerk 16, 41, 46, 60, 88 ff., 95, 97, 99 f., 106, 177
Hanse 18 f., 64 f., 67 f., 234, 239
–Hansestadt 16, 53, 63–67, 70, 90, 234
–Hansetag 65, 67
–Kogge 63, 233
–Tohopesaten 67
–Verhansung 67
Hauptstadt 15, 20 f., 23 f., 27 ff., 36, 53, 66, 86, 92, 136, 140, 159, 192, 225, 234, 240, 243
Heidemörder *siehe* Simonis, Heide

Herbstwoche 229 f., 242
Hering 64
Heringslandeplatz 64
Heringsmarkt 239
Heringsmesse 64
Hexenverfolgung 154 f., 239
Hitlerjugend (HJ) 185, 189
Hitlerputsch 185
Hockey Club, Erster Kieler 100
Holstein Kiel 222, 242
Holstein-Gottorf 20 f., 56, 58, 92, 240
Holsten 40
Holstenstadt 39 f.
Howaldtswerke *siehe* Werft
Inbesitznahme 23, 241
Industrialisierung 91, 205
Industrie 16, 48, 50, 96 ff., 100 f., 112, 159, 166, 170, 176 ff., 180–183, 192, 206, 211, 215, 236
Initiative Schöner Wohnen 218 f.
Juden 110 f., 190 ff., 196, 199 f., 223, 240
Junger Kreis 152
Kaiser-Wilhelm-Kanal, *siehe auch* Nord-Ostsee-Kanal 19, 109, 161, 163, 170, 241
Kapp-Putsch 132, 175, 197, 242
Karlsbader Beschlüsse 31
Kaufleute 18, 45, 64, 72, 77, 82, 88, 96, 99, 104, 106, 167
Kieler Anzug *siehe* Matrosenanzug
Kieler Blätter 31, 240
Kieler Erklärung 36 f., 243
Kieler Frieden 30, 240
Kieler Männerturnverein 99, 240

Orts-, Personen- und Stichwortverzeichnis **265**

Kieler Nachrichten (Tageszeitung) 103, 115, 219, 221
Kieler Sportvereinigung Holstein von 1900 e. V. *siehe* Holstein Kiel
Kieler Umschlag 30, 69, 71, 77 ff., 81 ff., 86, 106, 239, 242, 244
Kieler Woche 51, 60, 62, 141, 159, 174, 199, 216, 220, 223, 226–233, 241, 243
Kieler Zeitung 84, 240
»Kinderrepublik Seekamp« 232, 242
Kinderstadt Sprottenhausen 232
Klerus 30
Kogge *siehe* Hanse
Kölner Konföderation 66
Kommunistische Partei Deutschlands (KPD) 186, 188, 200
Kreiselkompass 160
Krieg, Deutsch-Dänischer 21, 46
Krieg, Deutscher 23
Krieg, Dreißigjähriger 239
Krieg, Großer Nordischer 20, 123
Krieg, Kalter 180, 231
Kriegshafen 22, 47 f., 161, 166, 177–180, 230, 241
Landesarchiv Schleswig-Holstein 16, 29
Landesbibliothek, Schleswig-Holsteinische 62
Landeshauptstadt *siehe* Hauptstadt
Landesmuseum 16, 29
Landesteilung 239
Landesversammlung 32, 58, 240
Landwirtschaft 76, 80, 97, 205

Marine 34, 39 f., 48, 59, 100 f., 107 f., 112 f., 131, 159–175, 177–183, 200, 206 f., 209, 217, 222, 224, 227 f., 231, 235 f., 241, 242
Marineakademie 28, 59, 167, 241
Marinearrestanstalt 35
Marinebegeisterung 30, 174
Marineetablissement 22, 46 ff., 161, 170
Marineleitung 34, 161 ff., 175
Marineministerium 47
Marinestation 38, 46, 159, 161, 168, 175, 202, 240
Marinestützpunkt 173, 220
Marinetruppen 22
Marinewerft 160
Martens-Plan 212, 241
Matrosen 34 f., 62, 152, 167, 170 f., 173, 175
Matrosenanzug 173
Matrosenaufstand 33, 36, 62, 242
Mehrheitssozialdemokraten (MSPD) 33, 35
Migration 103, 109, 113, 115, 118
Minenvernichtungssystem 160
Motorbootausstellung, Internationale 62
Muthesius Kunsthochschule 140, 244
Nationalsozialismus 185, 195 f., 198, 201, 243
Nationalsozialistische Deutsche Arbeiterpartei (NSDAP) 185–189, 195, 197, 242
Nordmark, Arbeitserziehungslager 192, 198 f., 201, 242

Nord-Ostsee-Kanal 205
Norwegen 30, 183, 230
Novemberrevolution 33, 35, 175, 242
Oberappellationsgericht 21, 240
Oberlandesgericht 16, 21, 28
Oberpräsident 23–27, 58f., 191, 242
Oberpräsidium 25, 27ff.
Olympiazentrum 224, 243
Olympische Spiele 226
Pendler 114f., 145, 210, 235
Pest 89, 105
Priesterkaland 69
Proletariat 91
Provisorische Regierung 31f., 84, 240
Reichskriegshafen 48, 166, 177, 241
Renn- und Reiterverein, Kieler 100
Rentebuch, Kieler 77
Residenz 19f., 53, 55f., 58f., 62, 69, 90, 234
Ripener Privileg 29
Ritterkaland 69
Ritterschaft, schleswig-holsteinische 29, 53, 105, 234
Ruderclub, Erster Kieler 100, 240
Schiffbau 48, 92, 100, 109, 170, 182, 220
Schifffahrt 86, 92, 102, 174
Schiffsradar 160
Schleswig-Holsteinische Erhebung 21, 31, 33, 84, 110, 127
Schonenfahrer 18
Schweitzer-Plan 213, 241
Seeminen 160, 240

Segelsport 62, 224, 227, 229ff.
Selbstständige 98, 100, 186
Sozialdemokratische Partei Deutschlands (SPD) 50, 112, 143, 145–150, 177, 179ff., 186ff., 196f., 219
Spar- und Leihkasse, Kieler 83, 85, 240
Spartakusaufstand 197
Spiegel, der (Nachrichtenmagazin) 148, 150, 225f.
Sprotten 30, 240
Stadtbuch 45, 88, 103f.
Stadtplanung 211, 213f.
Stadtrecht 17, 53, 103
Stadtrecht, lübisches 39, 239
Stadtrechtsurkunde 40, 68
Stadtrechtsverleihung 38, 40, 44
Städtepartnerschaft 233
Stahlhelm 187
Stern (Nachrichtenmagazin) 149
Stolpersteinaktion 201, 244
Stralsunder Frieden 67
Straßenbahn 137, 241, 244
Streik 33, 133
Stübben-Plan 213ff., 241
Sturmabteilung (SA) 185ff., 189, 195ff., 216
Südschleswigscher Wählerverband (SSW) 146f., 149
Tapfere Verbesserung, Kieler 29, 239
Tirpitzhafen 164, 180
Tirpitzmole 164
Tohopesaten *siehe* Hanse
Torpedowerkstatt 33, 207

Turnverein Hassee-Winterbek (THW) 220, 241
U-Boot 164, 178, 180, 199, 240
Unabhängige Sozialdemokratische Partei (USPD) 33, 35
Unterwassertelefon 160
Versailler Vertrag 100, 175
Vorwärts, Arbeiterturnverein 99
Warschauer Pakt 181, 224, 233
Waterkant-Affäre *siehe* Barschel-Pfeiffer-Affäre
Weltkrieg, Erster 25f., 33, 62, 84, 111f., 128, 131, 164, 171, 174, 177f., 195, 197ff., 206, 214, 242f.
Weltkrieg, Zweiter 28, 38, 49, 52, 62, 101, 115, 130, 132, 135, 135, 159, 165, 168, 173, 178, 189, 191, 193, 195, 197ff., 200, 209, 217f., 221, 242f.
Werft 172, 182, 235
–Bruhnsche Werft 171
–German Naval Yards 182
–Germaniawerft 48, 171, 179
–Howaldtswerke 48, 50, 182, 208, 243
–Kaiserliche Werft 48, 161, 170f.
–Lindenauwerft 182
–Norddeutsche Werft 171
–Schweffel & Howaldt 160, 240
–ThyssenKrupp Marine Systems 182
Werftarbeiter 33, 113
White Pearl 183, 245
Wiker Hafenprozess 163, 165f., 169, 241
Witwensitz 19, 55
Wohnungsnot 51, 210
Yacht-Club, Kaiserlicher/Kieler 61, 100, 174, 228–231, 241
Zarskoje Selo, Tauschvertrag von 21, 58
ZEIT (Wochenzeitung) 143
Zwangsarbeiter 192, 199

Prof. Dr. Oliver Auge ist Direktor der Abteilung für Regionalgeschichte mit dem Schwerpunkt der Geschichte Schleswig-Holsteins in Mittelalter und Früher Neuzeit am Historischen Seminar der CAU zu Kiel. Seine Forschungsfelder umfassen Studien zur spätmittelalterlichen Reichs-, Kloster-, Stadt- und Dynastiegeschichte sowie vergleichende Untersuchungen zur fürstlichen Herrschaft und Politik insbesondere in den Regionen Schleswig-Holstein, Baden-Württemberg und Mecklenburg-Vorpommern